Böhlau

ÖBB
Infrastruktur Betrieb

Versicherungsanstalt
für Eisenbahnen und Bergbau

Fonds Gesundes
Österreich

Franz Gastager (Hg.)

Betriebliche Gesundheitsförderung im europäischen Eisenbahnwesen

BÖHLAU VERLAG WIEN · KÖLN · WEIMAR

Bibliografische Information der Deutschen Nationalbibliothek:

Die Deutsche Nationalbibliothek verzeichnet diese Publikation in der Deutschen Nationalbibliografie; detaillierte bibliografische Daten sind im Internet über http://dnb.d-nb.de abrufbar.

ISBN 978-3-205-77740-3

© 2008 by Böhlau Verlag Ges.m.b.H. und Co.KG, Wien · Köln · Weimar
http://www.boehlau.at
http://www.boehlau.de

Umschlaggestaltung: Michael Haderer

Gedruckt auf umweltfreundlichem, chlor- und säurefrei gebleichtem Papier.

Druck: Prime Rate Kft., 1047 Budapest

Inhaltsverzeichnis

Andrea Kdolsky

Anstelle eines Vorworts – Grußworte der Bundesministerin für Gesundheit, Familie und Jugend

Anlässlich des Symposiums „Betriebliche Gesundheitsförderung im europäischen Eisenbahnwesen", das am 8. und 9. November 2007 im Festsaal der Arbeiterkammer Wien stattgefunden hat, „möchte ich meine Freude zum Ausdruck bringen, dass die Österreichischen Bundesbahnen eine Vorreiterrolle in der Gesundheitsförderung einnehmen. Gesundheit wird nur zu einem geringen Teil vom Gesundheitssystem beeinflusst – zu einem größeren Teil von vielen anderen Bereichen: Nämlich dort, wo wir leben, arbeiten, spielen und lernen. Überall dort sollte Gesundheitsförderung auch als Querschnittsmaterie einsetzen. Gerade am Arbeitsplatz verbringen die meisten Menschen einen Großteil ihrer Zeit, und unser Leben wird bis weit in die Freizeit hinein von der Arbeit beeinflusst und dominiert. Einerseits ist die Arbeitswelt unbestritten ein Schlüsselsektor für die Gesundheit und das Wohlbefinden der Mehrheit der Bevölkerung. Andererseits spielen gesunde, flexible und motivierte Mitarbeiter und Mitarbeiterinnen aber auch eine entscheidende Rolle für den Erfolg und das Bestehen eines Betriebes im immer härter werdenden internationalen Wettbewerb.

Eine zeitgemäße Gesundheitsförderung im Betrieb muss sich den aktuellen Anforderungen durch das Auftreten chronischer Krankheiten, der Verschiebung der demografischen Struktur der Gesellschaft und den durch den Einsatz moderner Technologien rasant wandelnden Arbeitsbedingungen in den Betrieben stellen. Hauptursachen für Arbeitsunfähigkeiten sind heute Erkrankungen des Bewegungs- und Stützapparates und der Atmungsorgane, Verletzungen, Krankheiten der Verdauungsorgane sowie Herz-Kreislauf-Erkrankungen. Auch psychische Krankheiten gewinnen in diesem Zusammenhang immer mehr an Bedeutung. Das Ursachenspektrum für diese Erkrankungen ist groß. Es reicht von falschen ergonomischen Bedingungen, schlechter Arbeitsorganisation und schlechtem Betriebsklima bis hin zu falschem Ernährungsverhalten und Bewegungsmangel. Es kommt also nicht nur darauf an, den persönlichen Lebensstil der Mitarbeiterinnen und Mitarbeiter zu beeinflussen: beispielsweise zu helfen, sich gesund zu ernähren und sportlich aktiv zu sein. Notwendig ist es auch, die physischen und psychischen Anforderungen im Arbeitsalltag auf gesundheitsgefährdende Ursachen zu untersuchen und nach Möglichkeit zu verändern. Deswegen ist mir die Betriebliche Gesundheitsförderung als Gesundheits- und Familienministerin auch ein ganz besonderes Anliegen und ich freue mich sehr, über die Einladung zum heutigen Symposium Betriebliche Gesundheitsförderung im europäischen Eisenbahnwesen.

Betriebliche Gesundheitsförderung umfasst entsprechend der Luxemburger Deklaration zur Betrieblichen Gesundheitsförderung in der Europäischen Union (1997) alle gemeinsamen Maßnahmen von Arbeitgeber/innen, Arbeitnehmer/innen und der Gesellschaft zur Verbesserung von Gesundheit und Wohlbefinden am Arbeitsplatz. Erfreulicherweise hat sich auch der ÖBB-Konzern diesem wichtigen Thema angenommen und – wie ich meine – mit dem Programm „infra.vital" ein beispielgebendes Projekt zur Betrieblichen Gesundheitsförderung initiiert. Maßnahmen und Initiativen, die darauf abzielen, die Gesundheit und das Wohlbefinden von Menschen an ihrem Arbeitsplatz zu verbessern und zu erhalten, stellen gerade in der heutigen Zeit, in der immer höhere Ansprüche an die ArbeitnehmerInnen gestellt werden, einen wichtigen Beitrag zur Produktivität eines Unternehmens dar. Durch solche Aktivitäten, wie Verbesserungen der Arbeits- und Ablauforganisation, Förderung der MitarbeiterInnenbeteiligung oder Stärkung ihrer persönlichen Kompetenzen, lassen sich Gesundheit und Wohlbefinden der Belegschaft nachweislich deutlich verbessern. Die wirtschaftliche Leistungsfähig-

keit von Unternehmen hängt in einem großen Maß von qualifizier-
ten, motivierten und gesunden MitarbeiterInnen ab.

Ein Land wie Österreich, das seine wirtschaftlichen Erfolge und
seinen Wohlstand vor allem der Qualität der Arbeitsplätze verdankt,
hat die Verpflichtung sich darum zu kümmern, dass Arbeit und Gesundheit keine Gegensätze darstellen. Erfreulicherweise kann Betriebliche Gesundheitsförderung in Österreich bereits auf eine lang-
jährige Tradition zurückblicken. In den letzten zehn Jahren wurden
sowohl die theoretische Basis als auch die Strukturen für Betriebliche
Gesundheitsförderung weiterentwickelt. Die neue ganzheitliche Betriebliche Gesundheitsförderung als moderne Unternehmensstrategie überwindet dabei die Grenzen des klassischen ArbeitnehmerInnenschutzes und traditioneller Programme der Verhaltensförderung
und nähert sich einer zielgerichteten Organisationsentwicklung an.
Dies bedeutet, dass heute der Gestaltung gesundheitsförderlicher
Verhältnisse und Bedingungen im Betrieb ein ebenso großes Augen-
merk gewidmet wird wie dem gesunden Lebensstil der Belegschaft.

Ich freue mich, und es erfüllt mich mit Stolz, dass Österreich in
der Betrieblichen Gesundheitsförderung durch die Arbeit des Österreichischen Netzwerks für Betriebliche Gesundheitsförderung sowie
durch die Arbeit des Fonds Gesundes Österreich, eines Geschäftsbereichs der Gesundheit Österreich GmbH. auch innerhalb Europas,
bereits eine Vorreiterrolle übernommen hat. Ich hoffe daher sehr,
dass das heutige Symposium Auftakt für eine Reihe von Veranstaltungen zum Thema „Betriebliche Gesundheitsförderung im Eisenbahnwesen" sein wird und damit national und international Anreize
für eine nachhaltige Etablierung der Betrieblichen Gesundheitsförderung im europäischen Eisenbahnwesen gesetzt werden.

Unternehmen werden in Zukunft mehr denn je auf qualifizierte,
motivierte und vor allem gesunde Mitarbeiterinnen und Mitarbeiter
angewiesen sein. Gefragt sind darum neue Strategien, mit denen Beschäftigte länger in den Arbeitsprozess einbezogen und die Poten-

ziale der Arbeitnehmerinnen und Arbeitnehmer besser genutzt werden können. Bei so viel Engagement, wie sie von der ÖBB-Infrastruktur Betrieb AG und der Versicherungsanstalt für Eisenbahnen und Bergbau als Veranstalter dieses richtungweisenden Symposiums an den Tag gelegt werden, bin ich zuversichtlich, dass in Zukunft noch viele Projekte und Programme zur Betrieblichen Gesundheitsförderung im europäischen Bahnwesen umgesetzt werden, und wünsche der Veranstaltung einen erfolgreichen Verlauf."

Dieter Ahrens · Judith Goldgruber · Franz Gastager

Einleitung

„The challenge here is to make employers understand that making a healthy choice is a wise business decision … In unhealthy working environments, many employees smoke, some are hypertensive, overweight and sedentary, some have mental health and substance abuse problems, many more are prone to lower back pain, and a large proportion experience burnout on the job" (Griffiths 1995, 9).

Arbeitsbedingte Erkrankungen und Unfälle sind von hoher gesundheits- und sozialpolitischer Bedeutung. Schätzungen ergeben, dass durch arbeitsbedingte Erkrankungen und Unfälle ein ökonomischer Verlust in Höhe von etwa 4 Prozent des weltweiten Bruttosozialprodukts verursacht wird. Zudem werden 2 Prozent aller Todesfälle sowie 3 Prozent der verlorenen Lebensjahre auf den Faktor Arbeit zurückgeführt. Verschiedene europäische Studien kommen übereinstimmend zu dem Ergebnis, dass zirka 50 Prozent des Morbiditätsgeschehens durch Faktoren der Arbeitswelt bedingt sind, wobei der diagnosenspezifische Anteil sehr weit zwischen Krebserkrankungen mit geringen Anteilen und Erkrankungen des Bewegungsapparates mit großen Anteilen (zirka 80 Prozent) streut (Bödeker et al. 2002).

In Österreich sind 3,7 Millionen Menschen berufstätig. Der Arbeitsplatz ist dabei nicht nur zeitlich einer der wichtigsten Lebensbereiche des Menschen, sondern er beeinflusst auch das physische und psychische Befinden. In vielen Gesundheitsbefragungen zeigt sich übereinstimmend, dass Berufsbelastungen die subjektive Gesundheit und das Wohlbefinden wesentlich stärker bestimmen als etwa Fehlverhalten im persönlichen Lebensstil (Rauchen, Bewegungsarmut, ungesunde Ernährung). Der technische Fortschritt hat bewirkt, dass sich die Anforderungen und Belastungen der Arbeitswelt entscheidend verändert haben. Bestimmte körperliche Belastungen, wie einseitige Beanspruchungen des Bewegungs- und Stützapparates sind zunehmend durch psychische Belastungen ersetzt worden. Dies verdeutlicht angesichts des gegenwärtigen enormen Tempos des wirtschaftlichen Wandels die Brisanz der zukünftig zu erwartenden Zunahme des physischen und psychosozialen Krankheitspotentials (Kohlbacher & Meggeneder 2006).

Die sich permanent verändernden Arbeits- und Lebensbedingungen sind u.a. auch in den Krankenstandsstatistiken der industrialisierten Länder ablesbar. Der kürzlich erschienene Fehlzeiten-Report 2007 beziffert den durchschnittlichen Krankenstand in Österreich für das Jahr 2004 auf 12,2 krankheits- und unfallbedingte Ausfalltage. Die Krankenstandsquote, die den Verlust an Arbeitstagen im Jahresverlauf angibt, betrug in diesem Jahr 3,3 Prozent. Im Zeitverlauf nahm die Anzahl der Krankenstandsfälle zu, während die durchschnittliche Dauer der Krankenstandsepisoden rückläufig war. Die Kurzkrankenstände, damit sind die Arbeitsunfähigkeitsdauern von bis zu vier Tagen gemeint, stiegen in den letzten Jahren erheblich an. Im Jahr 1990 waren noch 186 Kurzkrankenstände je 1.000 versicherte Personen zu verzeichnen, im Jahr 2004 hingegen bereits 262 Fälle. Damit entfiel mehr als ein Viertel aller Krankenstandsfälle auf Kurzkrankenstände (WIFO 2008). Wenn auch der Anteil der Kurzkrankenstände am gesamten Fehlzeitenvolumen als gering zu bezeichnen ist, so erscheint gerade dieser noch am ehesten kurzfristig beeinflussbar zu sein, ist doch zu vermuten, dass kurzfristige Arbeitsunfähigkeit nicht als Zeichen ausgeprägter Krankheitszustände, sondern eher als Indiz für kurzfristige und vorübergehende Befindlichkeitsstörungen, Überarbeitungen und ähnlicher Sachverhalte aufzufassen ist.

Betriebliche Gesundheitsförderung ist seit einigen Jahren ein etabliertes Instrument der Reduktion von Arbeitsbelastungen und der Stärkung von Gesundheitsressourcen von Mitarbeiterinnen und Mitarbeitern. Die zentralen Elemente für eine Etablierung von Gesundheitsförderungsmaßnahmen in Unternehmen sind heute weitestgehend bekannt. Mittlerweile existiert eine Vielzahl von

Fachpublikationen, Erfahrungsberichten, wissenschaftlichen Untersuchungen sowie nationalen und internationalen Netzwerken von Wissenschaftlern und Praxisexperten. Die Einsicht in die Notwendigkeit von aktiver Mitarbeiterförderung nicht nur unter sozialpolitischen und ethisch-moralischen Gesichtspunkten, sondern auch aus betriebswirtschaftlicher Rationalität wächst vor dem Hintergrund des Wandels von einer Industrie- in eine Wissens- und Dienstleistungsgesellschaft. Nicht mehr in erster Linie die Produktionsanlagen stellen das zentrale Kapital einer Volkswirtschaft dar, sondern das Human- und Sozialkapital einer Gesellschaft an sich sowie – aus betriebswirtschaftlicher Sicht – das ans Unternehmen gebundene Kapital der Belegschaft (Ahrens & Schott 2004).

Dieser Tagungsband reiht sich ein in die oben genannten Publikationen, setzt jedoch verschiedene, bislang noch nicht thematisierte Akzente bzw. stellt neuere wissenschaftliche Erkenntnisse dar.

Der erste Beitrag von *Bernhard Badura* beschreibt die oben bereits angesprochene (neue) Bedeutung des Sozialkapitals für Unternehmen und Gesellschaften. Das bereits etwas ältere Konstrukt gewinnt nicht zuletzt aufgrund der in einigen Untersuchungen gezeigten Operationalisierungsmöglichkeit und somit als Zielpunkt für die Nutzenmessung für betriebliche Gesundheitsförderungsmaßnahmen eine zunehmende Bedeutung. Badura unterscheidet drei Elemente organisationalen Sozialkapitals: Netzwerkkapital, Überzeugungs- und Wertekapital sowie Führungskapital. Das von ihm verfolgte Erkenntnisinteresse liegt in der Entwicklung eines am Sozialkapitalansatz orientierten Organisationsmodells und in seiner Operationalisierung durch Indikatoren, mit deren Hilfe die überwiegend intangiblen Modellelemente sichtbar, messbar und beeinflussbar gemacht werden können. Damit soll die These begründet werden, dass Gesundheit Arbeit fördert.

Eberhard Ulich betont im folgenden Kapitel wieder einmal die arbeitspsychologische Bedeutung in der Analyse der positiven und negativen Wirkungsweisen auf die ArbeitnehmerInnen. Er zeigt auf, dass ein umfassendes betriebliches Gesundheitsmanagement sowohl die Arbeitsbelastungen als auch die Mitarbeiterressourcen im Blickfeld haben muss – und dies vor allem gleichzeitig. Zudem wird die besondere und zunehmende Bedeutung älterer ArbeitnehmerInnen herausgestellt.

Im folgenden Beitrag weist *Heinrich Geißler* auf einen häufig vernachlässigten Aspekt der betrieblichen Gesundheitsförderung hin, nämlich die Frage: Warum verbleiben Menschen im Unternehmen? In Analogie zum Salutogenese-Konzept von Aaron Antonovsky plädiert er dafür, dass Unternehmen mehr darauf schauen sollten, warum ihre Mitarbeiter trotz sich verschlechternder Arbeitsbedingungen im Betrieb verbleiben, statt – wie häufig geschehen – sich auf die Reduktion der Fehlzeiten zu konzentrieren. Ein besonderer Fokus liegt dabei auf dem sogenannten psychologischen Arbeitsvertrag.

Dieter Ahrens hinterfragt in seinem Buchbeitrag die oftmals zu lesende Behauptung, dass betriebliche Gesundheitsförderungsmaßnahmen einen eindeutigen ökonomischen Nutzen aufweisen. Zunächst diskutiert er präventive und ökonomische Potenziale der Gesundheitsförderung, verweist dann auf methodische Probleme der ökonomischen Bewertung derartiger Maßnahmen und beschreibt schließlich den derzeitigen Forschungsstand.

Im folgenden Beitrag stellt *Urs Näpflin* die Frage: Was bringt betriebliche Gesundheitsförderung aus der Sicht der Schweizerischen Unfallversicherung (Suva)? Dieser Frage geht er anhand der Thematisierung von Beispielen und Zusammenhängen aus den Bereichen körperliche, psychosoziale und organisatorische Belastungsfaktoren, Unfallprävention, organisationale und soziale Ressourcen und persönliches Gesundheitsverhalten nach. Der Autor kommt zum Schluss, dass sich das Engagement für das betriebliche Gesundheitsmanagement für einen Unfallversicherer – wie die Suva – lohnt.

Im Beitrag von *Verena Lehmann, Helga Thaler, Michaela Tengg und Dieter Ahrens* soll die Frage geklärt werden, wie Programme der betrieblichen Gesundheitsförderung, die sich mit der Steigerung von körperlicher Aktivität und Verbesserung der Entspannungsverfahrens beschäftigen, bisher konzipiert und durchgeführt wurden und welche Ergebnisse zum Einsatz und zur Wirkung bis heute nachgewiesen werden konnten. Die zunehmende Inaktivität der Bevölkerung und der Wandel der Arbeitswelt, der als zentrale Ursache für stressbedingte Erkrankungen verantwortlich zeichnet, gelten heute als die wesentlichsten Risikofaktoren für die Entstehung chronischer Erkrankungen.

Judith Goldgruber befasst sich in ihrem Beitrag mit den Wirkungen der Unternehmenskultur auf die Gesundheit der Organisation und der Organisationsmitglieder. Die Zusammenhänge zwischen den Dimensionen der Unternehmenskultur und den positiven und negativen Wirkungen starker Kulturen erklärt sie mithilfe von arbeitsbezogenen Stresstheorien. Abschließend unternimmt sie den Versuch, die Unternehmenskultur in ein neues Gesundheitsförderungsverständnis zu integrieren.

Beate Atzler und *Franz Gastager* stellen in ihrem Beitrag das Betriebliche Gesundheitsmanagementprojekt der ÖBB-Infrastruktur Betrieb AG vor, das im Frühjahr 2006 gestartet wurde und ein deutliches Zeichen in Richtung Mitarbeiterorientierung setzt. Im Besonderen berichten sie über das Teilprojekt Betriebliche Gesundheitsförderung (Medical Services 2), für welches der ÖBB-Infrastruktur Betrieb AG das österreichische Gütesiegel für betriebliche Gesundheitsförderung verliehen wurde. Die Autoren informieren über den Projektstart, die Gesundheitszirkelarbeit, über Kommunikationsstrategien, den Ablauf der sogenannten Gesundheitsfördergespräche und über verschiedene BGF-Programme.

Saskia Ehmann schließlich erörtert im letzten Beitrag das zielgerichtete Gesundheitsmanagement der Deutschen Bahn, das von der Organisation als wesentlicher Beitrag zur Beschäftigungsfähigkeit angesehen wird. Die Deutsche Bahn betreibt seit 1997 aktiv Gesundheitsförderung und verfügt über zahlreiche Strukturen und Angebote, die eine erfolgreiche Gesundheitsförderung ermöglichen. Diese werden von der Autorin dargestellt.

Literatur

Ahrens D. & Schott T. (2004). Arbeitsbedingte Erkrankungen und betriebliches Gesundheitsmanagement – eine betriebswirtschaftliche und gesundheitsökonomische Betrachtung. In: Bertelsmann-Stiftung, Hans-Böckler-Stiftung (Hg.). Zukunftsfähige betriebliche Gesundheitspolitik – Vorschläge der Expertenkommission. Gütersloh, Verlag Bertelsmann-Stiftung.

Bödeker W., Friedel H., Röttger C. & Schröer A. (2002). Kosten arbeitsbedingter Erkrankungen. Bremerhaven, NW-Verlag.

Griffiths J. (1995). A practical guide to health promotion in the workplace. Cardiff.

Kohlbacher M. & Meggeneder O. (2006). Zehn Jahre Betriebliche Gesundheitsförderung in Österreich. In: Meggeneder O. & Hirtenlehner H. (Hg.). Zehn Jahre Betriebliche Gesundheitsförderung in Österreich. Frankfurt, Mabuse.

WIFO (Österreichisches Institut für Wirtschaftsforschung) (2008). Fehlzeitenreport 2007 – krankheits- und unfallbedingte Fehlzeiten in Österreich. Wien.

Bernhard Badura

Das Sozialkapital von Organisationen[1]

1. Sozialkapital: Pro und Kontra

Es waren die Projekte und Tagungen großer internationaler Organisationen wie der Weltbank, der Organisation für wirtschaftliche Zusammenarbeit und Entwicklung, des Internationalen Währungsfonds und der Europäischen Union, die dem Sozialkapitalkonzept zu seiner weltweiten Verbreitung verhalfen. Mittlerweile beschäftigen sich auch nationale Statistikämter der EU-Mitgliedsstaaten mit Problemen der Operationalisierung und Messung von Sozialkapital. Dabei stehen makroökonomische Problemstellungen im Vordergrund. Das Sozialkapital von Organisationen – z.B. von Schulen, Krankenhäusern, Wirtschaftsunternehmen und Verwaltungen – ist bis heute vergleichsweise wenig erforscht (Baron et al. 2000, Halpern 2005).

Der Sozialkapitalansatz macht das soziale Vermögen einer Organisation sichtbar, messbar und dadurch beeinflussbar. Er fügt den Konzepten Bodenkapital, Sachkapital und Humankapital eine auf das Menschensystem eines Unternehmens, einer Verwaltung oder einer Dienstleistungseinrichtung bezogene Sichtweise hinzu. Die hier vertretene These lautet: Kooperatives und zur Verfolgung gemeinsamer Ziele koordiniertes Handeln erfordert mehr als fachliche Kompetenz, Wissen und hoch entwickelte Technik. Es erfordert Vernetzung der Organisationsmitglieder untereinander, mit ihren Kunden und Lieferanten. Es erfordert einen Vorrat an gemeinsam akzeptierten Überzeugungen, Werten und Regeln und, als wichtigste

1 Für Anregungen und Unterstützung bei der Verfassung dieses Papiers zu danken habe ich dem Europäischen Sozialfonds, der Landesanstalt für Arbeitsschutz NRW sowie Frau Uta Walter, Frau Martina Behr und Frau Petra Rixgens.

17

Konsequenz, Vertrauen unter den Mitarbeitern und starke Unternehmensbindung – mit anderen Worten: Sozialkapital.

Die Popularität des Sozialkapitalkonzeptes bei Wissenschaftlern unterschiedlicher Disziplinen und unterschiedlicher politischer Couleur hat in den zurückliegenden Jahren auch Widerspruch und Kritik hervorgerufen. Immer wieder vermerkt wird seine mangelhafte definitorische Klarheit und Messbarkeit (z.b. Dasgupta, Serageldin 2000). Kenneth Arrow, einer der angesehensten US-Ökonomen und Nobelpreisträger, vertritt die Auffassung, soziale Netzwerke hätten zwar positive ökonomische Auswirkungen, verdienten gleichwohl aber nicht das Prädikat „Kapital", da sie primär aus nichtökonomischen Motiven entständen und gepflegt würden. Die Frage, ob der Markt oder staatliches Handeln ihre Funktionsfähigkeit beeinträchtigt, wird von ihm dennoch als erforschenswert erachtet (Arrow 2000, 4f.). Robert Solow, ebenfalls ein bedeutender Wirtschaftswissenschaftler und Nobelpreisträger, kritisiert die mangelhafte Instrumentalisierbarkeit sozialer Beziehungen und Interaktionen etwa im Vergleich zu Geld oder Sachkapital. Ähnlich wie Arrow unterstellt auch er, dass die Verbindung von „Rationalität" und „persönlicher Gier" – als Grundlage ökonomischen Handelns – „wichtige Aspekte" wirtschaftlicher Leistungskraft außer Acht lasse, z.b. die Transaktionskosten reduzierende Bedeutung von „Vertrauen" (Solow 2000, 7f.).

Ein weiterer namhafter Kritiker verweist auf die möglichen negativen Folgen von „Soziabilität" und Gruppenbindung und die einseitig positive Würdigung gemeinsamer Überzeugungen und Werte durch Vertreter des Sozialkapitalansatzes. Der Schaden von Sozialkapital in Form von sozialer Kontrolle, sozialem Ausschluss, von Ausbeutung und Freiheitsbeschränkung könne seinen Nutzen für Gruppenmitglieder weit übertreffen. Ebenso wenig wie das Verhalten im Sinne des Homo oeconomicus stets nachteilige Folgen habe, hätten Gruppennormen und „Soziabilität" stets positive Auswirkungen (Portes

2000, 56). Wieder andere sehen im Sozialkapitalkonzept so etwas wie ein Trojanisches Pferd des Neoliberalismus zum Zweck der „Kolonisierung" gesellschaftlicher Problemstellungen durch ökonomisches Denken (Fine, Green 2000, 82 ff.).

Im Folgenden wird auf diese Kritiken und Kommentare eingegangen werden. Das Hauptinteresse gilt allerdings der Anwendung des Sozialkapitalkonzeptes auf den Bereich der präventiven betrieblichen Gesundheitspolitik, dem zukünftig eine wachsende Bedeutung zukommen dürfte (Bertelsmann-Stiftung, Hans-Böckler-Stiftung 2004).

Sozialkapital ist unsichtbar und nicht monetär, für die Funktionsfähigkeit einer Organisation gleichwohl unverzichtbar. Sozialkapital fördert Gesundheit und Arbeitsleistung. Organisationen, die reich sind an Sozialkapital, sind mitarbeiterorientiert, erfolgreich und deshalb attraktiv als Arbeitgeber. Organisationen, die arm sind an Sozialkapital, bleiben weit unter ihren Möglichkeiten und neigen zum gesundheitlichen Verschleiß ihrer Mitglieder. Situationsbewältigung in Arbeit, Freizeit und Privatleben erfordert – je nach Anforderungen – unterschiedliche kognitive, emotionale, motivationale oder praktische Kompetenzen auch bei der Inanspruchnahme von Hilfeleistungen und Unterstützung durch Mitmenschen. Wie sinnhaft, verständlich und beeinflussbar Situationen erlebt und wie sie bewältigt werden, hängt – und hier hat sich seit der Zeit der Jäger und Sammler wahrscheinlich wenig verändert – von der Qualität der Beziehungen zu anderen Menschen ab sowie von dem Vorrat gemeinsamer Überzeugungen, Werte und Regeln, d.h. ihrer Kultur. Beide, soziale Beziehungen und die durch sie vermittelte Kultur, bilden das Sozialkapital eines sozialen Systems: einer Familie, einer Gruppe, einer Organisation oder Gesellschaft.

Kultur beinhaltet u.a. Grundwerte, Wissen und Fertigkeiten sowie konkrete Regeln zur Problemlösung und Gefühlsregulierung. Sie bindet Menschen aneinander durch Gemeinsamkeiten in ihrem

Denken, Fühlen und in den verfolgten Zielen. Kultur hat sowohl interpersonelle, systembezogene bzw. kollektive als auch personenbezogene Bedeutung, manifestiert sich nicht nur in zwischenmenschlichen, sondern auch in innermenschlichen Prozessen. Ohne die Denken, Fühlen, Motivation und Verhalten strukturierende Rolle der Kultur scheint weder persönliche Identitätsentwicklung möglich noch „Gesellschaft", verstanden als friedliche Kooperation zur Verfolgung gemeinsamer Ziele auch außerhalb engster Familien- oder Stammesbande. Sozialkapital ist nicht nur für die Funktionsfähigkeit sozialer Systeme bedeutsam, sondern – wegen der engen Verflechtung sozialer, psychischer und biologischer Prozesse – auch für das Befinden und die physische Gesundheit ihrer Mitglieder.

Die These, zwischenmenschliche Beziehungen seien für Wohlbefinden und Gesundheit von grundlegender Bedeutung, ist keineswegs neu, allerdings erst jüngst nicht nur sozialepidemiologisch, sondern auch naturwissenschaftlich erhärtet. Entwickelt wurde sie bereits am Ende des 19. Jahrhunderts von dem französischen Soziologen Émile Durkheim und dem russischen Verhaltensforscher Peter Kropotkin (Durkheim deutsch: 1984; Kropotkin deutsch: 1975). Neurowissenschaftler glauben heute, ein „social brain" lokalisiert zu haben (Insel, Fernald 2004), und sehen in dem Streben nach Zuwendung und Anerkennung den zentralen Motivator menschlichen Verhaltens (Insel 2003).

Eine wesentliche Rolle bei der Vermittlung sozialer und biologischer Prozesse spielen Emotionen wie Freude und Stolz oder Angst, Wut und Hilflosigkeit. Das emotionale Zentrum des Menschen ist das limbische System. Es wird aus Strukturen des Großhirns, des Zwischenhirns und des Mittelhirns gebildet und ist ein entwicklungsgeschichtlich sehr altes System. Zum limbischen System gehören u.a. der Mandelkern und der Hypocampus. Das limbische System reagiert teils bewusst, teils unbewusst auf Signale aus der sozialen Umwelt. Vieles spricht dafür, dass unser emotionales Gleichgewicht maßgeblich von den sozialen Beziehungen zu „wichtigen Anderen" abhängt. Basisemotionen wie Angst, Wut, Freude, Stolz oder Hilflosigkeit werden durch Interaktionen mit Artgenossen gesteuert. Sie beeinflussen ihrerseits Konzentrationsfähigkeit, Gedächtnisleistung, Immunsystem, Herz-Kreislauf-System und Verhalten. Für den Organismus bedeutsame psychische Prozesse unterliegen, so darf vermutet werden, einer zwischenmenschlichen Regulation. Dopamin und Oxytocin gelten heute, in Verbindung mit körpereigenen Opioiden, als zugleich beziehungsförderliche und beziehungsabhängige Botenstoffe und als ausschlaggebend für das subjektive Wohlbefinden (zusammenfassend: Bauer 2006).

Die Kernannahmen des hier vertretenen Ansatzes lauten: 1. Das psychische Befinden eines Menschen beeinflusst maßgeblich sein Beziehungs- und Arbeitsverhalten, seine Lebensqualität und Lebensdauer. 2. Für das psychische Befinden von großer Bedeutung ist das Sozialkapital, verstanden als Umfang und Qualität sozialer Beziehungen und als Vorrat geteilter Überzeugungen und Werte – neben den gut erforschten Faktoren Bildung („Humankapital") und Kontrollspielraum („Stress"). In der Arbeitswelt ist es die Aufgabe der Führungskräfte, für eine stressarme und zugleich stimulierende Arbeitsumgebung zu sorgen. Hier gilt: Nur wer selbst von der Sinnhaftigkeit einer Aufgabe überzeugt ist, wird dies auch seinen Untergebenen vermitteln können. Nur wer sich selbst wohl fühlt, wird entsprechend positive Gefühle in seiner Umgebung hervorrufen. Nach Jahrzehnten der Betonung kognitiver Fähigkeiten und fachlicher Kompetenz betonen Gesundheitsexperten wie Neuroforscher heute gleichermaßen die Bedeutung von Emotionen und unbewussten Vorgängen für Zusammenarbeit und Führung (Goleman et al. 2003; Insel, Fernald 2004).

2. Sozialkapital, Gesundheit und Betriebsergebnis

Soziologen, Wirtschafts- und Politikwissenschaftler reklamieren jeweils eigene Urheberrechte am Sozialkapitalkonzept. Dies hat trotz grundlegender Gemeinsamkeiten zu einer Vielzahl, im Einzelnen oft recht unterschiedlicher Definitionen, Kausalmodelle und Messverfahren geführt. Ökonomen, Soziologen wie auch Sozialepidemiologen sehen die Essenz des Sozialkapitals in der Basisstruktur jeder Form der Vergesellschaftung: den zwischenmenschlichen Beziehungen – ihrer Qualität, ihrem Umfang, ihrer Spannweite und ihrer Dauerhaftigkeit. Menschen sind keine solitären Wesen. Sie leben, wie artverwandte Tiere auch, in sozialen Gruppen und Verbänden – früher als Jäger und Sammler und seit Beginn der Industrialisierung immer häufiger nicht mehr nur in familienbasierten Beziehungen, sondern zusätzlich in einer weitgehend davon losgelösten Welt außerfamiliärer Netzwerke.

Disziplinenübergreifender Konsensus besteht ferner dahingehend, dass politische und ökonomische Entwicklungen in soziale und kulturelle Kontexte „eingebettet" sind und sich deshalb nicht allein mit einzelwissenschaftlichen Konzepten verstehen lassen. Nach über einem Jahrhundert intensiver Bemühungen seitens der einzelnen sozialwissenschaftlichen Disziplinen um Abgrenzung voneinander ist diese eigentlich triviale Einsicht durchaus als Fortschritt zu bewerten.

Eine dritte Gemeinsamkeit besteht darin, dass soziale Netzwerke und die von ihren Mitgliedern geteilten Überzeugungen, Werte und Regeln Nutzen stiftende Ressourcen bilden. Im Zentrum der Betrachtung stehen dabei einzelne Personen, Gruppen, Organisationen, Regionen oder ganze Gesellschaften. Bei dem generierbaren Nutzen kann es sich sowohl um individuelle Güter wie persönliches Fortkommen, Einkommen oder Gesundheit handeln als auch um kollektive Güter wie den wirtschaftlichen Erfolg eines Unternehmens oder einer Region.

Eine vierte Gemeinsamkeit besteht darin, dass Sozialkapital nicht als Eigentum einzelnen Akteuren zugeordnet werden kann, was Zweifel aufkommen lässt, ob der Kapitelbegriff hier mit der gleichen Berechtigung Verwendung finden darf, wie dies für Boden, Geld, Sachanlagen und Wissen angenommen wird. Dies verweist zugleich aber auch auf die kollektive Eigenschaft von Kultur und Beziehungen, d.h. auf Grenzen der Individualisierung.

In den Gesundheitswissenschaften werden soziale Netzwerke und ihre Einflüsse auf das psychische und physische Befinden bereits seit mehreren Jahrzehnten erforscht. Die soziale Unterstützungsthese vom gesundheitsförderlichen Einfluss positiv erlebter Beziehungen in Familie, Freizeit und Arbeitswelt auf das menschliche Gefühlsleben, auf Verhalten und Sterblichkeit gilt heute als eine der am besten untersuchten epidemiologischen Fragestellungen (Badura 1981; Badura et al. 1987; House et al. 1988; Badura, Kickbusch 1991; Berkman, Kawachi 2000). Soziale Beziehungen werden in diesem Forschungsansatz zumeist als unabhängige Größe erachtet, die allenfalls vom Verhalten und der Persönlichkeit der untersuchten Individuen beeinflusst wird. Umfassendere Einflüsse aus Geschichte, Kultur, Politik oder Wirtschaft auf Qualität, Umfang, Spannweite oder Stabilität sozialer Netzwerke blieben bislang in der sozialepidemiologischen Forschung wenig beachtet. Immerhin hatte Émile Durkheim bereits am Ende des 19. Jahrhunderts erste empirische Belege für den Einfluss religiöser Überzeugungen und Werte auf die Selbstmordrate vorgelegt.

Mit der Transformation von Agrar- in Industriegesellschaften verloren soziale Netzwerke, Überzeugungen und Werte, die jahrtausendelang ihre Wurzeln in Familie und Religion hatten, an Bedeutung. Stattdessen wurden soziale Netzwerke, Überzeugungen und Werte, die ihre Wurzeln in Schule, Berufsleben, Wissenschaft, Wirtschaft und Politik haben, immer wichtiger. Es begann ein Prozess der Aufspaltung privaten und beruflichen Sozialkapitals, mit der

Folge, dass die Anforderungen von Berufs- und Privatleben als zunehmend schwerer miteinander vereinbar erfahren wurden. Die sich daraus ergebenden Belastungen gefährden die Gesundheit und beeinträchtigen die Reproduktionsfähigkeit der Gesellschaft (Badura et al. 2003, 2004).

Bezahlte Arbeit findet heute zumeist in komplexen Organisationen statt, in denen Menschen einen maßgeblichen Teil ihres Lebens verbringen und die erheblichen Einfluss auf ihr Befinden und ihre Gesundheit nehmen. Das Sozialkapital von Organisationen erhält dadurch eine doppelte Funktion: als Quelle persönlichen Wohlbefindens und kollektiven Erfolgs.

Der hier vertretene Ansatz sieht Organisationen als komplexe soziale Systeme, die gekennzeichnet sind durch Arbeitsteilung, durch Über- und Unterordnung, durch den Grad und die Qualität der Vernetzung ihrer Mitglieder untereinander, durch einen Vorrat gemeinsamer Überzeugungen, Werte und Regeln sowie durch das gewährte Maß an Transparenz und an Beteiligung an Zielfindung und Prozessgestaltung. Organisationen – so wird hier vermutet – wirken in dem Maße gesundheits- und arbeitsförderlich auf ihre Mitglieder, in dem ihre Führungskräfte auf allen Ebenen folgende Ziele verfolgen:

- einen Vorrat gemeinsamer Überzeugungen, Werte und Regeln pflegen, z.B. zum Thema Gesundheit und seiner Bedeutung für Beschäftigte und Betriebsergebnisse,
- vertrauensvolle und unterstützende Beziehungen unter ihren Mitgliedern fördern,
- Transparenz von Strukturen, Prozessen und Ergebnissen gewährleisten,
- gesundheitsschädigende Arbeitsbedingungen erkennen und beseitigen helfen,
- Mitgliedern Verstehbarkeit und Sinnhaftigkeit der gesetzten Ziele und der erwarteten Beiträge erleichtern,

- Mitarbeiterqualifikation und Befähigung fördern,
- Möglichkeiten der Willensbildung bottom-up und Ergebnisbeteiligung einräumen,
- Vereinbarkeit von Arbeit und Privatleben erleichtern (Badura, Hehlmann 2003, O'Toole, Lawler 2006).

Das hier verfolgte Erkenntnisinteresse liegt in der Entwicklung eines am Sozialkapitalansatz orientierten Organisationsmodells und in seiner Operationalisierung durch Indikatoren, mit deren Hilfe die überwiegend intangiblen Modellelemente sichtbar, messbar und beeinflussbar gemacht werden können. Damit soll die These begründet werden, dass Gesundheit Arbeit fördert.

Gesundheit und Wohlbefinden der Mitarbeiterinnen und Mitarbeiter sollten für jede Organisation ein Wert an sich sein. Gleichwohl müssen auch Gesundheitsexperten akzeptieren, dass Investitionen in die Gesundheit von Belegschaften sich auf der Leitungsebene von Verwaltungen, Unternehmen und Dienstleistungsorganisationen unter den gegebenen Bedingungen nur dann dauerhaft rechtfertigen lassen, wenn sie positive Konsequenzen auch auf das Betriebsergebnis haben, was es zu belegen gilt. Im Folgenden werden drei Teilkonstrukte von Sozialkapital vorgestellt: das Netzwerkkapital, das Überzeugungs- und Wertekapital und das Führungskapital.

2.1 Netzwerkkapital

Den wirksamsten Impuls für die in den 90er-Jahren stark zugenommene Sozialkapitaldiskussion gab eine Veröffentlichung von Putnam und Mitautoren über die Entwicklung von Politik und Wirtschaftsleben in Italien (Putnam et al. 1993). Im Fokus von Putnam et al. steht die horizontale Vernetzung der Bürger in freiwilligen Vereinigungen und deren Auswirkungen auf ihr politisches und wirtschaftliches Verhalten. Sozialkapital ist, so der zentrale Befund, in den unterschiedlichen Regionen Italiens sehr unterschiedlich gut entwickelt, mit entsprechend unterschiedlichen Folgen für die Funktionsfähigkeit politischer Institutionen und die Wirtschaftskraft.

Die Ausgangsfragestellung der Studie von Putnam et al. war: Was sind die Bedingungen starker und effektiver demokratischer Institutionen (ebd., 6)? Liegen sie in deren Formalstruktur („Institutional Design") begründet, in sozioökonomischen Voraussetzungen („Modernization") oder in soziokulturellen Faktoren („Civic Culture"), d.h. in bestimmten politischen Einstellungen und Orientierungen der Bürger? Der Sozialkapitalansatz wurde erst später in die Analyse des Datenmaterials einbezogen und erwies sich als das erklärungskräftigste Konzept. Gemessen wurde das Sozialkapital einer Region in der Anzahl freiwilliger Vereinigungen, in denen Bürger sich als „Gleiche" begegnen.

> „... in the most civic regions, such as Emilia-Romagna, citizens are actively involved in all sorts of local associations – literary guilds, local bands, hunting clubs, cooperatives and so on. They follow civic affairs avidly in the local press, and they engage in politics out of programmatic conviction. By contrast, in the least civic regions, such as Calabria, voters are brought to the polls not by issues, but by hierarchical patron-client networks. An absence of civic associations and a paucity of local media in these latter regions mean that citizens there are rarely drawn into community affairs" (ebd., 97).

An einer anderen Stelle heißt es, der entscheidende Unterschied zwischen dem hoch entwickelten Norden Italiens und dem unterentwickelten Süden bestehe nicht zwischen viel oder wenig sozialen Beziehungen unter den Bewohnern dieser Regionen, sondern in „horizontalen" Beziehungen der gegenseitigen Unterstützung und „vertikalen" Beziehungen der Abhängigkeit und Ausbeutung (ebd., 144).

Insbesondere Entwicklungsökonomen haben sich die Konzepte und Ergebnisse von Putnam et al. zu eigen gemacht. Durch die Förderung von Sozialkapital ließe sich – so die Hoffnung – Wirtschaftswachstum erzeugen bzw. beschleunigen sowie exzessive Formen von Armut und sozialer Ungleichheit überwinden (Dasgupta, Serageldin 2000, Harrison, Huntington 2000, Rao, Walton 2004).

Putnam beruft sich in seiner Verwendung des Sozialkapitalkonzepts auf den Soziologen Coleman. Dessen viel zitierte Definition lautet:

> „Social capital is defined by its function. It is not a single entity, but a variety of different entities, with two elements in common: they all consist in some aspect of social structure, and they facilitate certain actions of actors within the structure" (Coleman 1988, 598).

Im gleichen Zusammenhang heißt es:

> „Unlike other forms of capital, social capital inheres in the structure of relations between actors and among actors. It is not lodged either in the actors themselves or in physical implements of production" (Coleman 1988, 598).

Für Coleman hat das Sozialkapitalkonzept eine streng funktionale Bedeutung, weil es sinngemäß nur dort zur Anwendung kommen soll, wo „Aspekte der Sozialstruktur" unter einer zweckrationalen Perspektive betrachtet werden, d.h. zur Erleichterung oder Ermöglichung der Zielerreichung eines Akteurs beitragen. Unter „Sozialstruktur" versteht Coleman das Geflecht sozialer Beziehungen, in dem sich Akteure bewegen und das es ihnen erlaubt, Handlungen zu realisieren bzw. Ziele zu erreichen, die ohne diese Strukturen nicht möglich oder erreichbar wären. Auch wenn Coleman dies in den angeführten Zitaten nicht anspricht, machen doch seine weiteren Ausführungen deutlich, dass er eine akteurs- und keine systembezogene Perspektive einnimmt, bei ihm Akteure nicht nur, aber vorzugsweise einzelne Personen sind und damit ein mikroanalytisches Erkenntnisinteresse vorherrscht. Gleichwohl ist Sozialkapital für Coleman kein Merkmal oder Eigentum einer Person, sondern etwas Zwischenmenschliches, etwas, das sich nur in Interaktionen zwischen Akteuren realisiert. Sozialkapital hat kein physisches Substrat, und es geht in den Handlungen von Akteuren um mehr als die Maximierung individuellen Nutzens.

Gesundheitswissenschaftlich relevante emotionale und biologische Funktionen sozialer Beziehungen und zwischenmenschlicher Prozesse bleiben bei Coleman außer Betracht. Im Zentrum seiner empirischen Arbeiten steht der Einfluss sozialer Netzwerke auf die kognitive und motivationale Entwicklung von Schulkindern: Sozialkapital treibt Humankapital. Für Coleman ist der Mensch ein in erster Linie problemlösendes Wesen. Gefühlsregulierung und ihre Konsequenzen für die Immunfunktion, das Hormonsystem, die Neurogenese, das Herz-Kreislauf-System, das Beziehungs- und das Gesundheitsverhalten (Ernährung, Bewegung, Alkohol, Medikamente, Zigaretten etc.) bleiben unberücksichtigt.

Das Sozialkapitalkonzept ist mittlerweile von zahlreichen Wissenschaftlern und Institutionen aufgegriffen und weiterentwickelt worden. Die Unterscheidung sozialer Beziehungen in „starke" (gemeinschaftliche, gefühlsbesetzte) und „schwache" (professionelle, sachbezogene) Beziehungen, die auf Granovetter zurückgeht (Granovetter 1973), verweist auf die wachsende Bedeutung arbeitsbedingter, beruflicher und politischer Beziehungen gegenüber traditionellen familiären, verwandtschaftlichen oder nachbarschaftlichen. Hieraus entstanden ist die Unterscheidung in „bonding" und „bridging"-Kapital und die These vom Nutzen brückenbildender sozialer Beziehungen zwischen ansonsten unverbundenen Netzwerken. Ein Netzwerk ist, so Burt, beides: eine „Struktur" von Organisationen und eine „Ressource" zur Bewältigung ihrer Aufgaben (Burt 1992, 12).

Vertrauen wird in nahezu allen Beiträgen aus allen Disziplinen als zentraler „Outcome" von Sozialkapital erachtet. Im Wirtschaftsleben

wird es als kooperationsförderndes „Zwischenprodukt" der Sozial-
kapitalproduktion gesehen, das Kontrollkosten und Koordinierungs-
aufwand reduziert sowie Produktion und Transfer von Wissen und
Innovationen erleichtert. Vertrauen wird anderen entgegengebracht,
wenn von ihnen ein Verhalten erwartet wird, das nicht nur ihrem
individuellen Nutzen folgt. Diese Form zwischenmenschlichen Vertrauens „is vital for the conduct of social and economic life" (Granovetter 2000, 6). Gesundheitswissenschaftlich bedeutsam ist die
stressreduzierende Wirkung von Vertrauen zwischen Menschen und
von Vertrauen in Organisationen, deren Grundüberzeugungen und
Werte von ihren Mitgliedern und ihrer Umwelt geteilt werden. Verhalten wird dadurch vorhersehbarer und berechenbarer, was Ängste
und Hilflosigkeitsgefühle vermeiden hilft und dem Bedürfnis nach
Sinn, Verstehbarkeit und Beeinflussbarkeit der Lebensumstände ent-
gegenkommt. Die sinn- und beziehungstiftende Bedeutung geteilter
Überzeugungen, Werte und Regeln, wie sie vor allem von Fukuyama
betont wird (Fukuyama 1999), spielt bei Coleman und in der heute
von Volkswirten dominierten Sozialkapitaldiskussion eine ganz
untergeordnete Rolle. Hier besteht Entwicklungsbedarf.

Akteure können persönliche soziale Netzwerke knüpfen, zur
Unterstützung von einer Organisation oder Gesellschaft als „wichtig"
oder zumindest „politisch korrekt" erachteter Ziele und Überzeugungen. Sie können dies auch tun, um Ziele unabhängig bzw. neben
denen ihrer Organisation zu verfolgen. Und sie können schließlich
auch verdeckte Netzwerke knüpfen, um Menschen, Organisationen
oder Gesellschaften Schaden zuzufügen. Geheimgesellschaften, kri-
minelle Vereinigungen, Spionage- oder Terrornetzwerke liefern dafür anschauliche Beispiele: „Ties that bind, can be the ties that blind"
(Cohen, Prusak 2001, 4). Eine streng funktionale Betrachtung von
Sozialkapital enthält sich jeder Wertung der mit seiner Hilfe ange-
strebten Ziele. Nur weil Überzeugungen und Werte von den Mitgliedern einer Gruppe oder Organisation als korrekt, zutreffend,

rational und moralisch gerechtfertigt erachtet werden, müssen sie
es nicht auch tatsächlich sein, dafür bieten Geschichte und Gegen-
wart ausreichendes Beispielmaterial. Deshalb sollten Verfechter des
Sozialkapitalansatzes auch die Schattenseiten seiner Anwendung im
Auge behalten (Abb. 1). Eine Trennung von Struktur und Inhalt, von
Netzwerken einerseits, Überzeugungen, Werten und Regeln ihrer
Mitglieder andererseits erscheint daher zwar analytisch sinnvoll,
letztlich aber wenig realistisch.

Sozialkapital	
mögliche positive Konsequenzen	mögliche negative Konsequenzen
• gegenseitige Unterstützung • Vertrauen • konfliktarme Kooperation • funktionsfähige politische Institutionen	• Sektierertum • Korruption • Ethnozentrismus • kriminelle, terroristische Aktivitäten

Quelle: nach Putnam 2000, 22

Abbildung 1: Sozialkapital: positive und negative Konsequenzen

Der Einfluss sozialer Netzwerke auf die Gesundheit ist vergleichsweise gut erforscht. Für die beiden anderen Teilelemente von Sozialkapital, Überzeugungs- und Wertekapital einerseits, Führungskapital
andererseits, gilt dies weit weniger. Das Thema Kultur und Gesundheit ist ein „weißer Fleck" in der Forschungslandschaft.

2.2 Überzeugungs- und Wertekapital

Mit Blick auf Organisationen und ihre Wirkungen auf Mitarbeiter und das Betriebsergebnis erscheint eine auf soziale Beziehungen bzw. Kontakte reduzierte Vorstellung von Sozialkapital ergänzungsbedürftig. Zum einen sind die Möglichkeiten und Anlässe zur Herstellung sozialer Kontakte und zur Pflege sozialer Beziehungen abhängig von einer Reihe durch eine Organisation vorgegebener Bedingungen, z.b. der Stellung der Akteure in der Hierarchie, dem Grad der Arbeitsteilung, dem Arbeitsauftrag, den Arbeitsbedingungen, den Abstimmungserfordernissen der Ablauforganisation, die wiederum von der Art des erstellten Gutes oder der erbrachten Dienstleistung abhängen und von der Führung festgelegt werden. Zum anderen werden Führung und Mitarbeiter, werden Entscheidungen und Prozesse, wird der Grad der Mitarbeiterorientierung und auch der Stellenwert der Mitarbeitergesundheit mitgeprägt, u.a. von den Vorgaben der Shareholder, von den Mitarbeitern selbst, den Kunden und der Unternehmenskultur.

Im Folgenden konzentrieren wir uns auf den Faktor Kultur, weil er seinerseits vom Verhalten der Führung und der Mitarbeiter geprägt wird und weil Kultur zurückwirkt auf das Führungsverhalten (z.B. Transparenz, Partizipation, Kommunikation), die sozialen Beziehungen und Interaktionen unter den Mitarbeitern und ihre innere Bindung an die Organisation. Je größer der Vorrat gemeinsamer Überzeugungen und Werte einer Gruppe oder Organisation – so unsere These –, umso mehr Einverständnishandeln, d.h. Handeln aus innerer Motivation heraus, wird möglich und umso weniger Bedarf an Abstimmung, Kontrolle und Aushandlung besteht. Gemeinsame Überzeugungen und Werte sind in Verbindung mit der internen sozialen Vernetzung ihrer Mitglieder das wichtigste „Binde- und Schmiermittel" jeder Organisation, das Stress vermeiden hilft und gegenseitige Unterstützung und Teamgeist fördert.

Da Diskussionen zum Thema Unternehmenskultur bereits in den 70er-Jahren des vergangenen Jahrhunderts begonnen haben, fällt auf, wie wenig die deutlich später ansetzende Diskussion zum Sozialkapital bisher davon profitiert hat. Gemeinsam ist beiden Forschungslinien der „schillernde" Charakter der jeweiligen Kernkonzepte. Erhebliche Überschneidungen in den verfolgten Fragestellungen und bearbeiteten Gegenständen sind gleichwohl unübersehbar. Auf die sinn- und beziehungsstiftende Wirkung von Kultur und den Einfluss kultureller bzw. religiöser Faktoren auf das Wirtschaftsleben einer Gesellschaft haben bereits schon Klassiker wie Max Weber, Émile Durkheim und später auch Talcott Parsons hingewiesen. Francis Fukuyama hat in Anknüpfung an diese makrosoziologische Tradition sein streng wertebezogenes Sozialkapitalkonzept entwickelt, dessen Erklärungskraft bisher möglicherweise stark unterschätzt wurde.

Kultur ist ein kollektives Phänomen und beinhaltet einen Vorrat an Überzeugungen, Werten, Fähigkeiten, Verhaltensweisen und Artefakten einer Gruppe, einer Organisation oder Gesellschaft. Sie vermittelt ihren Mitgliedern via Sozialisation und Lernen Grundwerte, Wissen und Fertigkeiten sowie konkrete Regeln zur Problemlösung und Gefühlsregulierung. Gemeinsame Überzeugungen, Werte und Regeln binden Menschen aneinander. Unterschiede in den Überzeugungen, Werten und Regeln bilden Quellen von Konflikten und Feindschaften. Trice und Beyer definieren Kultur als:

> „... shared, relatively coherently related sets of emotionally charged believes, values, and norms that bind some people together and help them to make sense of their worlds" (Trice, Beyer 1993, 33).

und als:

„observable entities, including symbols, language, narratives and practices through which members of a culture express, affirm and communicate the substance of their culture to one another" (ebd., 77).

Während Überzeugungen (Prämissen, Hypothesen) heute als Denkinhalte gelten, die eher emotionslos überprüft und getestet werden sollten, beinhalten Werte eine eher stabile Hierarchie emotional gefärbter Gedanken, die uns helfen zwischen Gut und Böse, Wichtig und Unwichtig, richtig und Falsch zu unterscheiden. Während die Überzeugungen im Verlauf der Menschheitsgeschichte mehrfachen „Revolutionen" bzw. „Paradigmenwechseln" und einer immensen Ausdifferenzierung unterworfen wurden, gilt dies für Werte sehr viel weniger, was auf einen genetischen Ursprung hinweisen könnte.

Im Zentrum der Analyse kultureller Inhalte und ihrer intersubjektiven Verbindlichkeit stehen in der Regel Verhalten und Interaktionen ihrer Anhänger. Das Verhältnis von Akteuren und Kultur wird dabei zumeist dialektisch verstanden: Akteure sind einerseits via Sozialisation bereits geformt durch Kultur. Durch ihr eigenes Handeln tragen sie zugleich aber auch zu ihrer Weiterentwicklung, Erhaltung oder auch Schwächung bei (Berger, Luckmann 1972). Dabei wirksame sozialpsychologische Prozesse sind: „compliance", „identification", „internalisation" (Beyer, Hannah, Milton 2000, 328). Untersucht werden Mechanismen und Formen jeweils personenspezifischer Aneignung oder Ablehnung von Unternehmenskultur mit Konzepten wie „involvement", „commitment", „loyality", „psychological contract" oder „trust" (ebd.; Fukuyama 1995).

Jede Organisation hat – ob sie sich dessen bewusst ist oder nicht – eine spezifische Kultur. Sie entsteht mit ihrer Gründung. Ihr unsichtbarer Kern besteht aus „grundlegenden kollektiven Überzeugungen, die das Denken, Handeln und Empfinden der Führungskräfte und Mitarbeiter im Unternehmen maßgeblich beeinflussen ..." (Sackmann 2004, 24). Dies darf jedoch keinesfalls als „Gleichschaltung" der Organisationsmitglieder verstanden werden.

Schein (1997) unterstellt, dass es in jedem Unternehmen drei spezifische Subkulturen gibt: die Kultur der Arbeiter bzw. einfachen Angestellten, die Kultur der Techniker und die Kultur des Topmanagements, die oft unterschiedliche Überzeugungen teilen, unterschiedliche Ziele verfolgen und sich dabei einer eigenen Sprache bedienen. Dies führe zu Kommunikationsproblemen und beeinträchtige die Lern- und Wettbewerbsfähigkeit. Auch wenn mit Schein und Sackmann eine übergreifende Unternehmenskultur angenommen wird, so muss sich dies nicht notwendigerweise positiv auf die Betriebsergebnisse auswirken. Eine profilierte Unternehmenskultur kann notwendig gewordener Flexibilität und Innovation im Wege stehen. Mitglieder einer Organisation können ihre Grundüberzeugungen teilen, nicht aber ihre Ziele. Auch das Umgekehrte ist möglich. Häufig entwickeln Berufsgruppen eigene Kulturen, z.B. Ärzte, Pflegekräfte, Juristen, Ingenieure oder Betriebswirte. Ihr Spezialwissen ist für Organisationen unverzichtbar. Unterschiede in ihren Überzeugungen, Werten und Regeln können ein ernsthaftes Hindernis für die berufsgruppenübergreifende Zusammenarbeit bilden.

Soziale Beziehungen und gemeinsam gelebte Überzeugungen, Werte und Regeln sind unsichtbare Merkmale des sozialen Systems einer jeden komplexen Organisation. Sie variieren in ihren konkreten Erscheinungsformen und Auswirkungen. Das hat sicherlich sehr viel mit der Geschichte einer jeden Organisation zu tun, mit der Art der hergestellten Güter und Dienstleistungen, mit der Rekrutierungspolitik und internen Arbeitsteilung: Jede Organisation ist ein Fall für sich. Es hat aber ganz sicherlich auch mit einem dritten Merkmal sozialer Systeme zu tun: mit der Über- und Unterordnung ihrer Mitglieder entlang der Aufbauorganisation und mit der Qualität des Führungspersonals. Führungskräfte, die Zugang zu den Emotionen ihrer Mitarbeiter haben, können Begeisterung für neue

Themen und Projekte wecken und, wenn es darauf ankommt, auf handlungsfähige soziale Netzwerke zurückgreifen. Je komplexer die Führungsaufgaben sind und umso wichtiger die Kooperation mit einer größeren Zahl von Organisationsmitgliedern ist, umso mehr gewinnt die Fähigkeit zum Aufbau und zum Erhalt von Unternehmensnetzwerken für Führungskräfte an Bedeutung. Wegen der auch dadurch zunehmenden Belastungen werden neben den Mitarbeiterinnen und Mitarbeitern auch Führungskräfte zu Adressaten betrieblichen Gesundheitsmanagements. Im Folgenden stehen der direkte Vorgesetzte und seine möglichen salutogenen oder pathogenen Wirkungen im Zentrum der Betrachtung.

2.3 Führungskapital

Hierarchie ist das traditionelle Instrument zur Mobilisierung und Steuerung von Handlungspotenzialen in Gruppen oder Organisationen. Mit zunehmender Komplexität der Aufgaben und einer entsprechend wachsenden Bedeutung von Spezialisierung, Expertenwissen und Teamarbeit verliert dieses Instrument allerdings deutlich an Wirksamkeit. Es kommt zu einer teilweisen Substitution zentraler hierarchischer Steuerung mit Hilfe von Standardprozeduren: durch Dezentralisierung, durch Verbreitung moderner Informationstechnik, durch internalisierte Überzeugungen, Werte und Regeln, durch materielle Anreize und durch vertrauensbasierte Zusammenarbeit. Der wachsenden Verbreitung des Sozialkapitalkonzepts liegt – so Fukuyama – dieser Strukturwandel der Wirtschaft in Richtung Selbstorganisation und informeller Kooperation zugrunde (Fukuyama 1995). Für die Rolle der Führung in Organisationen ist mit diesem Strukturwandel ein erheblicher Wandel im Selbstverständnis, in den geforderten Qualifikationen und Aufgaben verbunden. Aber auch für die Mitarbeiter ergeben sich aus der Notwendigkeit verstärkter horizontaler Koordination neue Anforderungen und Qualifikationserfordernisse. Vertikale Beziehungen zwischen Vorgesetzten und Mitarbeiterinnen und Mitarbeitern gewinnen dabei eher noch an Bedeutung. Sie werden allerdings weniger durch Machtausübung, sondern durch Unterstützung – fachlich und emotional – und durch gegenseitige Anerkennung der jeweiligen Beiträge geprägt.

Gelingende Kooperation unter Gleichen, z.B. informelle Selbstregulierung im Team, ist voraussetzungsvoll und störanfällig. Sie setzt ein hohes Maß an gemeinsam akzeptierten und/oder internalisierten Überzeugungen, Werten und Zielen voraus sowie ein hohes Maß an Vertrauen in die Einhaltung von Reziprozitätserwartungen. Mit zunehmender Unsicherheit oder Ungewissheit über die Gültigkeit gemeinsamer Überzeugungen, Werte und Ziele und mit zunehmenden Rivalitäten und wachsendem Misstrauen dahingehend, ob die eingesetzten persönlichen Energien und Arbeitsleistungen mit entsprechenden Gegenleistungen in der Zukunft „entgolten" werden, wächst der Bedarf an formalisierten Regeln, Verabredungen (Verträgen) und vertikaler Koordination. Für die Aufgaben und Qualifikationen von Führungskräften ergibt sich aus dem Strukturwandel in Richtung horizontaler Zusammenarbeit und Aufgabenerledigung durch weitestgehend selbstständige Teams eine generell erhöhte Notwendigkeit zur Mitarbeiterorientierung. Es steigt der Bedarf an Menschenführung, an sozialer Kompetenz und an Fähigkeiten zur Diagnose und Bewältigung von Problemen an der Mensch-Mensch-Schnittstelle, mit anderen Worten: der Bedarf an zwischenmenschlichen Fähigkeiten und Leistungen (O'Toole, Lawler 2006, Goleman et al. 2003).

In den Forschungsarbeiten zum Thema Arbeit und Gesundheit haben die genannten Entwicklungen und ihre Konsequenzen für die Konzeptentwicklung noch nicht ausreichend Berücksichtigung gefunden. Dem traditionellen Belastungsdiskurs kommt immer noch große Bedeutung zu und nicht der Befähigung und dem Schutz der Mitarbeiter durch Förderung salutogener Faktoren, wie dies der Sozialkapitalansatz nahelegt. Förderung von Sozialkapital ist eine zentrale Aufgabe von Führungskräften, gesundheitsorientierte Führung ein zentrales Ziel auf dem Weg in Richtung „gesunde Organisation".

Die Whitehall-Studie von Michael Marmot und Mitarbeitern weist in einer mehrjährigen Verlaufsbeobachtung von Angehörigen der Londoner Regierungsbürokratie einen linearen Zusammenhang zwischen der Stellung in der Hierarchie dieser Verwaltungsorganisation und Tod durch Herzkrankheit nach. Je höher die Position eines Ministerialbeamten, umso geringer das Mortalitätsrisiko. Dieser Zusammenhang erwies sich als unabhängig von den bekannten Herzkreislauf-Risikofaktoren wie Rauchen, Bluthochdruck und erhöhtem Cholesterinspiegel und auch unabhängig vom Alter. Die Stellung in einer „Hackordnung" ist offenbar ein guter Prädiktor für die Gesundheit eines Menschen (Marmot 2004, 45 ff.).

Menschen, die gut ausgebildet sind, sichere Arbeit und ausreichendes Einkommen haben – was für Angehörige einer modernen Ministerialorganisation zutreffen dürfte –, müssen sich in weiteren grundlegenden Merkmalen unterscheiden, um die gefundenen Differenzen in der Lebensdauer dieser Population zu erklären. Marmots These lautet: Es ist „das Ansehen in den Augen anderer", also ein Ergebnis zwischenmenschlicher Prozesse, das für die Differenz an Gesundheit zwischen Vorgesetzten und Untergebenen verantwortlich ist. Im Fortgang seiner Argumentation ist das Ausmaß an Autonomie und Kontrolle über andere (vulgo: Macht) ausschlaggebend. Einmal abgesehen davon, dass hier subjektive und objektive Einflüsse nicht klar voneinander unterschieden werden, unterstellt Marmot zudem, dass das Sozialkapital von Regierungsbeamten ihrer Stellung in der Hierarchie folgt: Je höher die Position, umso gesundheitsförderlicher die persönlichen sozialen Netzwerke.

Die These, dass der Handlungsspielraum die Gesundheit beeinflusst, ist heute empirisch ebenso gut belegt wie die These, dass die Qualität der sozialen Beziehungen die Gesundheit beeinflusst. Beide

Einflüsse können in die gleiche Richtung wirken und sich dadurch in ihrer entweder salutogenen oder pathogenen Wirkung verstärken – wie dies Marmot unterstellt. Sie müssen dies aber nicht. Soziale Konflikte bis hin zum Mobbing kann es auf jeder Ebene einer Hierarchie geben, zwischen formal Gleichgestellten, aber auch zwischen Vorgesetzten und Untergebenen. Eine Generalisierung seiner Befunde scheint uns daher fraglich. Unseres Erachtens ist es nahe liegender, davon auszugehen, dass der Einfluss der Hierarchie einerseits und des Sozialkapitals andererseits unabhängig voneinander variiert. Kombiniert man beide Größen in einer einfachen Matrix, so ergeben sich vier unterschiedliche Konstellationen (Abb. 2). In Organisationen bzw. Abteilungen mit viel Sozialkapital und flacher Hierarchie – so lässt sich prognostizieren – sollten wenig Organisationspathologien beobachtbar sein. Und es sollten positive Auswirkungen auf Gesundheit und Arbeitsleistung ihrer Angehörigen überwiegen. In Organisationen bzw. Abteilungen mit wenig Sozialkapital und steiler Hierarchie müsste dementsprechend das Gegenteil zutreffen.

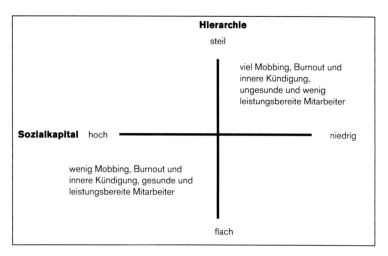

Abbildung 2: Zum Zusammenhang zwischen Hierarchie und Sozialkapital

Direkte Vorgesetzte sind wichtige „Knoten" von Organisationsnetzwerken und zugleich „wichtige Andere" in den jeweiligen persönlichen Netzwerken eines jeden einzelnen Organisationsmitgliedes. Wir unterstellen im Folgenden, dass sie Gesundheit und Arbeitsleistung der ihnen anvertrauten Mitarbeiterinnen und Mitarbeiter auf folgende Weise (mit-)bestimmen:

- durch ihren Einfluss auf Inhalte und Pflege gemeinsamer Überzeugungen und Werte;
- durch ihren Einfluss auf die Gestaltung und die Verteilung von Arbeit;
- durch ihren Einfluss auf Rekrutierung, Sozialisation und Weiterbildung;
- durch ihren Einfluss auf die work-life-balance;
- durch ihren Einfluss auf die Beziehungen unter ihren Untergebenen und schließlich
- durch ihr eigenes „face-to-face"-Kommunikationsverhalten und dessen Einfluss auf Denken, Fühlen, Motivation und Handeln der Mitarbeiter.

Förderung gemeinsamer Überzeugungen, Werte und Spielregeln ist Aufgabe der gesamten Führungsmannschaft einer Organisation. Gemeinsame Überzeugungen, Werte und verbindliche Spielregeln ermöglichen Berechenbarkeit und Nachvollziehbarkeit von Entscheidungen und die Entstehung innerer Bindungen an die Organisation. Sie wirken dadurch motivierend, Stress reduzierend oder auch Stress vermeidend. Im Falle verloren gegangener Bindungen an die Organisation oder zerrütteter sozialer Beziehungen leiden die Leistungskraft einer Organisation und die Gesundheit ihrer Mitglieder (Pfaff et al. 2005).

Vielfältig erforscht ist – darauf wurde bereits hingewiesen – der Zusammenhang zwischen Menge und Komplexität der Arbeit, den Handlungsspielräumen und der daraus resultierenden Über- oder

Unterforderung. Insbesondere die Kombination von chronischer Überforderung und geringen Handlungsspielräumen hat sich dabei als abträglich für das psychische und physische Befinden der Beschäftigten erwiesen (Karasek, Theorell 1990; Siegrist 1996; Marmot 2004). Menschen möchten Kontrolle über wichtige Einflüsse auf ihre Lebens- und Arbeitsbedingungen ausüben. Kontrollverlust – so die Grundannahme der Stressforschung – wirkt pathogen. Im Umkehrschluss liegt nahe, dass Zugewinn an Kontrolle, z.B. durch die Möglichkeit der Mitwirkung bei der Gestaltung und Verteilung von Arbeit salutogen, d.h. gesundheitsförderlich wirkt.

Arbeitsbedingte Über- oder Unterforderung eines Menschen hängt nicht nur von seiner Arbeitssituation ab, sondern auch von seinem eigenen Arbeitspotential. Dies wiederum wird in hohem Maße bestimmt von seiner Qualifikation. Bildung und Weiterbildung, ausreichende fachliche und soziale Kompetenz sind wichtige Voraussetzungen für Arbeitsbewältigung und Gesundheit.

Auf all dies haben direkte Vorgesetzte einen erheblichen Einfluss, den sie in einer für ihre Untergebenen gesundheitsförderlichen oder aber in einer gesundheitsschädigenden Weise einsetzen können. Oft, auch das zeigen Studien, geschieht dies, ohne dass den Führungskräften ihre Wirkung auf die Geführten bewusst ist (Stadler et al. 2000) – ein deutlicher Hinweis auf Entwicklungsbedarf im Bereich zwischenmenschlicher Kompetenz.

Insbesondere die vorliegenden Erkenntnisse zu Burnout, Mobbing oder innerer Kündigung belegen die hohe Verantwortung des direkten Vorgesetzten für die Gesundheit der Mitglieder seiner Gruppe oder Abteilung und bei der Vermeidung von Arbeit und Mitarbeiter gleichermaßen schädigenden Organisationskrankheiten. Unternehmen, Verwaltungen und Dienstleistungseinrichtungen sind Menschensysteme, deren Funktionsfähigkeit und Gesundheitsförderlichkeit in hohem Maße von Umfang und Intensität der Spannungen und Konflikte bestimmt wird, die an der Mensch-Mensch-Schnittstelle ihre Ursache haben. Die direkten Vorgesetzten sind häufig selber an Mobbinghandlungen beteiligt – entweder als aktive Täter oder aber als Nichtverhüter entsprechender Vorgänge unter ihren Mitarbeitern (Meschkutat et al. 2002).

Untersuchungen zur inneren Kündigung belegen, dass der „innere Arbeitsvertrag" bzw. die (emotionale) Unternehmensbindung der Mitarbeiter häufig durch ihren direkten Vorgesetzten in Frage gestellt oder bekräftigt wird. Untersuchungen zum Burnout-Syndrom bestätigen immer wieder die hohe Bedeutung arbeitsbedingter sozialer Kontakte zu Vorgesetzten und Kollegen bei der Früherkennung oder Vermeidung von Symptomen wie chronischem Überengagement, emotionaler Erschöpfung oder Zynismus (Brinkmann, Stapf 2005; Cherniss 1980).

Anhaltende Konflikte mit dem Vorgesetzten, anhaltende Missachtung oder wahrgenommene Unfairness, das Gefühl, übergangen, nicht gebraucht oder nicht geschätzt zu sein, sind – dafür spricht heute eine große Zahl gut gesicherter Befunde – maßgeblich für die Entstehung psychischer und auch physischer Beeinträchtigungen und – so dürfen wir vermuten – auch von Qualitätsmängeln und Fehlzeiten (Kivimäki et al. 2005).

Für die Gesundheit der Mitarbeiter und den Unternehmenserfolg häufig unterschätzt ist das tagtägliche Kommunikationsverhalten der Vorgesetzten. In einer viel beachteten Publikation postulieren Goleman et al., dass die grundlegende Aufgabe von Führungskräften darin bestehe, bei Menschen, die sie führen, „positive Gefühle" zu wecken (Goleman et al. 2003, 9). Stimmungen und Handlungen von Führungskräften haben „enorme Auswirkungen" auf Befinden und Arbeitsleistung ihrer Untergebenen. Es ist Aufgabe der Führung, „Menschen zu inspirieren, Leidenschaft und Begeisterung in ihnen zu wecken und ihre Motivation, ihr Engagement aufrecht zu erhalten" (ebd. 10). Selbstkontrolle und Empathie sind demnach zwei zentrale Voraussetzungen salutogener Führung.

Einer anderen Forschungsrichtung entsprechend ist es die zentrale Rolle des direkten Vorgesetzten, für die Vermittlung von Sinn und Verständlichkeit einzelner Arbeitsaufträge und Arbeitsleistungen zu sorgen (Antonovsky 1991). Hier wird die Rolle des Vorgesetzten als „Sinnvermittler" bzw. „Sinnspender" und als „Interpretationshelfer" gesehen. Dies stellt hohe Anforderungen an den direkten Vorgesetzten als Kommunikator und als Repräsentant des Gesamtunternehmens mit großem Einfluss auf die innere Bindung der Mitarbeiter, ihre Loyalität und ihr Engagement. Negative Stimmung ist eine besondere Form der Umweltverschmutzung. Sie kann ebenso ansteckend wirken wie positive Stimmung. Der Schlüssel erfolgreicher Führung liegt, so gesehen darin, wie Führungskräfte mit sich selbst, ihren eigenen Emotionen (und ihrer eigenen Gesundheit) und mit den Emotionen anderer (und deren Gesundheit) umgehen.

Vorgesetzte übertragen ihre Stimmungen auf ihre Mitarbeiterinnen und Mitarbeiter und diese wiederum auf ihre Kundinnen und Kunden. Das mittlere und untere Management ist deshalb von zentraler Bedeutung für Gesundheit, Produktivität und Servicequalität. Hier besteht, nach allem, was wir darüber wissen, in vielen Organisationen Handlungsbedarf. Der direkte Vorgesetzte ist ein zentraler Teil des arbeitsbezogenen Netzwerkes eines jeden Erwerbstätigen. Er ist deshalb – das sollten die vorausgegangenen Argumente deutlich machen – für sein Wohlbefinden, seine Leistungsfähigkeit und Leistungsbereitschaft von großer Bedeutung.

Grundsätzliche Entscheidungen betrieblicher Gesundheitspolitik sind allerdings Sache des obersten Managements und daher auch nur von dort zu verantworten. Dazu gehören die Bereitschaft zur Neupositionierung und Aufwertung betrieblicher Gesundheitspolitik, die Zuweisung von Mitteln und Verantwortung, die Herstellung von Transparenz über das Betriebsgeschehen, die den Beschäftigten eingeräumten Möglichkeiten zur Willensbildung bottom-up sowie die Einrichtung und kontinuierliche Verbesserung des betrieblichen Gesundheitsmanagements.

Literatur

Arrow, K.J. (2000): Observations on social capital. In: Dasgupta, P., Serageldin, I. (2000): Social Capital. Washington, DC: The World Bank, 3–5.

Antonovsky, A. (1991): Meine Odyssee als Stressforscher, Jahrbuch für kritische Medizin, 17, 112–130.

Badura, B. (Hrsg.) (1981): Soziale Unterstützung und Chronische Krankheit: Zum Stand sozialepidemiologischer Forschung. Frankfurt: Suhrkamp.

Badura, B. (2006): Social capital, social inequality, and the healthy organization. In: Noack, H., Kahr-Gottlieb, D (eds.).: Promoting the Public's Health, The EUPHA 2005 Conference Book. Werbach-Gamburg: Health Promotion Publ., Verl. für Gesundheitsförderung, 53–60.

Badura, B., Hehlmann, T. (2003): Betriebliche Gesundheitspolitik: Der Weg zur gesunden Organisation, Heidelberg: Springer Verlag.

Badura, B., Schellschmidt, H., Vetter, C. (Hrsg.) (2003): Fehlzeiten-Report 2002 – Demographischer Wandel: Herausforderung für die betriebliche Personal- und Gesundheitspolitik, Zahlen, Daten, Analysen aus allen Branchen der Wirtschaft. Berlin: Springer.

Badura, B., Schellschmidt, H., Vetter, C. (Hrsg.) (2004): Fehlzeiten-Report 2003 – Wettbewerbsfaktor Work-Life-Balance: Betriebliche Strategien zur Vereinbarkeit von Beruf, Familie und Privatleben, Berlin: Springer.

Badura, B., Kaufhold, G., Lehmann, H., Pfaff, H., Schott, T., Waltz, M. (1987): Leben mit dem Herzinfarkt: Eine sozialepidemiologische Studie. Berlin, Heidelberg: Springer.

Badura, B., Kickbusch, I. (1991): Health Promotion Research: Towards a New Social Epidemiology, WHO Regional Publications, European Series, No. 37, Copenhagen, WHO Regional Office for Europe.

Baron, S., Field J., Schuller T. (2000): Social Capital: Critical Perspectives. Oxford: Oxford University Press.

Bauer, J. (2006): Prinzip Menschlichkeit. Hamburg: Hoffmann u. Campe.

Berger, P.L., Luckmann T. (1972): Die Gesellschaftliche Konstruktion der Wirklichkeit: Eine Theorie der Wissenssoziologie. Frankfurt a.M.: Fischer.

Berkman, L., Kawachi, J. (2000): Social Epidemiology. Oxford: Oxford University Press.

Bertelsmann Stiftung, Hans-Böckler-Stiftung (Hrsg.) (2004): Zukunftsfähige betriebliche Gesundheitspolitik. Gütersloh: Bertelsmann Stiftung.

Beyer, J.M., Hannah, D.R., Milton L.P. (2000): Ties that bind: culture and attachments in organizations. In: Ashkenasy, N.M., Wilderom, C.P.M., Peterson, M.F. (2000): The Handbook of Organizational Culture and Climate, Thousand Oaks, CA: Sage, 323–338.

Brinkmann, R.D., Stapf, K.H. (2005): Innere Kündigung: Wenn der Job zur Fassade wird. München: Beck.

Burt, R. (1992): Structural Holes: The Social Structure of Competition. Cambridge, MA: Harvard University Press.

Chernis, C. (1980): Professional Burnout in Human Service Organizations. New York: Praeger.

Cohen, D., Prusak, L. (2001): In Good Company: How Social Capital Makes Organizations Work, Boston, Mass.: Harvard Business School Press.

Coleman, J.S. (1988): Social capital in the creation of human capital. In: American Journal of Sociology, 94, 95–120.

Dasgupta, P., Serageldin, I. (2000): Social Capital. Washington, DC: The World Bank.

Durkheim, E. (dt. 1973) [1895]: Der Selbstmord. Neuwied/Berlin: Luchterhand.

Fine, B., Green, F. (2000): Economics, social capital, and the colonization of the social sciences. In: Baron, S., Field, J., Schuller, T. (eds.): Social Capital, Oxford: University Press, 78–93.

Fukuyama, F. (1995): Trust: The Social Virtues and the Creation of Prosperity. New York: Free Press.

Fukuyama, F. (1999): The Great Disruption. Human Nature and the Reconstitution of Social Order. New York, NY: Free Press.

Fukuyama, F. (2000): Social capital. In: Harrison, L.E., Huntington, S.P. (eds.): Culture Matters. New York: Basic Books, 98–111.

Geus de, A. (1997): Jenseits der Ökonomie: Die Verantwortung der Unternehmen, Stuttgart: Klett-Cotta.

Goleman, D., Boyatzis, R., McKee, A. (2003): Emotionale Führung. München: Ullstein Tb.

Granovetter, M. (1973): The strength of weak ties. In: American Journal of Sociology, 201–233.

Granovetter, M. (2001): The sociology of economic life. In: Collins, R., England, P., Guillen, M.F., Meyer, M. (eds.): Economic Sociology at the Millennium. New York: Russell Sage Foundation, 1–27.

Halpern, D. (2005): Social Capital, Oxford : Polity.

Harrison, L.E., Huntington, S.P. (2000): Culture Matters: How Values Shape Human Progress. New York, NY: Basic Books.

House, J.S., Landis, K., Umberson, D. (1988): Social relationships and health. In: Science, 241, 540–545.

Insel, T.R., Fernald, R.D. (2004): How the brain processes social information: searching for the social brain. In: Annual Review Neuroscience, 27, 697–722.

Insel, T.R. (2003): Is social attachment an addictive disorder? In: Physiology and Behavoir, 79, 351–357.

Karasek, R., Theorell, T. (1990): Healthy Work: Stress, Productivity, and the Reconstruction of Working Life. New York: Bacis Books.

Kivimäki, M., Ferrie, J., Brunner, E., Head, J., Shipley, M., Vahtera, J., Marmot, M. (2005): Justice at work and reduced risk of coronary heart disease among employees. In: Archives of International Medicine, 165/2005, 2245–2251.

Kropotkin, P. (1975): Gegenseitige Hilfe in der Tier- und Menschenwelt. Berlin: Kramer.

Marmot, M. (2004): The Status Syndrome: How Social Standing Affects Our Health and Longevity. New York: Times Books.

Meschkutat, B., Stackelbeck, M., Langenhoff, G. (2002): Der Mobbing-Report: Eine Repräsentativstudie für die Bundesrepublik Deutschland. Dortmund/Berlin/Dresden: Schriftenreihe der Bundesanstalt für Arbeitsschutz und Arbeitsmedizin.

Nahapiet, J., Ghoshal, S. (1998): Social capital, intellectual capital and the organizational advantage. In: Academy of Management Review, 23(2), 242–266.

O'Toole, J., Lawler, E. (2006): The New American Workplace, New York [u.a.]: Palgrave Macmillan.

Pfaff, H., Badura, B., Pühlhofer, F., Siewerts, D. (2005) : Das Sozialkapital der Krankenhäuser: Wie es gemessen und gestärkt wird. In: Badura, B., Schellschmidt, H., Vetter, C. (Hrsg): Fehlzeiten-Report 2004: Arbeitsunsicherheit und Gesundheit. Berlin: Springer, 81–108.

Portes, A. (2000): Social capital: its origins and applications in modern sociology. In: Lesser, E.L.: Knowledge and Social Capital: Foundations and Applications. Boston, Mass. [u.a.]: Butterworth-Heinemann, 43–68.

Putnam, R.D. (2000): Bowling Alone: The Collapse and Revival of American Community. New York: Simon and Schuster.

Putnam, R.D., Leonardi, R. Nanetti, R. (1993): Making Democracy Work. Princeton: University Press.

Rao, V., Walton, M. (2004): Culture and Public Action, Stanford. Stanford: Social Sciences.

Sabatini, F. (2005): The Empirics of Social Capital and Economic Development: a Critical Perspective URL: http://www.socialcapital-gateway.org/Sabatini [Stand: 20.06.2006]

Sackmann, S.A. (2004): Erfolgsfaktor Unternehmenskultur. Gütersloh: Bertelsmann Stiftung.

Schein, E.H. (1997): Wenn das Lernen im Unternehmen wirklich gelingen soll, Harvard Businessmanager, 19 (3), 61–72.

Siegrist, J. (1996): Soziale Krisen und Gesundheit : eine Theorie der Gesundheitsförderung am Beispiel von Herz-Kreislauf-Risiken. Göttingen [u.a.]: Hogrefe, Verl. für Psychologie.

Solow, R.M. (2000): Notes on social capital and economic performance. In: Dasgupta, P., Serageldin, I. (eds): Social Capital, New York, 6–10.

Stadler, P., Strobel, G., Graf Hoyos, C. (2000): Psychische Belastungen von Mitarbeitern: Die Rolle des Führungsverhaltens. In: Ergomed, 2000, 24–136.

Trice, H.M., Beyer, J.M. (1993): The Cultures of Work Organizations. Prentice Hall: Hempstead.

Tsai, W., Ghoshal, S. (1998): Social capital and value creation: the role of intrafirm networks. In: Academy of Management Journal, 41 (4): 464–476.

Eberhard Ulich

Betriebliches Gesundheitsmanagement – Arbeitspsychologische Perspektiven

Einführung

In ihrer Erklärung von 1987 definierte die Weltgesundheitsorganisation (WHO) Gesundheit als „die Fähigkeit und Motivation, ein wirtschaftlich und sozial aktives Leben zu führen". Hier wird eine Auffassung von Gesundheit erkennbar, die auch für das betriebliche Gesundheitsmanagement von Bedeutung ist. In der kurz zuvor verabschiedeten „Ottawa-Charta", in der der Organisation der Arbeit und der Gestaltung der Arbeitsbedingungen ein besonderer Stellenwert zugeschrieben wurde, kommt dies noch deutlicher zum Ausdruck (vgl. Kasten 1).

Kasten 1: Auszug aus der Ottawa-Charta der WHO 1986

„Gesundheitsförderung zielt auf einen Prozess, allen Menschen ein höheres Maß an Selbstbestimmung über ihre Lebensumstände und Umwelt zu ermöglichen und sie damit zur Stärkung ihrer Gesundheit zu befähigen … Menschen können ihr Gesundheitspotential nur dann entfalten, wenn sie auf die Faktoren, die ihre Gesundheit beeinflussen, auch Einfluss nehmen können …

Die Art und Weise, wie eine Gesellschaft die Arbeit und die Arbeitsbedingungen organisiert, sollte eine Quelle der Gesundheit und nicht der Krankheit sein. Gesundheitsförderung schafft sichere, anregende, befriedigende und angenehme Arbeits- und Lebensbedingungen."

Damit wird deutlich, dass die Weltgesundheitsorganisation die in den Arbeits- und Sozialwissenschaften gefundenen Beziehungen zwischen der Qualität des Arbeitslebens und der allgemeinen Lebensqualität in ihre Konzeption von Gesundheit integriert hat. In der Kopenhagen-Konferenz (1991) wurde schließlich als WHO-Ziel

25 zur Gesundheit der arbeitenden Bevölkerung formuliert: „Bis zum Jahr 2000 sollte sich in allen Mitgliedsstaaten durch Schaffung gesünderer Arbeitsbedingungen, Einschränkung der arbeitsbedingten Krankheiten und Verletzungen sowie durch die Förderung des Wohlbefindens der arbeitenden Bevölkerung der Gesundheitszustand der Arbeitnehmer verbessert haben".

Dieses Ziel ist offensichtlich nicht erreicht worden. Zwar ist eine deutliche Reduzierung der Ausfallzeiten und -kosten aufgrund arbeitsbedingten Unfallgeschehens zu verzeichnen; hier haben sich positive Konsequenzen von Arbeitsschutzmaßnahmen ebenso bemerkbar gemacht wie der Wegfall unfallträchtiger Einrichtungen als Folge technologischer Entwicklungen. Nicht verbessert hat sich offenbar aber das Bild hinsichtlich der arbeitsbedingten Erkrankungen. Dies lässt sich zunächst an einigen Kostengrößen ablesen.

1. Kosten arbeitsbedingter Erkrankungen

Untersuchungen aus den letzten zehn Jahren zeigen, dass krankheitsbedingte Abwesenheit für die Unternehmen nicht nur organisatorische Probleme, sondern auch erhebliche Kosten verursachen kann. Nach Berechnungen der Bundesanstalt für Arbeitsschutz und Arbeitsmedizin gingen in Deutschland im Jahr 1998 insgesamt rund 470 Millionen Arbeitstage durch Krankheit bzw. Unfall verloren. Das Ausfallvolumen wird mit 80,77 Mrd. DM angegeben. Der Verlust an volkswirtschaftlicher Wertschöpfung als Folge krankheits- bzw. unfallbedingter Arbeitsunfähigkeit wurde für 1998 auf 130 Mrd. DM geschätzt. Für das Jahr 2001 wurden rund 508 Millionen Ausfalltage registriert, die für den Produktionsausfall entstandenen Kosten werden auf rund 45 Mrd. Euro geschätzt (vgl. Tabelle 1).

Tabelle 1: Produktionsausfall aufgrund von Arbeitsunfähigkeit 2001 in Deutschland
(aus: Bundesanstalt für Arbeitsschutz und Arbeitsmedizin, 2003)

Diagnosegruppen	AU-Tage		Produktionsausfall		Ausfall an Brutto-wertschöpfung	
	AU-Tage in Mio.	AU-Tage in %	In Mrd. EUR	Anteil BSP in %	In Mrd. EUR	Anteil BSP in %
Krankheiten des Skeletts, der Muskeln und des Bindegewebes	140.30	27.6	12.35	0.60	19.52	0.95
Verletzungen und Vergiftungen (Unfälle)	76.63	15.1	6.74	0.33	10.66	0.52
Krankheiten der Atmungsorgane	73.90	14.5	6.50	0.32	10.28	0.50
Krankheiten der Verdauungsorgane	33.70	6.6	2.97	0.14	4.69	0.23
Krankheiten des Kreislaufsystems	31.78	6.2	2.80	0.14	4.42	0.21
Psychiatrische Erkrankungen	33.60	6.6	2.96	0.14	4.68	0.23
Sonstige Erkrankungen	118.70	23.3	10.45	0.51	16.51	0.80
Gesamt	508.60[1]	100.0	44.76[2]	2.18	70.75[3]	3.44

1 Schätzung auf der Basis von 34.81 Mio. Arbeitnehmern mit einer durchschnittl. AU-Zeit von 14.6 Tg./Jahr
2 1.39 Mio. ausgefallene Erwerbsjahre x EUR 31.375 (durchschnittl. Arbeitnehmerentgelt)
3 1.39 Mio. ausgefallene Erwerbsjahre x EUR 50.900 (durchschnittl. Wertschöpfung)

Für das Jahr 2003 wurden 467 Millionen Ausfalltage registriert, die für den Produktionsausfall entstandenen Kosten werden auf 42.5 Mrd. Euro geschätzt. Bei einem Vergleich dieser Größen ist zu berücksichtigen, dass die Zahl der Beschäftigten über die Jahre abgenommen hat und dass die Dauer der Abwesenheit pro Fall von 2001 bis 2003 um einen Tag zurückgegangen ist. Schließlich ist auch damit zu rechnen, dass eine zunehmende Anzahl von Personen trotz gesundheitlicher Beeinträchtigung – nicht zuletzt aufgrund des Wechsels von der ‚Abwesenheitsquote' zur ‚Anwesenheitsquote' – im Unternehmen anwesend ist (‚Präsentismus').

Der Anteil arbeitsbedingter Erkrankungen am Insgesamt der Erkrankungen wird auf etwa 30 Prozent geschätzt (Kuhn, 2000, S. 103). Damit wird deutlich, dass arbeitsbedingte Erkrankungen – und natürlich auch Unfälle – nicht nur ein individuelles, familiäres oder betriebliches Problem darstellen, sondern auch bei den volkswirtschaftlichen Kosten zu thematisieren sind.

Bis zum Jahr 2003 stieg in Deutschland der Anteil der durch psychische Erkrankungen und Verhaltensstörungen bedingten Arbeitsunfähigkeitstage weiter an, so dass sie nunmehr auf dem vierten Platz aller AU-Tage rangierten. Badura und Hehlmann (2003) führen diese Entwicklung auf die im vergangenen Jahrzehnt feststellbare Intensivierung der Arbeit zurück.

Abgesehen von den betriebs- und volkswirtschaftlichen Kosten wird immer deutlicher auch erkennbar, dass Gesundheit und Lebensqualität vieler Menschen auch in den entwickelten Industrieländern zur Sorge Anlass geben. Dabei spielen zunehmende Verunsicherungen als Folge gesellschaftlicher Veränderungen eine nicht zu unterschätzende Rolle (vgl. Kasten 2).

Kasten 2: Zunehmende Unsicherheiten als Folge gesellschaftlicher Veränderungen (aus: Expertenkommission 2004, S. 30)

> „Globalisierung und der Strukturwandel in Richtung wissensintensiver Dienstleistungsberufe erhöhen in vielen Fällen den Zeitdruck, die Komplexität der Arbeit und die Verantwortung der Beschäftigten. Das Tempo des sozioökonomischen Wandels hat deutlich zugenommen. Sicherheit und Berechenbarkeit der Markt- und Arbeitsverhältnisse haben zugleich spürbar abgenommen. Die ökonomischen Veränderungen und anhaltenden Restrukturierungsprozesse in den Unternehmen führen häufig zu einer Intensivierung der Arbeit und einer Verstärkung von Unsicherheit, Ängsten, Misstrauen und Hilflosigkeitsgefühlen sowie Angst vor Arbeitslosigkeit unter den Beschäftigten mit möglichen Auswirkungen auf ihre Gesundheit und Leistungsfähigkeit und damit auf die Produktivität der Unternehmen und die Qualität ihrer Produkte und Dienstleistungen."

In seiner knappen Übersicht über „Die aktuelle Lage" kam Levi (2002) ebenfalls zu Schlussfolgerungen, die zeigen, dass die Verbesserung der Gesundheit zu einem der vordringlichen Ziele der Wirtschafts- und Gesellschaftspolitik werden muss (vgl. Kasten 3).

Kasten 3: Arbeitsbedingter Stress und depressive Verstimmungen (aus: Levi 2002, S. 11)

> „Anhaltender Stress am Arbeitsplatz ist ein wesentlicher Faktor für das Auftreten von depressiven Verstimmungen. Diese Störungen stehen bei der weltweiten Krankheitsbelastung (global disease burden) an vierter Stelle. Bis 2020 rechnet man damit, dass sie nach den ischämischen Herzerkrankungen vor allen anderen Krankheiten auf dem zweiten Platz stehen werden (Weltgesundheitsorganisation 2001)."

Damit gewinnt auch die von Nefiodow vorgelegte Zukunftsprojektion an Bedeutung. Seine Auseinandersetzung mit den langen Wellen der Konjunktur, den sogenannten Kondratieffzyklen (Kondratieff 1926), führt schließlich zu dem Ergebnis, dass der gemeinsame Nenner des sechsten Kondratieff durch „Gesundheit im ganzheitlichen Sinn" zu kennzeichnen ist. Nach Nefiodow (2000, S. 136), der sich an den von der Weltgesundheitsorganisation formulierten Gesundheitskriterien orientiert, fehlt es für die Weiterentwicklung von Wirtschaft und Gesellschaft „... vor allem an psychosozialer Gesundheit. Die größte Wachstumsbarriere am Ende des fünften Kondratieff sind die hohen Kosten der sozialen Entropie ..." (vgl. Abbildung 1).

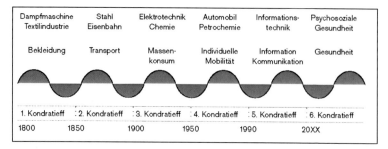

Dampfmaschine Textilindustrie	Stahl Eisenbahn	Elektrotechnik Chemie	Automobil Petrochemie	Informations- technik	Psychosoziale Gesundheit
Bekleidung	Transport	Massen- konsum	Individuelle Mobilität	Information Kommunikation	Gesundheit

1. Kondratieff 2. Kondratieff 3. Kondratieff 4. Kondratieff 5. Kondratieff 6. Kondratieff

1800   1850   1900   1950   1990   20XX

Abbildung 1: Basisinnovationen und ihre wichtigsten Anwendungsfelder
(aus: Nefiodow 2000, S. 132)

Die hier skizzierten Entwicklungen zeigen im Übrigen, dass ein betriebliches Gesundheitsmanagement sich nicht mehr auf den Arbeitsschutz beschränken darf, so wichtig dieser im Sinne der Gefähr-
dungsvermeidung nach wie vor ist. Vielmehr sind Arbeitsschutz und
Gesundheitsförderung gemeinsam Bestandteile eines betrieblichen
Gesundheitsmanagements. Aus arbeitspsychologischer Perspektive
sind damit in erster Linie Maßnahmen der Arbeitsgestaltung ange-
sprochen.

2. Gesundheitsförderung und Arbeitsgestaltung

Obwohl die Bedeutung der bedingungsbezogenen Interventionen,
d.h. der Veränderung der Verhältnisse, insbesondere durch Maßnahmen der Arbeitsgestaltung, neuerdings immer wieder betont wird,
liegt der Schwerpunkt betrieblicher Gesundheitsförderungsaktivi-
täten nach wie vor bei den personbezogenen Interventionen, d.h.
bei der Veränderung des Verhaltens. Tatsächlich zeigen aber z.B. die
differenzierten Kostenschätzungen der Bundesanstalt für Arbeitsschutz und Arbeitsmedizin, dass ein erheblicher Anteil der Ursachen
arbeitsbedingter Erkrankungen in betrieblichen Verhältnissen, d.h. in

den Arbeitsbedingungen, zu verorten ist. Wenn auch davon auszugehen ist, dass sich Verhaltens- und Verhältnisorientierung zumindest
teilweise wechselseitig bedingen, so gilt doch, dass „in der Sachlogik
… Verhaltensprävention der Verhältnisprävention stets nachgeord-
net bleibt" (Klotter 1999, S. 43). Eine ganzheitliche Konzeption betrieblichen Gesundheitsmanagements mit einer Integration verhal-
tens- und verhältnisorientierter Maßnahmen findet sich als Postulat
in der Luxemburger Deklaration (vgl. Kasten 4).

Kasten 4: Die Luxemburger Deklaration – BGF-Leitlinien (1997)

1. Partizipation: Die gesamte Belegschaft muss einbezogen werden.
2. Integration: BGF muss bei allen wichtigen Entscheidungen und in allen Unter-
   nehmensbereichen berücksichtigt werden.
3. Projektmanagement: Alle Maßnahmen und Programme müssen systematisch
   durchgeführt werden: Bedarfsanalyse, Prioritätensetzung, Planung, Ausführung,
   kontinuierliche Kontrolle und Bewertung der Ergebnisse.
4. Ganzheitlichkeit: BGF beinhaltet sowohl verhaltens- als auch verhältnisorien-
   tierte Maßnahmen. Sie verbindet den Ansatz der Risikoreduktion mit dem des
   Ausbaus von Schutzfaktoren und Gesundheitspotentialen.

Eine Gegenüberstellung möglicher Maßnahmen und Wirkungen
personbezogener und bedingungsbezogener Interventionen findet
sich in Tabelle 2.

Tabelle 2: Betriebliche Gesundheitsförderung: personbezogene und bedingungs-
bezogene Interventionen (aus: Ulich 2005, S. 529)

	Betriebliche Gesundheitsförderung	
	Personbezogene Interventionen = verhaltensorientiert	Bedingungsbezogene Interventionen = verhältnisorientiert
bezogen auf	Einzelne Personen → individuumsorientiert	Arbeitssysteme und Personengruppen → strukturorientiert
Beispiele für Maßnahmen	Rückenschule, Stressimmunisie-rungstraining	vollständige Aufgaben, Gruppen-arbeit, Arbeitszeitgestaltung
Wirkungsebene	individuelles Verhalten	organisationales, soziales und indivi-duelles Verhalten
personbezogene Effekte	Gesundheit, Leistungsfähigkeit	positives Selbstwertgefühl, Kompe-tenz, Kohärenzerleben, Selbstwirk-samkeit, internale Kontrolle, Gesund-heit, Motivation, Leistungsfähigkeit
wirtschaftliche Effekte	Reduzierung krankheitsbedingter Fehlzeiten	Verbesserung von Produktivität, Qualität, Flexibilität und Innovations-fähigkeit, geringere Fehlzeiten und Fluktuation
Effektdauer	kurz- bis mittelfristig	mittel- bis langfristig

Damit stellt sich einerseits die Frage nach den äußeren Arbeitsbedingungen wie z.B. Lärm, Licht und anderen Umgebungseinflüssen;
von besonderer Bedeutung ist in diesem Zusammenhang indes die
Gestaltung der Arbeitsaufgaben. In der Arbeitswissenschaft ist deshalb auch die Rede vom ‚Primat der Aufgabe' (Ulich 2005). Merkmale persönlichkeits- und gesundheitsförderlicher Aufgabengestaltung sind in Tabelle 3 zusammengefasst.

Tabelle 3: Merkmale persönlichkeits- und gesundheitsförderlicher Aufgabengestaltung (aus: Ulich 2005, S. 194)

Gestaltungsmerkmal	Angenommene Wirkung	Realisierung durch ....
Vollständigkeit	Mitarbeiter erkennen Bedeutung und Stellenwert ihrer Tätigkeit. Mitarbeiter erhalten Rückmeldung über den eigenen Arbeitsfortschritt aus der Tätigkeit selbst	… Aufgaben mit planenden, ausführenden und kontrollierenden Elementen und der Möglichkeit, Ergebnisse der eigenen Tätigkeit auf Übereinstimmung mit gestellten Anforderungen zu prüfen
Anforderungsvielfalt	Unterschiedliche Fähigkeiten, Kenntnisse und Fertigkeiten können eingesetzt werden. Einseitige Beanspruchungen können vermieden werden	… Aufgaben mit unterschiedlichen Anforderungen an Körperfunktionen und Sinnesorgane
Möglichkeiten der sozialen Interaktion	Schwierigkeiten können gemeinsam bewältigt werden. Gegenseitige Unterstützung hilft Belastungen besser ertragen	… Aufgaben, deren Bewältigung Kooperation nahe legt oder voraussetzt
Autonomie	Stärkt Selbstwertgefühl und Bereitschaft zur Übernahme von Verantwortung. Vermittelt die Erfahrung, nicht einfluss- und bedeutungslos zu sein	… Aufgaben mit Dispositions- und Entscheidungsmöglichkeiten
Lern- und Entwicklungsmöglichkeiten	Allgemeine geistige Flexibilität bleibt erhalten. Berufliche Qualifikationen werden erhalten und weiter entwickelt	… problemhaltige Aufgaben, zu deren Bewältigung vorhandene Qualifikationen eingesetzt und erweitert bzw. neue Qualifikationen angeeignet werden müssen
Zeitelastizität und stressfreie Regulierbarkeit	Wirkt unangemessener Arbeitsverdichtung entgegen. Schafft Freiräume für stressfreies Nachdenken und selbst gewählte Interaktionen	… Schaffen von Zeitpuffern bei der Festlegung von Vorgabezeiten
Sinnhaftigkeit	Vermittelt das Gefühl, an der Erstellung gesellschaftlich nützlicher Produkte beteiligt zu sein. Gibt Sicherheit der Übereinstimmung individueller und gesellschaftlicher Interessen	… Produkte, deren gesellschaftlicher Nutzen nicht in Frage gestellt wird. … Produkte und Produktionsprozesse, deren ökologische Unbedenklichkeit überprüft und sichergestellt werden kann

Aufgaben, die nach den hier beschriebenen Merkmalen gestaltet sind, können

- die Motivation und die Gesundheit,
- die fachliche Qualifikation und die soziale Kompetenz,
- die Selbstwirksamkeit und die Flexibilität

der Beschäftigten fördern und sind deshalb zugleich ein geeignetes Mittel, die Qualifikation und Kompetenz der Beschäftigten in – auch ökonomisch – sinnvoller Weise zu nutzen und zu ihrer Erweiterung beizutragen. Das heißt zugleich, dass Änderungen der Verhältnisse mit hoher Wahrscheinlichkeit Änderungen des Verhaltens bewirken.

Am Beispiel der Muskel- und Skeleterkrankungen lässt sich die Bedeutung betrieblicher Arbeitsgestaltung exemplarisch aufzeigen. Diese Erkrankungsformen stehen nicht nur in Deutschland an erster Stelle der Ursachen für krankheitsbedingte Fehltage. Gründe dafür sind einerseits in Bewegungsmangel und einseitiger körperlicher Belastung zu suchen, wie sie in zahlreichen Fällen, etwa bei Bildschirmarbeit, vorzufinden sind. Andererseits spielen in diesem Zusammenhang offensichtlich auch Merkmale wie Autonomie/Tätigkeitsspielraum und Vollständigkeit der Aufgaben eine bedeutsame Rolle.

So konnte Lundberg (1996) zeigen, dass Muskel- und Skeleterkrankungen in Gruppenarbeitsstrukturen mit entsprechender Autonomie weniger häufig auftreten als in arbeitsteiligen Arbeitsstrukturen, in denen die gleichen Produkte bzw. Dienstleistungen zu erstellen sind. Es zeigte sich, dass physiologische Belastungsreaktionen und Selbsteinstufungen der erlebten Ermüdung in den arbeitsteiligen Strukturen während des Schichtverlaufes zunahmen und ihren Gipfel am Ende der Schicht erreichten, während in der flexiblen Gruppenarbeitsstruktur „a moderate and more stable level throughout the shift" gefunden wurde (Lundberg, 1996). Und Melin et al. (1999) fanden in einer Untersuchung von Beschäftigten, die in unterschiedlichen Produktionsstrukturen das gleiche Produkt montierten, bei der Arbeit in teilautonomen Gruppen im Vergleich zur partialisierten Arbeit von Beginn bis Ende der Schicht die günstigeren physiologischen Kennwerte und nach der Schicht die bessere Erholungsfähigkeit.

Hinweise wie diese zeigen, dass eine ungenügende Ausprägung der Merkmale persönlichkeitsförderlicher und Aufgabenorientierung bewirkender Aufgabengestaltung im Umkehrschluss eine Gefährdung der Gesundheit bedeuten kann. Dies gilt nicht etwa nur für Muskel- und Skeletterkrankungen, sondern beispielsweise auch für den Umgang mit potenziellen betrieblichen Stressoren.

Unter den in Tabelle 3 aufgeführten Merkmalen der Aufgabengestaltung kommt im Übrigen der Ganzheitlichkeit bzw. Vollständigkeit zentrale Bedeutung zu, weil die Möglichkeit der Erfüllung oder Nichterfüllung einer Reihe der anderen Merkmale durch den Grad der Aufgabenvollständigkeit bedingt ist. Hinweise auf den Zusammenhang einzelner Aufgabenmerkmale mit dem betrieblichen Krankenstand, aber auch mit ökonomischen Erfolgsfaktoren finden sich in Tabelle 4.

Tabelle 4: Subjektives Erleben, ökonomischer Erfolg, Krankenstand und Fluktuation in 28 IT-Unternehmen mit 2.856 Beschäftigten (Spearman-Rangkorrelationen – nach Degener, 2004)

Erfolgskriterien	Gewinn	Umsatz	Wert-schöpfung	Eigen-kapital-rentabilität	Kranken-stand	Fluk-tuation
Aufgabenmerkmale						
Ganzheitlichkeit	,80	,78	,77	,78	−,82	−,82
Qualifikations-anforderungen	,74	,74	,78	,74	−,78	−,76
Qualifizierungs-potenzial	,75	,73	,75	,73	−,76	−,75
Aufgabenvielfalt	,77	,78	,80	,77	−,80	−,80
Tätigkeitsspielraum	,73	,73	,77	,74	−,76	−,75
Partizipations-möglichkeit	,72	,74	,73	,73	−,74	−,75

3. Strategien der Arbeitsgestaltung

Alltagserfahrungen belegen, dass Arbeitssysteme und Arbeitsabläufe nach ihrer Einführung in den Betrieb häufig adaptiert bzw. verändert werden müssen, damit sie arbeitswissenschaftlich gesicherten Erkenntnissen nicht widersprechen. Derartige Vorgänge bezeichnen wir als *korrektive* Arbeitsgestaltung. Korrektive Arbeitsgestaltung wird dann erforderlich, wenn ergonomische, physiologische, psychologische, sicherheitstechnische oder rechtliche Erfordernisse von Planern, Konstrukteuren, Anlagenherstellern, Softwareproduzenten, Organisatoren oder anderen ‚zuständigen' Instanzen nicht oder nicht angemessen berücksichtigt worden sind.

Korrektive Arbeitsgestaltung ist – sofern sie hinreichend wirksam sein soll – nicht selten mit erheblichem ökonomischem Aufwand verbunden; ihre Unterlassung kann andererseits erhebliche Beeinträchtigungen oder Schädigungen der physischen und/oder psychischen Gesundheit bewirken. Im ersten Fall haben die Betriebe, im zweiten Fall die betroffenen Beschäftigten und die Volkswirtschaft die Folgen zu tragen. Beide Arten von Folgen können aber vermieden oder doch erheblich vermindert werden, wenn korrektive Arbeitsgestaltung, wo immer möglich, durch *präventive* Arbeitsgestaltung ersetzt wird.

Präventive Arbeitsgestaltung meint die Berücksichtigung arbeitswissenschaftlicher Konzepte und Regeln bereits im Stadium des Entwurfs von Arbeitssystemen und Arbeitsabläufen, bedeutet also die gedankliche Vorwegnahme möglicher Schädigungen der Gesundheit und Beeinträchtigungen des Wohlbefindens spätestens zu dem Zeitpunkt, in dem die Funktionsteilung zwischen Mensch und Maschine festgelegt wird.

Die Forderung nach Schaffung persönlichkeits- und gesundheitsförderlicher Arbeitstätigkeiten verlangt darüber hinaus eine Vorgehensweise, die wir als *prospektive* Arbeitsgestaltung bezeichnen.

Prospektive Arbeitsgestaltung meint die bewusste Vorwegnahme von Möglichkeiten der Entwicklung der Persönlichkeit und ihrer Gesundheit im Stadium der Planung bzw. des Entwurfs – oder der Neustrukturierung – von Arbeitssystemen durch Schaffung objektiver Tätigkeitsspielräume, die von den Beschäftigten in unterschiedlicher Weise genutzt werden können.

Mit dem Konzept der prospektiven Arbeitsgestaltung wird zugleich postuliert, wo immer möglich Unterschiede zwischen den Beschäftigten in der Arbeitsgestaltung systematisch zu berücksichtigen. Weil diejenige Teildisziplin der Psychologie, die sich mit den Unterschieden zwischen den Menschen beschäftigt, als „Differenzielle Psychologie" bezeichnet wird, sprechen wir hier auch von *differentieller* Arbeitsgestaltung. Das Prinzip der differenziellen Arbeitsgestaltung (Ulich, 1978, 2005) meint das Angebot verschiedener Arbeitsstrukturen, zwischen denen die Beschäftigten wählen können. Da Menschen sich aber – nicht zuletzt in der Auseinandersetzung mit ihren Arbeitsaufgaben – weiterentwickeln, sollten Wechsel zwischen verschiedenen Arbeitsstrukturen möglich und diese Strukturen selbst veränderbar sein. Wir nennen dieses Offenhalten von Veränderungsmöglichkeiten und Gestaltungsspielräumen *dynamische* Arbeitsgestaltung.

Die Möglichkeit, zwischen Alternativen wählen und die Wahl gegebenenfalls korrigieren zu können, bedeutet einerseits eine Abkehr von der Suche nach dem „einen richtigen Weg" für die Gestaltung von Arbeitstätigkeiten und Arbeitsabläufen, andererseits einen erheblichen Zuwachs an Autonomie und Kontrolle über die eigenen Arbeitsbedingungen. Für Bamberg und Metz (1998, S. 192) ist differenzielle Arbeitsgestaltung zugleich eine Möglichkeit, die salutogenen Potentiale von Arbeitstätigkeiten „für jeden Beschäftigten zu erschließen" und damit auch Schnittstelle „zwischen bedingungs- und personbezogenen gesundheitsförderlichen Interventionen".

Den Forderungen nach präventiver und prospektiver Arbeitsgestaltung entspricht auch die europäische Norm zur Aufgabengestaltung bei der Konstruktion von Maschinen, die in Kasten 5 auszugsweise in der deutschen Fassung wiedergegeben ist.

Kasten 5: Merkmale gut gestalteter Arbeitsaufgaben nach DIN EN 614-2

„Im Gestaltungsprozess muss der Konstrukteur

a) die Erfahrung, Fähigkeiten und Fertigkeiten der bestehenden oder zu erwartenden Operatorenpopulation berücksichtigen...

b) sicherstellen, dass die durchzuführenden Arbeitsaufgaben als vollständige und sinnvolle Arbeitseinheiten mit deutlich identifizierbarem Anfang und Ende erkennbar sind und nicht einzelne Fragmente solcher Aufgaben darstellen...

c) sicherstellen, dass durchgeführte Arbeitsaufgaben als bedeutsamer Beitrag zum Gesamtergebnis des Arbeitssystems erkennbar sind...

d) die Anwendung einer angemessenen Vielfalt von Fertigkeiten, Fähigkeiten und Tätigkeiten ermöglichen...

e) für ein angemessenes Maß an Freiheit und Selbstständigkeit des Operators sorgen...

f) für ausreichende, für den Operator sinnvolle Rückmeldungen in Bezug auf die Aufgabendurchführung sorgen...

g) ermöglichen, vorhandene Fertigkeiten und Fähigkeiten auszuüben und weiterzuentwickeln sowie neue zu erwerben...

h) Über- und Unterforderung des Operators vermeiden, die zu unnötiger oder übermäßiger Beanspruchung, Ermüdung oder zu Fehlern führen kann...

i) repetitive Aufgaben vermeiden, die zu einseitiger Arbeitsbelastung und somit zu Monotonie- und Sättigungsempfindungen, Langeweile oder Unzufriedenheit führen können...

j) vermeiden, dass der Operator alleine, ohne Gelegenheit zu sozialen und funktionalen Kontakten arbeitet...

Diese Merkmale gut gestalteter Arbeitsaufgaben der Operatoren dürfen bei der Gestaltung von Maschinen nicht verletzt werden."

Dieser Auszug aus der seit Juni 2000 auch in Deutschland gültigen Norm zur Aufgabengestaltung bei der Konstruktion von Maschinen zeigt sehr weitgehende Übereinstimmungen mit den oben beschriebenen Merkmalen persönlichkeits- und gesundheitsförderlicher Arbeitsgestaltung, wobei offensichtlich auch die Konzepte der differenziellen und dynamischen Arbeitsgestaltung einen Niederschlag gefunden haben.

Im übrigen gilt: Persönlichkeits- und gesundheitsförderliche Arbeitsgestaltung ist zugleich auch alternsgerechte Arbeitsgestaltung.

4. Alternsgerechte Arbeitsgestaltung

Seit einigen Jahren ist zu beobachten, dass die Bereitschaft, „ältere Menschen weiter zu beschäftigen, zu fördern oder gar neu einzustellen, in zahlreichen Unternehmen deutlich abgenommen hat. In diesem Zusammenhang ist inzwischen von einer eigentlichen Altersdiskriminierung die Rede" (Naegele, 2004), die konkret zum Beispiel an folgenden Verhaltensweisen erkennbar wird:

- Bei Personaleinstellungen werden jüngere Menschen systematisch bevorzugt, ältere haben immer weniger Chancen.
- Das bei älteren Menschen vorhandene Erfahrungswissen wird nur gering geschätzt; damit bleiben wichtige Ressourcen ungenutzt.
- Älteren Menschen werden immer weniger anspruchsvolle Aufgaben übertragen; tatsächlich nimmt aber der Einfluss anspruchsvoller Arbeitstätigkeiten auf die geistige Leistungsfähigkeit mit dem Alter noch zu.
- Ältere Menschen werden weniger als jüngere an Fort- und Weiterbildungsmaßnahmen beteiligt; auch damit geht ihre Einsetzbarkeit im Laufe der Zeit zurück.
- Ältere Menschen haben weniger betriebliche Aufstiegschancen als jüngere; dies signalisiert zugleich einen Mangel an Wertschätzung.

Damit werden ältere Menschen zu einer Problemgruppe gemacht, der man sich im einen oder anderen Fall durch vorzeitige Pensionierung oder womöglich auch durch Frühinvalidisierung zu entledigen versucht.

Die Ursachen für die genannten Verhaltensweisen seitens der Unternehmen sind nicht zuletzt in mangelndem Wissen und in Vorurteilen bezüglich der Leistungsmöglichkeiten älterer Menschen zu suchen. Tatsächlich zeigt eine Vielzahl von Untersuchungen, dass das Älterwerden keineswegs mit einem automatischen Abbau der Leistungsfähigkeit verbunden ist. Einerseits sind nachteilige Auswirkungen auf Seh- und Hörvermögen, Körperkraft und Bewegungsgeschwindigkeit für den Durchschnitt ebenso belegt wie Verlängerungen der Reaktionszeit, der Geschwindigkeit für die Verarbeitung komplexer Informationen und der Lerngeschwindigkeit. Andererseits verfügen Ältere häufig über Strategien, die diese Nachteile sehr gut ausgleichen können (Ilmarinen und Tempel, 2002, Semmer und Richter, 2004). Aufgrund ihrer Lebenserfahrung können sie häufig komplexe Zusammenhänge eher verstehen und Wesentliches von Unwesentlichem besser unterscheiden. Auch wenn sie mit Belastungssituationen manchmal nicht so umgehen können wie Jüngere, so haben viele Ältere aufgrund ihrer Arbeitserfahrung gelernt, das Entstehen solcher Situationen vorausschauend zu vermeiden. Tatsache ist also, dass Ältere und Jüngere sich in der Gesamtleistung nicht notwendigerweise voneinander unterscheiden. Allerdings nehmen die individuellen Unterschiede in der körperlichen und geistigen Leistungsfähigkeit mit zunehmendem Alter zu.

Die mit dem Alter größer werdende Streuung der Leistungsmöglichkeiten ist einerseits auf Unterschiede in der Gesundheit zurückzuführen, andererseits auf Unterschiede in der Ausbildung und Erfahrung. So wird durch verschiedene Untersuchungsergebnisse belegt, dass der positive Einfluss anspruchsvoller Arbeitstätigkeiten auf die geistige Leistungsfähigkeit mit zunehmendem Alter noch zunimmt. Damit wird gleichzeitig bestätigt, dass persönlichkeits- und gesundheitsförderliche Arbeitsgestaltung schon in jungen Jahren gleichzusetzen ist mit altersgerechter Arbeitsgestaltung (Ulich, 2005).

Merkmale nicht altersgerechter Arbeitsgestaltung finden sich vor allem in Betrieben mit weitgehend arbeitsteiligen Strukturen, daraus resultierenden einseitigen Belastungen und ohne Möglichkeit, sich durch lernhaltige Arbeitstätigkeiten weiterzuentwickeln. In diesem

Zusammenhang ist auch die Rede vom „menschgemachten" Altern (vgl. Kasten 6).

Kasten 6: Biologisches und menschgemachtes Altern

„Die Lebens- und die Arbeitsbedingungen können das Altern beschleunigen (man kann voraltern) oder im Idealfall auch verzögern… Danach muss das kalendarische Alter vom biologischen unterschieden werden. Gesundheitsgefährdende Arbeitsbedingungen, beispielsweise neurotoxische Gase in der Atemluft, beschleunigen das Altern. So können exponierte 30-Jährige das biologische Alter nichtexponierter 45-Jähriger und deren geringe körperliche und teilweise auch geistige Leistungsfähigkeit haben. Im Prinzip könnten umgekehrt auch gesundheitsfördernde und trainierende Arbeitsprozesse alternskorrelierte Leistungsrückgänge verzögern; derzeit scheinen in der Mehrzahl von Arbeitsprozessen voralternde Arbeitsbedingungen noch zu überwiegen" (Hacker, 2004, S. 164).

Offensichtlich wird die Tatsache, dass Arbeitsbedingungen keineswegs selten so gestaltet sind, dass sie Alternsprozesse beschleunigen, noch viel zu wenig – und auch nicht gerne – zur Kenntnis genommen. Denn das heißt, dass Unternehmen selbst – nicht wissentlich und noch weniger absichtlich – durch die Art, wie sie die Arbeitsbedingungen für die bei ihnen Beschäftigten gestalten, möglicherweise zu vorzeitigem Altersabbau beitragen. In der Praxis kann dies dazu führen, dass durch entsprechende Arbeitsgestaltung vermeidbare vorzeitige Alterungsprozesse stattfinden und die davon betroffenen Menschen wegen der dadurch geminderten Leistungsfähigkeit auch noch entlassen, in den vorzeitigen Ruhestand geschickt oder invalidisiert werden. „Weil es die Möglichkeiten der Externalisierung gibt, können Betriebe es sich leisten, Arbeitsplätze und Berufswege so zu gestalten, dass sie Arbeitsfähigkeit frühzeitig verschleißen …" (Behrens, 2004, S. 495). Dass Unternehmen damit auf Dauer ihrem eigenen Interesse schaden, liegt auf der Hand. Im Übrigen gilt natürlich, dass Menschen, von denen in fortgeschrittenem Alter eine

Qualifizierung erwartet wird, zumindest nicht vorgealtert sein sollten. Schließlich gilt: „... die beste Grundlage für eine gute Leistung im Alter sind Erwerb, Gebrauch und Entwicklung von Kompetenzen in jüngeren Jahren" (Semmer & Richter, 2004, S. 112). Im Unternehmen geschieht dies am besten durch die Realisierung von Konzepten lernförderlicher Arbeitsgestaltung mit entsprechenden Anforderungen.

5. Exkurs: Zur Bedeutung der Anforderungen

Innerhalb der Arbeitspsychologie besteht Übereinstimmung dahingehend, dass die Konzepte, die bisher vor allem mit der Intention persönlichkeitsförderlicher Arbeitsgestaltung formuliert worden waren, zugleich entscheidende Elemente betrieblicher Gesundheitsförderung sind. Dementsprechend werden hohe Anforderungen an eigenständiges Denken, Planen und Entscheiden – verbunden mit Möglichkeiten der Kommunikation und Kooperation –, große Tätigkeitsspielräume und vollständige Aufgaben als wesentliche Merkmale gesundheitsgerechter Arbeitsgestaltung beschrieben. Lüders und Pleiss (1999, S. 218) ziehen daraus weitreichende Schlussfolgerungen: „Je höher die durch die Arbeitsaufgaben gestellten Anforderungen an eigenständiges Denken, Planen und Entscheiden, desto grösser ist das Vertrauen in die eigene Selbstwirksamkeit und desto aktiver ist die Freizeitgestaltung ... Je höher auf der anderen Seite die psychische Belastung in der Arbeit, desto mehr psychosomatische Beschwerden und Gefühle der Gereiztheit und Deprimiertheit treten auf, desto geringer ist die Lebenszufriedenheit und desto stärker sind Augenbeschwerden, allergische Beschwerden und manifeste Krankheiten ausgeprägt."

Von der Bundesanstalt für Arbeitsschutz und Arbeitsmedizin (2001) vorgelegte Berechnungen machen deutlich, welche Einsparmöglichkeiten in der systematischen Berücksichtigung solcher Erkenntnisse liegen. „20,3 Mrd. DM direkte Kosten der Krankheitsbehandlung gehen hiernach 1998 auf ‚Arbeitsschwere/Lastenheben‘, 18.1 Mrd. DM auf ‚geringen Handlungsspielraum‘ und 10.5 Mrd. DM auf ‚geringe psychische Anforderungen‘ zurück. Diese Größen beschreiben die Einsparmöglichkeiten für die Krankenkassen. Die indirekten Kosten – sie beschreiben die Einsparmöglichkeiten der Betriebe – belaufen sich annähernd auf die gleichen Summen; dies ist vergleichsweise wenig und unterschätzt, weil lediglich verlorene Produktivitätsjahre infolge von Arbeitsunfähigkeit bei den indirekten Kosten berücksichtigt werden" (BAUA 2001, S. 1 f.).

Anforderungen können aber auch zu hoch oder zu komplex sein, sodass sie mit den zur Verfügung stehenden Ressourcen nicht bewältigt werden können. Schließlich können Anforderungen auch widersprüchlich sein, etwa wenn Aufträge ohne angemessene Möglichkeiten ihrer Erfüllung bearbeitet werden sollen. „Widersprüchliche Arbeitsanforderungen kennzeichnen also ein jeweils spezifisches Spannungsverhältnis von Fremdbestimmung und gewährter Autonomie" (Moldaschl 2005, S. 255). Solche Spannungsverhältnisse bzw. Diskrepanzen können bestehen

> „– zwischen Zielen und Ressourcen (z.B. ohne ausreichende Qualifizierung eine neue Anlage bedienen);
> – zwischen Zielen und Regeln (z.B. als Pflegekraft mangels Ärztepräsenz Spritzen geben müssen, ohne rechtlich autorisiert zu sein);
> – zwischen Regeln und Ressourcen (z.B. im Rahmen eines Null-Fehler-Konzepts jedes Teil prüfen müssen, ohne dafür Zeit zu haben);
> – zwischen Aufgabenzielen oder zwischen expliziten Zielen und informellen Erwartungen (z.B. Kunden mit Freundlichkeit binden und sie dennoch über den Tisch zu ziehen);
> – und schliesslich zwischen Regeln" (Moldaschl 2005, S. 256).

Ob Arbeitsanforderungen im Sinne hoher Denk- und Planungser-
fordernisse positiv zu bewerten und als gesundheitsförderlich einzustufen sind, hängt demnach entscheidend davon ab, ob die Beschäftigten über adäquate Regulationsmöglichkeiten verfügen, d.h. ob
das geforderte Verhalten mit den gegebenen Verhältnissen überein-
stimmt. Dies betrifft gerade auch die in vielen Dienstleistungsberufen
existierenden Anforderungen an die Regulation von Emotionen. Um
positive Emotionen bei anderen Personen auszulösen oder aufrecht-
zuerhalten, müssen Dienstleistungen erbringende Personen selbst
positive Gefühle zeigen. Entspricht die eigene emotionale Situation
dieser Anforderung nicht, ist also zur angemessenen Aufgabener-
füllung eine deutlich verstärkte Emotionsregulation erforderlich, so
kann daraus eine erhebliche Belastung resultieren. Beispiele dafür
finden sich bei den von Hochschild (1983) untersuchten Tätigkeiten
von Flugbegleiterinnen und Flugbegleitern ebenso wie im Bereich
ärztlicher oder pflegerischer Tätigkeit, bei in Call Centers Beschäftigten ebenso wie im Gastgewerbe und nehmen mit der Ausdehnung
personbezogener Dienstleistungen entsprechend zu. Beim Personen-
transport kann es darüber hinaus zu widersprüchlichen Anforderungen kommen, wenn die Beschäftigten sowohl Kontroll- als auch
Serviceaufgaben wahrnehmen sollen. „Von den Beschäftigten wird
einerseits Konfliktbereitschaft und Autorität bei der Fahrgeldsiche-
rung erwartet, andererseits sollen sie als entgegenkommende Dienst-
leisterInnen auftreten" (Rieder, Poppitz und Dunkel 2004, S. 85).

6. Unternehmenskultur, Führung und Gesundheit

Vermehrt wird neuerdings darauf hingewiesen, dass der Umgang mit
betrieblicher Gesundheit letzlich eine Frage der Unternehmenskultur sei (z. B. Badura & Hehlmann, 2003; Expertenkommission,
2004). Ein wesentliches Merkmal der Unternehmenskultur ist die

Möglichkeit der Partizipation an der Entscheidungsbildung. Eine Reihe von Untersuchungsergebnissen belegt deutliche Zusammenhänge zwischen Möglichkeiten der Partizipation im Arbeitsalltag und Krankenstand bzw. Fehlzeiten. In der IT-Branche konnten Klemens, Wieland und Krajewski (2004) Auswirkungen mangelnder Partizipationsmöglichkeiten, belasten-den Sozialklimas und verschiedener Merkmale des Vorgesetztenverhaltens auf Burn-out-Indikatoren nachweisen (vgl. Kasten 7).

Kasten 7: Führungsbezogene Risikofaktoren in der IT-Branche
(aus Klemens, Wieland & Krajewski 2004, S. 5)

„Als hoher Risikofaktor für Burnout auf Seiten der Organisation zeigt sich das Fehlen von Partizipationsmöglichkeiten in der Arbeit. Beschäftigte, die an ihren Arbeitsplätzen nur geringe Möglichkeiten besitzen sich zu beteiligen und ihre Ideen einzubringen, haben demnach ein 3.5fach erhöhtes Risiko des ‚Ausbrennens' als Beschäftigte mit grossen Partizipationsmöglichkeiten. Ein belastendes Sozialklima bzw. ein belastendes Vorgesetztenverhalten vergrößert das Risiko um den Faktor 1,8 bzw.1,5. Ähnlich verhält es sich mit den beiden nächsten Merkmalen: Eine geringe soziale Unterstützung durch den Vorgesetzten bedeutet ein 2,3-fach, ein wenig ausgeprägter mitarbeiterorientierter Führungsstil ein 2,5-fach erhöhtes Burnout-Risiko."

In diesem Zusammenhang ist das von Siegrist (1996) formulierte Modell beruflicher Gratifikationskrisen von außerordentlicher Bedeutung. In diesem Modell wird angenommen, dass ein Ungleichgewicht zwischen beruflicher Verausgabung und als Gegenwert erhaltener Belohnung zu Stressreaktionen führt. Siegrist (1996a, 1996b, 2002) unterscheidet zwischen situativen (extrinsischen) und personalen (intrinsischen) Verausgabungsquellen. Gratifikationen ergeben sich über die drei ‚Transmittersysteme' finanzielle Belohnung, Wertschätzung und berufliche Statuskontrolle durch Aufstiegschancen, Arbeitsplatzsicherheit und ausbildungsadäquate Beschäftigung (vgl. Abbildung 2).

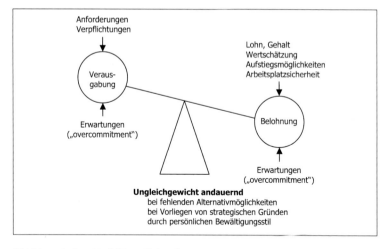

Abbildung 2: Das Modell beruflicher Gratifikationskrisen
(Siegrist 1996a, 1996b, 2002)

Empirisch zeigten sich Zusammenhänge zwischen Gratifikationskrisen und erhöhten Risiken für psychiatrische Störungen, Depressionen, Burnout und Alkoholabhängigkeit. Insbesondere wurde aber
auch gefunden, dass Gratifikationskrisen mit einem erhöhten Risiko
für Bluthochdruck und koronare Herzkrankheiten verbunden sind
(Bosma, Peter, Siegrist & Marmot 1998; Siegrist et al. 1990; Siegrist
2001; vgl. Tabelle 5).

Von besonderem Interesse sind in diesem Zusammenhang die Ergebnisse der Untersuchungen von van Vegchel, de Jonge, Bakker und
Schaufeli (2002), die für die von ihnen untersuchte Stichprobe von
„health-care workers" zeigen, dass unter den drei ‚Transmittersyste-
men' finanzielle Belohnung, Wertschätzung und berufliche Statuskontrolle der Wertschätzung besondere Bedeutung zukam, während
die finanzielle Belohnung deutlich an letzter Stelle rangierte. Daraus
lässt sich der Schluss ableiten, dass den verschiedenen Merkmalen
der ‚Belohnung' unterschiedliche Bedeutung beizumessen ist.

Tabelle 5: Zusammenhänge zwischen beruflichen Gratifikationskrisen und kardio-vaskulären Risiken einschließlich koronarer Herzkrankheit (KHK) (modifiziert nach Siegrist 2002 – aus Siegrist et al. 2004, S. 93)

Erstautor (Jahr der Veröffentlichung)	abhängige Variablen	unabhängige Variablen	odds ratio (Anmerkungen)
Siegrist (1990)	akuter Herzinfarkt, plötzlicher Herztod, subklinische KHK [koronare Herzkrankheit]	ERI und OC	zwischen 3,5 und 4,5
Lynch (1997)	Progression der Atherosklerose der Karotis	ERI*	signifikanter Haupteffekt (p = ,04)
Bosma (1998)	neu aufgetretene KHK	ERI und OC*	2,2
Joksimovic et al. (1999)	Restenosierung von Herzkranzgefäßen nach PTCA	OC	2,8
Kuper (2002)	Angina pectoris, KHK (tödlich), Herzinfarkt (nichttödlich)	ERI* OC*	1,3 1,3
Kivimäki (2002)	Sterblichkeit an Erkrankungen des Herz-Kreislauf-Systems	ERI*	2,4

Anmerkungen: ERI = effort-reward-imbalance (dt.: Verausgabungs-Belohnungs-Ungleichgewicht);
OC = overcommitment (dt.: berufliche Verausgabungsbereitschaft)
* = Annäherungs- (Proxy-)Maße an Originalskalen des Modells

Insgesamt lässt sich aus den bisher vorgelegten Untersuchungen zum Konzept der „Gratifikationskrise" unabweisbar ableiten, dass das Verhalten des Managements und der Führungskräfte eines Unternehmens für die Entwicklung der Gesundheit der Beschäftigten von erheblicher Bedeutung sein kann. Über das Alltagsverhalten hinaus betrifft dies nicht zuletzt auch die – oft ohne sorgfältige Analyse der langfristigen Wirkungen zustande kommenden – Entscheidungen über die Einführung „neuer" Managementkonzepte und die Erzeugung prekärer Arbeitsverhältnisse.

7. Fazit

Der abschließende Bericht der deutschen Expertenkommission ‚Die Zukunft einer zeitgemäßen betrieblichen Gesundheitspolitik' – an der VertreterInnen von Arbeitgeber- und Arbeitnehmerverbänden ebenso beteiligt waren wie Wissenschaftler verschiedener Disziplinen – enthält einen Absatz, der die Bedeutung betrieblichen Gesundheitsmanagements klar zusammenfasst (Kasten 8).

Kasten 8: Bedeutung betrieblicher Gesundheitspolitik (aus: Expertenkommission 2004, S. 41)

„Aktive betriebliche Gesundheitspolitik verbessert die Wettbewerbsfähigkeit der Wirtschaft durch ihre Nutzen steigernde und Kosten senkende Wirkung. Sie verbessert die Qualität der Arbeit, der Produkte und Dienstleistungen, erhöht die Produktivität, erhält vorhandene Qualifikationen, sichert Beschäftigungsfähigkeit und damit ein ausreichendes Arbeitskräfteangebot, macht Betriebe attraktiv für junge Nachwuchskräfte."

Der Bericht macht zugleich deutlich, dass damit an ein umfassendes Verständnis betrieblichen Gesundheitsmanagements appelliert wird, das sich nicht auf – vor allem verhaltensbezogene – Einzelmaßnahmen beschränkt.

Die hier vorgelegten arbeitspsychologischen Perspektiven erlauben darüber hinaus die Schlussfolgerung, dass betriebliches Gesundheitsmanagement als Bestandteil des Unternehmensmanagements und wichtiges Element der „Corporate Social Responsibility" auch in die Unternehmensbewertung einzubeziehen ist. Damit wird die Verantwortung der einzelnen Menschen, durch Lebensstil und Verhalten im Rahmen ihrer Möglichkeiten zum Erhalt und zur Förderung der eigenen Gesundheit – gegebenenfalls auch der der Familie – beizutragen, keineswegs infrage gestellt. Dass viele auch dazu professioneller Unterstützung bedürfen, steht ebenfalls außer Frage.

Literatur

Zur Vertiefung empfohlene Literatur*:

Ulich, E. & Wülser M. (2005). Betriebliches Gesundheitsmanagement. Arbeitspsychologische Perspektiven. 2. Auflage. Wiesbaden: Gabler.

Ulich, E. (2005). Arbeitspsychologie. 6. Auflage. Zürich: vdf Hochschulverlag. Stuttgart: Schäffer Poeschel.

* Hier finden sich auch die im Text erwähnten Literaturangaben.

Heinrich Geißler

Gesunde Dialoge für Führungskräfte:
Von den Gesund(et)en lernen

Einleitung

Ein Szenario der üblichen Art: Fast alle MitarbeiterInnen sind anwesend, und niemand sieht sie. – Das ist die übliche Sicht auf Belegschaften in Unternehmen. Gesehen wird, wer n i c h t anwesend ist.

Ein gesünderes Szenario: Fast alle MitarbeiterInnen sind da. Sie werden gesehen, anerkannt und mit allen wird geredet. – So könnte es sein, wenn Anerkennender Erfahrungsaustausch[1] im Rahmen einer umfassenden Gesprächsstrategie „gesunde Gespräche" praktiziert wird. – Das lenkt den Blick weg von der mangelnden Produktivität der Abwesenden hin zur Produktivität der Anwesenden, insbesondere der Gesundeten und Gesunden, die (fast) immer zur Arbeit erscheinen.

1. Die Fehlzeitenfalle

Der Fehlzeiten-Fokus belebt den Beratungsmarkt mit vielfältigen Instrumenten, entsprechenden Ausbildungen und Trainings und

---

[1] Drei Hamburger Verkehrsunternehmen entschlossen sich im Januar 2000 zu dem gemeinsamen Gesundheitsförderungsprojekt „Von den Gesund(et)en lernen". Die InitiatorInnen sind Gudrun Rinninsland (Betriebshofmanagerin Hamburger Hochbahn/ Langenfelde), Holger Schlünkes (Prokurist Pinneberger Verkehrsgesellschaft/PVG), Torsten Bökenheide (ehemals Personalmanager Verkehrsbetriebe Hamburg-Holstein/ VHH, dann Betriebshofmanager Hamburger Hochbahn/Wandsbek) und Heinrich Geißler und Brigitta Geißler-Gruber. Die Erfahrungen dieses Projekts, wissenschaftliche Grundlagen und die Weiterentwicklung sind in einem gemeinsamen Buch der oben genannten InitiatorInnen unter dem Titel „Der Anerkennende Erfahrungsaustausch" beschrieben. Erfahrungen mit dem Anerkennenden Erfahrungsaustausch und anderen Gesunden Dialogen beschreibt die Publikation „Faktor Anerkennung".

noch mehr Versprechungen. Allein der Fehlzeitenfokus führt leicht in die Fehlzeitenfalle. Die kleine Minderheit der Abwesenden im Blick, werden diejenigen geflissentlich übersehen, die eigentlich am sichtbarsten sind: Die Anwesenden. Aber gerade von denen wäre zu lernen:

- Warum sind sie (fast) immer anwesend?
- Wie und warum kommen sie mit gesundheitlichen Belastungen besser zurecht?
- Welche Stärken sehen sie in ihrem Unternehmen und in ihren Arbeitsbedingungen?
- Was kann krank machen, welche Schwächen sehen die Anwesenden?

Anlässlich unserer ersten Buchpublikation zum Anerkennenden Erfahrungsaustausch lieferte eine Internet-Recherche zum Begriff „Betriebliche Gesundheitsförderung" 13.800 Treffer, die Suche nach „Betriebliche Gesundheitsförderung" und „Führungsverhalten" dagegen nur noch 374. Aber nicht nur das Thema war neu und relativ unbearbeitet. Auch Führung weiß selten viel über sich selbst als Gesundheitsfaktor oder Krankmacher. Und: Die systematische, stärkenorientierte Beschäftigung mit den Gesund(et)en ist eine Investition in die Zukunft, in eine nachhaltige Wettbewerbsfähigkeit.

In das Modell des Anerkennenden Erfahrungsaustauschs gehen Untersuchungen zum psychologischen Arbeitsvertrag, aber auch die Anerkennungsdebatten der Arbeitssoziologie, der Sozialphilosophie und der Medizinsoziologie und die Ressourcen- und Salutogenesemodelle der Arbeits- und Organisationspsychologie bzw. Medizinsoziologie ein.

2. Von den Gesund(et)en lernen – Vision und Modell

Ebenso wie Fehlzeitengespräche eine einseitige Orientierung auf eine betriebliche Minderheit darstellen, ist auch Anerkennender Erfahrungsaustausch eine einseitige Beschäftigung: Allerdings mit Gesund(et)en und damit mit einer betrieblichen Mehrheit.

Kann man von Gesund(et)en lernen und, wenn ja, warum und was sollte man von gesunden und ehemals langzeiterkrankten MitarbeiterInnen lernen? Diese drei Fragen wollen wir im Folgenden beantworten.

Wir stellen dazu vier Thesen an den Anfang, die mit den Erfahrungen einer Mitarbeiterin, einer operativen Führungskraft, eines Betriebsrates und eines Managers abgeglichen werden. Folgerungen daraus haben wir in der Vision „Von den Gesund(et)en lernen zusammengefasst.

Thesen

- Führungskräfte kennen ihre Abwesenden besser als ihre Anwesenden.
- Gespräche mit MitarbeiterInnen konzentrieren sich vor allem auf die Schwächen der MitarbeiterInnen und die Schwächen des Unternehmens. Die Stärken des Unternehmens werden meist nicht in systematischer Weise erhoben.
- Personalakten enthalten zu wenig Informationen über Stärken der MitarbeiterInnen, insbesondere über Stärken, die über die unmittelbaren Arbeitsaufgaben bzw. Tätigkeitsfelder hinausgehen.
- Führungskräfte führen gerne (auch) positive Gespräche. Ihren Arbeitsalltag dominieren bislang problembezogene Gespräche. Diese werden ausführlich trainiert wie Beurteilungsgespräche oder Fehlzeiten- und/oder Rückkehrgespräche.

Erfahrungen

- Eine Mitarbeiterin: „Ich bin seit zehn Jahren im Unternehmen. Ich bewerbe mich jetzt innerbetrieblich, aber die werden mich nicht kennen, weil ich war jeden Tag da." (Interview Mai 2000)
- Eine operative Führungskraft mit Personalverantwortung: „In unseren Personalakten sind eigentlich nur Probleme aufgelistet, außer die seltenen Fälle, dass KundInnen einzelne Mitarbeiter-Innen loben. Stärken der Personen fehlen meist: sowohl die betrieblichen als auch die außerbetrieblichen." (Aussage im Rahmen eines Führungskräfte-Trainings zum Anerkennenden Erfahrungs-austausch, Juli 2001)
- Ein Betriebsrat: „Wir haben seit fünf Jahren sogenannte Präventions-gespräche. An der Fehlzeitenrate hat das bisher nichts geändert. Ich habe jetzt mit dem Unternehmen eine Betriebsvereinbarung abge-schlossen, in der die Anerkennung derjenigen festgeschrieben ist, die unsere LeistungsträgerInnen im Unternehmen sind. Wir haben jetzt mit der Ausbildung der TeamleiterInnen für den Anerkennenden Er-fahrungsaustausch begonnen. Die Stärken- und Schwächenliste be-züglich des Unternehmens, die wir von den TeamleiterInnen nach den ersten drei Seminaren haben, bietet bereits jetzt schon mehr An-satzpunkte für Kommunikation und Maßnahmen als das, was wir von den fünf Jahren Präventionsgesprächen hatten." (Dezember 2002)
- Ein Manager: „Führungskräfte empfinden es durchaus als sehr angenehm, wenn sie nicht nur ‚böse' Fehlzeitengespräche führen müssen, sondern – schlauerweise am Freitagnachmittag – mit an-genehmen, gesund(et)en Kollegen, die Arbeitswoche ausklingen lassen. Dann fühlen sie sich selbst besser damit, auch weil sie ein Bewusstsein dafür entwickeln – fast als ‚Abfallprodukt' –, dass sie so eine Mehrheit im Auge haben. Dann glauben sie wieder an eine Kraft im Unternehmen. Führungskräfte unterschiedlicher Bereiche, wie z.B. Produktion, Verwaltung oder Werkstatt, ‚entdecken' auto-

matisch ein gemeinsames, diesmal angenehmes Thema, es redet sich auch viel fröhlicher darüber, und man ist stolz, wenn einem ein schönes ‚Anerkennungsding' geglückt ist." „(Juli 2002)

Vision

Von den Gesund(et)en lernen – diese Vision ist in einigen Unternehmen schon Wirklichkeit geworden: „Von den Gesund(et)en werden Potenziale des Unternehmens beschrieben. Man bekommt ein sehr gutes Bild davon, was wir als Arbeitgeber, vielleicht auch unbewusst, heute schon richtig machen und wo noch nachgesteuert werden müsste und wo nicht. Auch ein Frühwarnsystem kann diese Gruppe der Gesund(et)en darstellen: Neue Belastungen, etwa durch neue Arbeitsabläufe, werden aus der Sicht der Mehrheit beschrieben … und nicht von einzelnen Nörglern" … – so ein Personalverantwortlicher.

Wesentlich ist, dass im Rahmen eines regelmäßigen Anerkennenden Erfahrungsaustauschs mit den LeistungsträgerInnen die Stärken des Unternehmens, aber auch die Schwächen systematisch zur Sprache kommen und ebenso systematisch auf Ebenen größerer Gruppen – Teams, Abteilungen, Produktionsbereiche etc. – ausgewertet werden. Dieses Erfahrungswissen wertet die MitarbeiterInnen zu internen BeraterInnen auf. Damit konkretisiert das Konzept des Anerkennenden Erfahrungsaustauschs den Ansatz „MitarbeiterInnen als interne Kunden" und geht gleichzeitig im Sinne der BeraterInnen-Perspektive darüber hinaus.

Es soll nicht übersehen werden: Lernen kann man von allen. Von den Unentschiedenen, von den regelmäßig Abwesenden, von den gesundheitlich Gefährdeten, den Kranken und Langzeiterkrankten. Vorherrschend sind regelmäßig jedoch Informationen über Defizite, Schwächen, Belastungen, Überforderungen, Kränkungen und andere Symptome von Problemen des Unternehmens. Diese Symptome sind systematisch im Hinblick auf die Ursachen zu hinterfragen, erst dann sind sie nachhaltig zu „kurieren". Eine ganzheitliche Vorgehensweise wird jedoch erst durch die Kenntnis der Stärken, der Ressourcen, der Sinnbeziehungen in der Arbeit und anderer positiver Parameter ermöglicht. Und Letzteres erfordert die systematische Beschäftigung mit den LeistungsträgerInnen im Unternehmen. Es gilt diejenigen zu erkennen, die eigentlich die Sichtbarsten sein müssten: Diejenigen, die (fast) jeden Tag kommen. Und „Anerkennen" beinhaltet das Wort „Erkennen". Anerkennender Erfahrungsaustausch richtet sich an gesunde und gesund(et)e MitarbeiterInnen. Diese Gesprächsform und die dadurch begründete soziale Beziehung zwischen Führungskraft und MitarbeiterIn ist an sich eine Gesundheitsunterstützung für die MitarbeiterInnen, durch die Wertschätzung und das bekundete Interesse der Führungskraft an den MitarbeiterInnen. Es bedeutet gleichzeitig die systematische Erhebung (gesundheitswirksamer) Ressourcen und Belastungen aus Sicht der MitarbeiterInnen, deren Auswertung Ansatzpunkte für MitarbeiterInnenführung und betriebliche Gesundheitsförderung bilden.

Die Strategie Anerkennender Erfahrungsaustausch wirkt gesundheitsfördernd auf drei Ebenen:

- Für die MitarbeiterInnen individuell, durch echte Anerkennung im systematischen Erfahrungsaustausch im Gegensatz zu gelegentlichen Belobigungen und immer wieder einmal „Schulterklopfen".
- Für die Führungskräfte selbst durch Feedback im Anerkennenden Erfahrungsaustausch.
- Für das gesamte Unternehmen, durch stärkenorientierte Management-Entscheidungen, die nicht nur auf der Kenntnis von Schwächen oder Minderheitenperspektiven basieren.

Das folgende Modell des Lernens von Mehrheiten, von den gesunden und ehemals Langzeiterkrankten, wieder gesundeten MitarbeiterInnen verknüpft Untersuchungsergebnisse und Überlegungen zum psychologischen Arbeitsvertrag mit der Anwesenheitsquote der MitarbeiterInnen.

Modell

Alle MitarbeiterInnen haben einen juristischen Arbeitsvertrag abgeschlossen und sie haben auch einen psychologischen. Letzterer beschreibt eine mehr oder weniger starke Unternehmensbindung im Sinne des gegenseitigen Gebens und Nehmens aufgrund (nicht) erfüllter Erwartungen, die auf meist ungeschriebenen Vereinbarungen beruhen (siehe weiter unten).

Unter den beiden Gesichtspunkten „psychologischer Arbeitsvertrag" und „Anwesenheit im Unternehmen" haben wir Belegschaftsgruppen charakterisiert: Die Kriterien sind in diesem Falle hohe und niedere Anwesenheit und starker bzw. kein psychologischer Arbeitsvertrag. Damit lassen sich vier idealtypische Belegschaftsgruppen charakterisieren, wie Abbildung 1 zeigt:

Abbildung 1:
Belegschafts-
Typologie

Diese vier Belegschaftsgruppen lassen sich noch detaillierter beschreiben, wobei auch diese Beschreibungen idealtypisch sind und einzelne MitarbeiterInnen nicht immer ganz klar einer dieser vier Gruppen zuzuordnen sind, beispielsweise Unentschiedene mit sehr hoher Anwesenheit oder Kranke mit einem eher schlechten psychologischen Arbeitsvertrag. Eine Klarheit zur Unterscheidung wird erfahrungsgemäß im laufenden Gesprächsprozess immer besser möglich, auch durch ein höheres Wissen über die MitarbeiterInnen. Im Folgenden nun die Charakteristik der einzelnen Gruppen (siehe Abbildung 2):

Vier Gruppen	Charakteristika
Gesunde & Gesundete mit sehr hoher Anwesenheitsquote	Hoch motiviert, prinzipiell positive Einstellung zum Unternehmen Hohe Verbundenheit mit der Arbeitsaufgabe Sinnhafte Beziehung zur Arbeit Meist angemessener Umgang mit Ärger und Stress Hohes Wohlbefinden und starkes Gesundfühlen auch bei bestehenden Grunderkrankungen Ausgeprägte Arbeitsethik (ev. auch aufgrund von finanziellem Druck)
Gesunde mit unterschiedlich hoher Anwesenheit	Keine prinzipiell positive Entscheidung für das Unternehmen/die Tätigkeit und damit positiv wie negativ beeinflussbar; Unsicherheiten (Reagieren auf Gerüchte) Zusätzlich mögliche Hinweise auf: Unangemessener Umgang mit Stress und Ärger Private Probleme Beginnende Gesundheitsgefährdung
Gesunde mit regelmäßiger und/oder „grundloser" Abwesenheit	Regelmäßige Abwesenheit als Ausgleich für vorgeblich vorenthaltene Leistungen: Diese Gruppe hat (fast) keinen psychologischen Arbeitsvertrag geschlossen: „Geben" und „Nehmen" sind unausgewogen – Gefühl der Übervorteilung durch das Unternehmen Ursachen im Unternehmen durch bewussten Bruch des psychologischen Arbeitsvertrages
Gesundheitsgefährdete, Langzeiterkrankte und Kranke	Arbeitsbedingte (mit durchaus beachtlichen Branchenunterschieden) und nicht-arbeitsbedingte Gesundheitsstörungen führen zu Abwesenheiten

Abbildung 2: Gruppen-Charakteristik

3. Gesprächspraxis neu denken

Üblicherweise liegt das Hauptaugenmerk operativer Führungskräfte aus sehr praktischen, problemlösenden Erwägungen auf den beiden Gruppen, die durch niedrigere Anwesenheit gekennzeichnet sind, auf den aufgrund von Krankheit oder anderen Gründen Abwesenden. Diese stellen jedoch immer Minderheiten in Unternehmen dar.

Damit fällt eine systematische Beschäftigung mit den beiden anderen und größeren Gruppen weg, wenn man von MitarbeiterInnen-Gesprächen beispielsweise im Rahmen von „Führung durch Zielvereinbarung" absieht.

In unserer umfassenden Strategie „Gesunde Gespräche mit allen", deren Kern der Anerkennende Erfahrungsaustausch ist, kann für alle vier Gesprächsorientierungen dargestellt werden, wie individuelle und kollektive Wirkungsebenen festzumachen sind (siehe Abbildung 3): Alle Gespräche wirken.

Gesprächs-orientierung	Wirkungsebene	
	Individuum	Gruppe, Team, Abteilung, … Unternehmen
Anerkennen-der Erfahrungsaus-tausch	• echte Wertschätzung des/der GesprächspartnerIn und • weitere Unterstützung der vorhandenen Ressourcen	• Maßnahmen zur Stärkung von Stärken • Abbau von Schwächen • Frühhinweis auf die Auswirkung neuer Arbeitsbedingungen auf besonders Motivierte • Lernen von den positiven Arbeitsbeziehungen, die die Gesund(et)en haben • Lernen aus den vielen indiviuellen und gelungenen Gesundheitsmodellen
Stabilisierung	• Kritische Wertschätzung und • Förderung der Stärken • Hinweise auf individuelle Überlastungssymptome, z.B. „Früher war ich jeden Tag in der Arbeit, aber heute werden mir die Wochenenden zu kurz für die Erholung"	Die Unentschiedenen können wichtige Hinweise auf die Wirkung von • schlecht kommunizierten Neuerungen oder • von Gerüchten oder Stimmungen geben, denen • (kommunikativ) gegengesteuert werden kann

Gesprächs-orientierung	Wirkungsebene	
	Individuum	Gruppe, Team, Abteilung, … Unternehmen
Fehlzeiten	• Klarheit über die Gegenseitigkeit von Verträgen/Vereinbarungen schaffen; • Ev. auch Hinweis auf individuelle Überforderungen, z.B. „wenn ich nicht immer wieder zu Hause bleibe, verschlimmert sich meine Krankheit noch mehr"	Hinweise auf mögliche Fehlhandlungen des Unternehmens, insbesondere wenn sie Bedeutung über den individuellen Fall haben/eine grundsätzliche Bedeutung haben
Arbeits-bewältigung	Individuelle Wertschätzung durch (vorübergehende oder ständige) Anpassung der Arbeitsbedingungen an veränderte körperliche und/oder psychische Möglichkeiten	Hinweise auf • Entlastungsnotwendigkeit und • Belastungsschwerpunkte im Unternehmen

Abbildung 3: Wirkungsebenen der Gesprächsorientierung

Die gesunden und gesundeten MitarbeiterInnen können BeraterInnen des Unternehmens im Hinblick auf ihre positiven Arbeitsbeziehungen und offensichtlich funktionierenden individuellen Gesundheitsmodelle sein. Die Gesunden und Gesundeten wissen die Antworten auf wichtige Fragen des Managements:

• Wo liegen die Stärken des Unternehmens aus der Sicht der LeistungsträgerInnen?
• Welchen Sinn sehen meine MitarbeiterInnen in der Arbeit, in der Herstellung der Produkte und Dienstleistungen des Unternehmens?
• Welche Schwächen in der Organisation sehen meine LeistungsträgerInnen?
• Wie kommen Veränderungen in den Arbeitsbedingungen und Arbeitsabläufen bei meinen LeistungsträgerInnen an?

Spätestens dann, wenn die demografischen Veränderungen einen Mangel an notwendigen neuen MitarbeiterInnen gebracht haben, wird die entscheidende Frage für die Unternehmen sein: Welche Stärken sehen meine MitarbeiterInnen und wie kann ich mit diesem Wissen auch besser und nachhaltiger neue MitarbeiterInnen gewinnen?

4. Der psychologische Arbeitsvertrag

Allen bekannt und (meist) schriftlich fixiert ist der juristische Arbeitsvertrag. Neben diesem besteht aber auch ein sogenannter psychologischer Arbeitsvertrag. Denise Rousseau (1995) hat diesen psychologischen Arbeitsvertrag jahrelang untersucht. Sie beschreibt ihn als „die individuellen Anschauungen/Überzeugungen (beliefs) bezüglich des wechselseitigen Gebens und Nehmens zwischen Individuum und Organisation, geprägt von der Organisation. Psychologische Arbeitsverträge haben die Kraft selbsterfüllender Prophezeiungen: Sie gestalten Zukunft".

Dieser (meist) ungeschriebene psychologische Arbeitsvertrag kann übererfüllt oder verletzt werden. Übererfüllungen könnten beispielsweise Trainings oder Ausbildungen sein, die vom Unternehmen ohne vorherige mündliche oder schriftliche Vereinbarung gewährt werden. Meist häufiger als Übererfüllung ist die Verletzung des psychologischen Arbeitsvertrages zu beobachten. Rousseau unterscheidet drei Formen – das Versehen, die Zerrüttung und den Bruch (siehe Tabelle 1):

Tabelle 1: Drei Formen der Verletzung des psychologischen Arbeitsvertrages nach Rousseau (1995)

Versehen	Die VertragspartnerInnen können und wollen den Vertrag erfüllen	Gut gemeinte, aber unterschiedliche Interpretationen
Zerrüttung	Ein/e VertragspartnerIn will, aber kann nicht den Vertrag erfüllen	Unfähigkeit zur Vertragserfüllung
Bruch	Ein/e VertragspartnerIn könnte, aber will nicht den Vertrag erfüllen	Unwilligkeit zur Vertragserfüllung

Da diese drei Formen der Vertragsverletzung von beiden Vertrags-
parteien ausgehen können, stellen sich vielfältige Fragen nach den
Ursachen, wie beispielsweise:

- Liegt die Vertragsverletzung am Unternehmen? Sind die Ursachen, die am Unternehmen liegen durch das Unternehmen beeinflusst – und korrigierbar?
- Will der Arbeitgeber etwas verändern und falls ja, trifft er mit
  dieser Veränderung Mehrheiten oder löst er möglicherweise ein
  Minderheitenproblem, das dann von der Mehrheit als nachteilig
  empfunden wird?
- Kann das Unternehmen etwas verändern, lässt der Markt, das Umfeld, die konkrete Organisation der Arbeit … Veränderungen zu?
- Oder geht die Verletzung des psychologischen Arbeitsvertrages von
  der MitarbeiterIn aus? Ist die Ursache Nicht-Wollen oder Nicht-
  Können? Deutet sich eine gesundheitliche Gefährdung an – will
  der/die MitarbeiterIn signalisieren, dass er/sie überfordert ist?

Alle drei Formen der Verletzung des psychologischen Arbeitsvertrages erfordern Kommunikation. Der Bruch könnte zumindest ver-
ständlich(er) werden, Versehen und möglicherweise auch Zerrüttung
wären so zu korrigieren.

Selbstverständlich ist der psychologische Arbeitsvertrag auch
einem zeitlichen Wandel unterworfen: Mit den persönlichen Bedürf-
nissen oder mit gesundheitlichen Beschwerden ändern sich die Bewertungen des Vertrages. Auch dies macht deutlich, dass nur eine
kontinuierliche Auseinandersetzung mit der Sicht der Mitarbeiter-
Innen auf Stärken und Schwächen des Unternehmens diese sich än-
dernden Werte und Bewertungen erfassen kann.

Wenn dieser Wertewandel nicht begleitet und mit den MitarbeiterInnen reflektiert wird, kann es zu unterschiedlichen Formen der
Leistungsverweigerung kommen, wie vor allem:

- Innere Kündigung, also Abwesenheit bei Anwesenheit
- Zyklische Abwesenheit
- Verzicht auf das Einbringen von Verbesserungsvorschlägen
- Dienst nach Vorschrift
- Keine Bereitschaft zu Mehrleistung.

Diese Verhaltensweisen und auch erhöhte Fluktuation als eine weitere Folge mangelnder bzw. fehlender Motivation führen zu enorm überhöhten Personalkosten. Doch diese Phänomene sind höchstens die zweitbeste „Lösung" für ein Problem, das seine Ursachen auch in einer Verletzung des psychologischen Arbeitsvertrages durch das Unternehmen haben kann und häufig auch hat. – Es geht also um eine umfassende Kommunikationsstrategie im Unternehmen, die vor allem den Formen der Verletzung des psychologischen Arbeitsvertrages durch Versehen oder Zerrüttung auf die Spur kommt.

5. Gesundheitsfördernde Führung

Die Frage „Was ist Gesundheit?" erlaubt keine einfache Antwort. Gesundheit ist vielschichtig und nicht mit dem Hinweis auf Fehlen von Krankheit und körperlichen Beschwerden hinreichend definiert. Der Ressourcenansatz der Gesundheitswissenschaft wirft ein neues Licht auf gesundheitswirksame Faktoren. Der Mensch bewertet und bewältigt die Umwelteinflüsse je nach deren Ausmaß und Schwere und gleichzeitig nach seinen verfügbaren und nutzbaren inneren Ressourcen wie Erfahrungen, Fertigkeiten und körperlich-psychischem Vermögen und nach seinen äußeren Ressourcen wie soziale Unterstützung oder Handlungsspielraum. Das Befinden und die Leistungsfähigkeit der Menschen spiegeln demnach eine gelungene oder unausgeglichene Balance zwischen Arbeits- und Lebensanforderungen und verschiedenen Gesundheitsquellen (Ressourcen) wider. Es entsteht also Gesundheit auch im Kopf – so das nachdenkliche Resümee eines Teilnehmers an einem Führungskräfteseminar. Damit ist nicht nur gemeint, dass – was man schon immer ahnte – es auf die innere Einstellung des Menschen ankommt. Die schützenden inneren Haltungen entstehen im Lebenslauf und verändern sich durch bedeutsame Lebensereignisse.

Die äußeren Gesundheitsquellen wirken auf zweifache Weise auf die Gesunderhaltung und Leistungsfähigkeit der Personen: Auf der einen Seite wirken sie direkt wie ein Puffer und lassen Umweltanforderungen leichter bewältigen oder indirekt, indem die inneren Ressourcen durch positive Erfahrungen gestärkt werden, weil man den Situationen gewachsen ist. Diese Erkenntnisse machen es möglich, dass Führungskräfte die Gesundheit der MitarbeiterInnen fördern können.

Was denken nun operative Führungskräfte (n = 127), wo ihre Einflussmöglichkeiten liegen? In den Führungskräftetrainings zum Anerkennenden Erfahrungsaustausch zeigten sich folgende Sichtweisen: Als Hauptursachengruppe für Erkrankungen sehen Führungskräfte belastende Arbeitsbedingungen, die sie ganz selbstverständlich kritisch durchleuchten. Hier liegen objektiv gesehen auch Interventionsmöglichkeiten. Durch die Veränderung von Arbeitsbelastungen können Erkrankungs- und Unfallrisiken minimiert werden. Hier können sie Fehlzeiten aktiv ausschalten. Gleichwohl die operativen Führungskräfte z.B. die Belastung ‚Arbeitsplatzunsicherheit' oder ‚Lohnverluste' genauso und vielleicht in zweifacher Hinsicht als belastend empfinden. Ihre subjektiven Einflussmöglichkeiten in diesem Bereich sind – auch in kommunikativer Hinsicht – beschränkt.

Der von ihnen am häufigsten genannte Gesunderhaltungsfaktor ist „gesunder Lebensstil". Dieser entzieht sich landläufig der Einflussnahme durch Dritte. Der Eindruck könnte entstehen, dass sich operative Führungskräfte eher nicht zuständig und befähigt fühlen, gesundheitsfördernd für andere tätig zu werden.

Sofern sich die Vorstellung von betrieblicher Gesundheitsförderung nicht nur in unterschiedlichen Wellness-Programmen erschöpft, ruht betriebliche Gesundheitsförderung auf drei Säulen:

a) Gesundheitsangebote im Unternehmen
b) Gesundheitsfördernde Arbeitsgestaltung und
c) Gesundheitsfördernde Führung und gesundheitsförderndes Management

Gesundheitsfördernde Führung ist wohl die Krönung oder vielleicht auch das Fundament für betriebliche Gesundheitsförderung. Dieser Baustein ist mit den vorher genannten verzahnt: Auf der einen Seite lässt erst die Führungsentscheidung Gesundheitsangebote und gesundheitsfördernde Arbeitsgestaltung zu. Darüber hinaus hat jede im Unternehmen getroffene Entscheidung – Arbeitsräume, Arbeitsstoffe, Arbeitsorganisation, Arbeitsinhalte usw. – Einfluss auf die Gesundheitsrahmenbedingungen der Menschen. Weiter bestimmt Führung bzw. Management die betriebliche Beziehungskultur. Das Führungsverhalten hat Auswirkungen auf Motivation und Leistungsbereitschaft, Arbeitszufriedenheit und Befinden der MitarbeiterInnen. Das entscheidende Instrument neben den Entscheidungsqualitäten der Führungskräfte ist das Gespräch bzw. die Kommunikation.

Oftmals werden Maßnahmen zur Senkung des Krankenstandes gesetzt. Diese sind im Einzelnen unterschiedlich, letztlich setzt Führung auf eines der zwei bzw. auf beide idealtypischen Wege an: den korrektiven Weg in Zusammenhang mit (verstärkter) Kontrolle von Krankenstand, als deren vorrangige Instrumente aus dem „Anwesenheits-Verbesserungs-Prozess" mit krankheitsbezogenen MitarbeiterInnengesprächen stammen. Und den präventiven Weg, der sich der Erhaltung und Förderung von Gesundheit und Arbeitsfähigkeit durch verschiedene Formen der MitarbeiterInnen-Einbindung widmet.

Der Befund, dass sich Führungsverhalten auf die betrieblichen Fehlzeiten auswirkt, wird nicht überraschen. Es ist plausibel, mindestens motivationsbedingte Fehlzeiten auf ein gestörtes Betriebsklima oder eine beeinträchtigte Beziehung zwischen unmittelbarem Vorgesetzten und MitarbeiterIn zurückzuführen. Einige dieser Aspekte haben damit zu tun, dass je größer der Betrieb ist, desto höher die Fehlzeiten sind. Mit zunehmender Größe des Betriebes steigt die Anonymität des einzelnen Beschäftigten, und der persönliche Kontakt zum Vorgesetzten und der Unternehmensleitung reduziert sich. In kleineren Arbeitseinheiten stellt sich leichter ein Zusammengehörigkeitsgefühl oder ein Vertrauensverhältnis zum Vorgesetzten ein. Die Identifikation mit dem Unternehmen wächst durch das Gefühl des Eingebunden-Seins in das Unternehmen, wenn ausreichend (informelle) horizontale und vertikale Kommunikation möglich ist. Das Unternehmen erscheint dann eher als durch Personen gesteuert und nicht anonym durch formale – unberechenbare – Strukturen. Kann dies der bestimmende Grund für Schwächen des Betriebsklimas und der Führungskultur sein? Wir denken, dass es weniger eine Frage der Größe des Betriebes oder der unmittelbaren Führungsspanne ist, sondern der Schlüssel in den Führungsqualitäten und der Führungsintensität liegt.

Als Minimalforderung an Führung stellt sich die Frage: „Wie können Führungskräfte – mindestens – motivationsbedingte Gesundheit stiften?", wenn sie schon für motivationsbedingte Fehlzeiten „zur Rechenschaft" gezogen werden. Die Einflussdimensionen sind:

- Das Menschenbild der Führungskräfte, das Wirklichkeit wird.
- Ein glaubhaftes Instrument für teilnehmend-kooperatives Vorgesetztenverhalten, das in der Gesundheitswissenschaft schon als eine organisationale Gesundheitsressource erkannt ist.
- Das Bewahren und Entwickeln von Ressourcen der Arbeit, die gesund(et)e MitarbeiterInnen nicht missen wollen.

Das Instrument des Anerkennenden Erfahrungsaustauschs kann dabei ein Instrument gesundheitsfördernder – und nicht nur krankheitsverhütender – Führung werden. Es soll Wirkung erzielen bei der Stabilisierung von gesund(et)en MitarbeiterInnen und nicht zuletzt auch zum Wohlbefinden der Führungskräfte beitragen.

6. Anerkennender Erfahrungsaustausch mit Gesund(et)en

Das strukturierte Vorgehen der Führungskraft im Anerkennenden Erfahrungsaustausch stellt, ohne notwendigerweise explizit Gesundheit anzusprechen, eine gesundheitsrelevante betriebliche Ressource für die GesprächspartnerInnen dar. Die Ziele dieses MitarbeiterInnengespräches sind, von gesunden MitarbeiterInnen zu lernen und sie als interne BeraterInnen der Führungskraft für Gesundheit und Arbeit zu gewinnen. Anerkennender Erfahrungsaustausch wirkt als Bestärkung und Anerkennung der Gesunden, positive „Beeinflussung" der gesamten Belegschaft und als gesundheitszuträgliche Ausgestaltung der eigenen Führungsrolle.

Das mehrgliedrige Instrumentarium Anerkennender Erfahrungsaustausch besteht aus drei Bausteinen:

a) systematischen, anerkennenden MitarbeiterInnengesprächen,
b) der strukturierten Auswertung des Erfahrungsaustauschs mit den gesund(et)en GesprächspartnerInnen auf Abteilungs- oder Unternehmensebene,
c) einer betrieblichen Kommunikationsstrategie „Von Gesund(et)en lernen".

Im ersten Schritt ist im Unternehmen eine Entscheidung zu treffen, wer zu diesen Gesprächen eingeladen wird. Die Unternehmen wählen unterschiedliche Auswahlkriterien. Eine Möglichkeit ist, die branchenbezogene Fehlzeitenstatistik des Sozialversicherungsträgers heranzuziehen. Alle MitarbeiterInnen mit weniger als den durchschnittlichen Arbeitsunfähigkeitstagen in einem Jahr könnten zu Anerkennendem Erfahrungsaustausch eingeladen werden.

Die umfassende Information der Belegschaft über Ziel und Vorgehen im Vorfeld der ersten Einladungen an gesunde und gesundete MitarbeiterInnen ist notwendig. Das Motto „Von Gesund(et)en lernen" ist ein Signal für alle Belegschaftsmitglieder. Gleichzeitig ermöglicht es, dass das Vorhaben positiv aufgenommen wird.

Das MitarbeiterInnengespräch des Anerkennenden Erfahrungsaustauschs ist ein Vier-Augen-Gespräch, das den Grundregeln der zwischenmenschlichen Kommunikation folgt. Dieser offene Dialog zwischen unmittelbarer Führungskraft und gesund(et)er MitarbeiterIn dauert zwischen 10 und 45 Minuten. Die Ziele sind, dem/der MitarbeiterIn zu verstehen zu geben,

- dass man ihn/sie als Person und sein/ihr Engagement für die Firma würdigt und
- dass man an seinen/ihren Erfahrungen und Einschätzungen von Arbeit/Unternehmen und Gesundheit interessiert ist.

Es braucht dazu keinen Fragebogen oder Gesprächsleitfaden. Im Mittelpunkt steht eine besondere Auswahl an Gesprächsthemen, die sich um die Stärken und Schwächen der Arbeit und im Unternehmen aus Sicht der GesprächspartnerInnen dreht. Diese Themen sollen systematisch im Erfahrungsaustausch besprochen werden.

Das MitarbeiterInnengespräch des Anerkennenden Erfahrungsaustauschs ist keine „Eintagsfliege". Um im folgenden Gespräch sinnvoll an dem aus dem Vorjahr anzuknüpfen, braucht es für beide GesprächspartnerInnen eine einfache Gesprächsnotiz als Erinnerungsstütze. Diese Gesprächsnotizen verbleiben bei der Führungskraft und beim/bei der GesprächspartnerIn. Gleichzeitig sind die

Gesprächsnotizen für die operative Führungskraft die Grundlage für eine authentische Gesamtauswertung der MitarbeiterInnengespräche.

Der Anerkennende Erfahrungsaustausch bliebe auf halber Strecke stehen, wenn keine Auswertung der verschiedenen, unterschiedlichen und vielfältigen Hinweise von MitarbeiterInnen an das Unternehmen folgen würde. Die personenunabhängige Zusammenstellung der Stärken und Schwächen aus Sicht der GesprächspartnerInnen ergibt eine Momentaufnahme der auf MitarbeiterInnen wirkenden Unternehmensbedingungen. So entsteht ein innerbetriebliches Wahrnehmungssystem, das nicht nur Schwachpunkte, sondern auch wirksame Stärken sichtbar macht.

Die entstandene Stärken- und Schwächeneinschätzung aus Sicht gesund(et)er MitarbeiterInnen wird zu einer wesentlichen, ergänzenden Planungs- und Entscheidungsgrundlage für die operative Führungskraft und das ganze Unternehmen.

Die sieben Schritte zum Anerkennenden Erfahrungsaustausch

Das Modell des Anerkennenden Erfahrungsaustauschs besticht durch seine Einfachheit. Dennoch ist die Einführung und die Umsetzung des Modells eine sensible Phase. Auf der einen Seite sind die operativen Führungskräfte für dieses Vorgehen zu gewinnen. Sie haben Zeit und Engagement einzubringen, um Glaubwürdigkeit und Nachhaltigkeit zu gewährleisten. Und auf der anderen Seite sind die MitarbeiterInnen über Ziel und Vorgehen aufzuklären. Die Einführung lässt sich mit sieben Schritten kurz beschreiben:

1. Der Beschluss für das gemeinsame Vorgehen zwischen Unternehmensleitung und Betriebs-/Personalrat ist das Fundament.
2. Die betriebliche Kommunikationskampagne startet vor der Umsetzung und begleitet das MitarbeiterInnengesprächsmodell An-

erkennender Erfahrungsaustausch. Wesentliches Ziel ist die umfassende Information der MitarbeiterInnen über Vorhaben und Erkenntnisse.

3. Die Ermächtigung und Befähigung der operativen Führungskräfte ermöglicht ein gemeinsam verabredetes, fundiertes und systematisches Vorgehen.

4. Die Pilotphase des Anerkennenden Erfahrungsaustauschs wird vom Management beschlossen: Nach den Führungskräfte-Workshops steht die große Mehrheit der operativen Führungskräfte in Startposition. Zweifellos bleibt auch eine Gruppe der Zweifler an dieser Gesprächsstrategie. Gerade aus dieser Konstellation heraus ist es notwendig, dass das Management das Startzeichen gibt und eine Zwischenetappe festlegt.

5. Die erste Stärken- und Schwächeneinschätzung aus Sicht der gesunden und gesundeten MitarbeiterInnen ist die Nagelprobe für die über das MitarbeiterInnengespräch hinaus reichende Wirkung des Anerkennenden Erfahrungsaustauschs. Nach der Pilotphase ist es sinnvoll, eine Bewertung der Gesprächsstrategie durchzuführen. Vielleicht ist ein erfahrungsgeleitetes Re-Design von Gesprächsthemen, Zielgruppe, Gesprächsnotiz, Auswertung und Schlussfolgerungsphase notwendig.

6. Rückmeldung an die Belegschaft und die Weiterführung des Anerkennenden Erfahrungsaustauschs als betriebliches Monitoring bzw. Wahrnehmungssystem.

7. Wirksamkeitsüberprüfung. Nicht nur Führungskräfte sind daran interessiert, dass die Handlungen, die sie setzen, Wirkung zeigen und Erfolge zeitigen. Auch die MitarbeiterInnen und insbesondere die GesprächspartnerInnen werden diese Wirksamkeitsüberprüfung auf ihre Art und Weise machen.

Stolpersteine und Hindernisse

Es kann ein Stolperstein sein, wenn die Geschäftsführungsebene dieser Gesprächsstrategie nicht die volle Aufmerksamkeit schenkt oder sich dazu nicht adäquat verhält. Dennoch können – wie Beispiele belegen – einzelne Führungskräfte in ihrem Verantwortungsbereich mit der Gesprächsstrategie des Anerkennenden Erfahrungsaustauschs mit gesunden und gesundeten MitarbeiterInnen ergänzend zu den vereinbarten und geregelten MitarbeiterInnengesprächen starten und diese Führungspraxis in Nischen- und Insellösungen praktizieren. Auf jeden Fall kann mangelnde Einbindung der Betriebsratskörperschaft zum Stolperstein bei der Einführung von Anerkennendem Erfahrungsaustausch mit gesunden und gesundeten MitarbeiterInnen werden. Im Sinne des strukturierten Vorgehens sind gemeinschaftlich Entscheidungen zu treffen, wer zu diesen MitarbeiterInnengesprächen geladen wird, wie mit den Gesprächsnotizen verfahren wird, wie die personenunabhängigen Auswertungslisten erstellt und weiter bearbeitet werden etc.

Ein möglicher Hemmschuh ist die Sorge der operativen Führungskräfte, dass mit dem Anerkennenden Erfahrungsaustausch mit Gesunden und Gesundeten ein neuerlicher Zeitdruck und Zeitnotstand auf sie zukommt. Es ist ein ernstzunehmendes Problem, dass operative Führungskräfte strukturell oder persönlich in zeitliche Bedrängnis kommen, wenn sie zusätzliche Aufgaben und Termine mitsamt Vor- und Nachbereitung übernehmen sollen. MitarbeiterInnengespräche belegen Zeit. Lösungen sind hier offensiv zu besprechen und zu erarbeiten. Operative Führungskräfte leiden oftmals an grundlegenden Zeitmanagement-Problemen. Das Zeitmanagement der operativen Führungskräfte muss gerade deswegen fixe MitarbeiterInnengesprächszeiten vorsehen, um die Beziehungs- und Fürsorgeaufgaben nicht aus dem Auge zu verlieren. Der Zeitaufwand der operativen Führungskräfte hat sich meist in der Praxis nach kurzer

Zeit wieder amortisiert: Ein erfolgreich geführter Anerkennender Erfahrungsaustausch oder ein Stabilisierungsgespräch kann dazu beitragen, dass die operative Führungskraft eine MitarbeiterIn (wieder) für einen Einsatz bei betrieblichen Engpässen gewinnt.

Am Schluss, aber nicht zuletzt: Wie können Überschneidungen des Anerkennenden Erfahrungsaustauschs mit vielen anderen, an der Basis eingesetzten Instrumenten, vermieden werden? – Es wird schnell offensichtlich, dass Anerkennender Erfahrungsaustausch, wo man sich in offenen Fragestellungen nach den Stärken- und Schwächeneinschätzungen an Arbeit und Unternehmen der/des MitarbeiterIn erkundigt, nicht zu vermischen ist mit den leistungsbezogenen Gesprächen, wie einem MitarbeiterInnenjahresgespräch oder gar einem Beurteilungsgespräch.

Praktische Erfahrungen mit Anerkennendem Erfahrungsaustausch

Im Rahmen eines Beratungsprojekts für ein größeres Unternehmen hat ein Topmanager berichtet, wie er die umfassende Gesprächsstrategie mit dem Schwerpunkt Anerkennender Erfahrungsaustausch schrittweise in seinem Zuständigkeitsbereich umgesetzt hat. Aus Gründen des Mandantenschutzes wurde der Bericht anonymisiert.

Die Fehlzeitenquote in diesem Unternehmen ist von 1999 bis 2001 um 1 % auf 9 % gesunken. Vergleichbare, potenzielle Wettbewerber haben eine Fehlzeitenquote von ca. 4 % bis 5 %. Zum Senken der Fehlzeitenquote wurde vereinbart, dass

- die Führungskräfte zum Thema Arbeitsrecht nachgeschult werden,
- die Anzahl der protokollierten Fehlzeitengespräche deutlich gesteigert werden muss und
- die Zusammenarbeit bzw. die Kommunikation zwischen der Personalabteilung und den Führungskräften verbessert werden muss.

Der Topmanager hat in einem ersten Schritt seinen operativen Führungskräften eine Zielvorgabe von fünf protokollierten Fehlzeitengesprächen pro Woche pro Führungskraft gestellt. Die operativen Führungskräfte hatten Schwierigkeiten, genügend „geeignete Kandidaten" zu finden, für die das Fehlzeitengespräch die geeignete Gesprächsform ist. Sie fühlten sich in eine Sackgasse getrieben und mehrheitlich unwohl in ihrer Rolle als Führungskraft. In den weiteren Umsetzungsschritten blieb es stets bei der Zielvorgabe von fünf protokollierten Gesprächen. Allerdings wurde nun das Belegschaftstypologie-Modell erläutert und von den operativen Führungskräften bei einer Einschätzung von MitarbeiterInnen hinsichtlich deren Krankheits- bzw. Gesundheitssituation einschließlich der Frage nach dem Bestand des psychologischen Arbeitsvertrages als sehr hilfreich benotet. Hauptzielgruppe der operativen Führungskräfte waren in der Folge Gespräche mit den Gesund(et)en – den MitarbeiterInnen, die in Unternehmen den größten Anteil an der Gesamtbelegschaft ausmachen. Von den Gesund(et)en konnten die Führungskräfte lernen, wo heute bereits Stärken im Unternehmen vorhanden sind, aber auch, wo Schwächen gesehen werden. Gleichzeitig wurden Fehlzeitengespräche weitergeführt.

Aufgrund der Zielvorgabe von fünf protokollierten Gesprächen pro Woche, wobei das Gesprächsziel Anerkennender Erfahrungsaustausch den Schwerpunkt der Gespräche bildete, konnte innerhalb von wenigen Wochen eine erste Auswertung der Gespräche mit den Gesund(et)en dargestellt werden. Dabei konnten aus Sicht des Managers bereits nach wenigen Wochen wichtige Erkenntnisse bzw. Ergebnisse dargestellt werden. So wurde erforscht, dass

- die operativen Führungskräfte qualitativ einen spürbaren Sprung in ihrer eigenen Entwicklung sowie in der Gesprächsführung gemacht haben,
- Gesundheit von MitarbeiterInnen offensichtlich ganz stark mit Arbeitsbedingungen bzw. Arbeitsumfeld verknüpft ist,

- Führungskräfte ständig versucht sind, ausschließlich Probleme im Fokus ihrer Arbeit zu haben und diese zu beseitigen bemüht sind,
- Führungskräfte sich weiterhin zu einer Ressourcenorientierung und damit einhergehend Stärken stärken regelrecht „zwingen" müssen,
- die „Stimmung" im Werk unverändert gut scheint,
- das erste Mal eine aktuelle Tages-Krankenquote von 4,19 % ausgewiesen wurde.

Bei allen oben geschilderten angenehmen Erfolgen gab es – wie immer in der betrieblichen Praxis – Schwierigkeiten, oder Hindernisse. Die Führungskräfte hatten Schwierigkeiten ihre „alte" Haltung zu Gesundheit und gesunden Mitarbeitern zu verändern. Gleichzeitig mussten sie eine Vielzahl an Gesundheitsgesprächen führen, ohne speziell, beispielsweise medizinisch, dafür ausgebildet zu sein. Auch wurden leichte Irritationen bei MitarbeiterInnen festgestellt, die zum Teil das Gefühl hatten, dass die Führungskräfte „etwas Neues" an ihnen ausprobieren. Hindernisse gab es schließlich auch im Rahmen der regelmäßigen Schnittstellengespräche mit der Personalabteilung. Die Personalabteilung hat stur ihr gewohntes, problemorientiertes Fehlzeitenmanagement betrieben, die operativen Führungskräfte haben dieses um ein ressourcenorientiertes Gesprächsmodell ergänzt, was zumindest bei der Personalabteilung erst einmal erhebliche Irritationen ausgelöst hat.

Als großes Problem in diesem Unternehmen stellten sich die starren Regelungen im Unternehmen dar. Eine Art „Stillhalteabkommen" zwischen Manager und Betriebsrat auf Abteilungsebene wurde vereinbart, damit der Manager – bis ein Commitment mit der Unternehmensleitung bezüglich des neuen Führungskonzeptes erwirkt wurde – das neue Führungsmodell „im Verborgenen" weiter anwenden darf. Diese gelungene „Insellösung" für die Umsetzung des Gesprächsmodells Anerkennender Erfahrungsaustausch wirkt in diesem Unternehmensbereich weiter, und zwar in beide Richtungen, die der Führungskräfte und die der MitarbeiterInnen. Darüber hinaus wächst die Chance für eine unternehmensweite Einführung, basierend auf den erfolgreichen Erfahrungen dieser „Insel".

7. Kurze Führungskarrieren und nachhaltige Gesundheitsförderung

Die Unternehmen sind unter Druck. Nicht zuletzt auch aufgrund der verkürzten „Halbwertszeit" des modernen Managers. Wir sind also immer wieder darauf verwiesen, uns der „Realität des Wandels" zuzuwenden. Anerkennender Erfahrungsaustausch ist gerade in Zeiten des (ständigen) Wandels und der sich oft selbst überholenden Organisationsreformen eine Chance der offensiven Bewältigung der schmerzhaften und immer auch chancenreichen Veränderungen. In diesem Sinne keine „rosarote Brille", die den Blick der Führungskraft ausschließlich auf das Gute, Positive und Schöne (ab)lenkt. Anerkennender Erfahrungsaustausch ist eine sinnvolle und sinnstiftende Alternative zu den krankmachenden Monologen der Angstinszenierung – ohne Zukunftsängste zu verleugnen – und des Krankredens – ohne Krankheitsursachen zu übersehen. Anerkennender Erfahrungsaustausch ist die Option für einen dauerhaften und gesundheitsfördernden Dialog zwischen Führung und MitarbeiterInnen und damit ein Katalysator für gesundheitsfördernde Führung im Unternehmen.

8. Nachhaltige Gesundheitsförderung im Gesamtsystem „Unternehmen"

Aus den Ausführungen lässt sich ableiten, dass der Anerkennende Erfahrungsaustausch wesentliche gesundheitswirksame Ressourcen

und Stärken zutage fördert und damit Grundlagen für alle betrieblichen Akteure schafft: gür MitarbeiterInnen, für operative Führungskräfte, für das Management, aber auch für die Akteure des Arbeits-
und Gesundheitsschutzes. Neben den – meist bekannten harten
Fakten – bekommen sie Hinweise auf weiche, gesundheitsfördernde
Faktoren wie Vorgesetztenverhalten, Unternehmenskultur, Arbeitsbedingungen die Freude auslösen, gelungene Projekte und Koopera-
tionen usw. Diese sollten weiter gefördert und nach Möglichkeit aus-
gebaut werden. Die Schwächenliste ist dann sozusagen der Verände-
rungsauftrag aus der Sicht von – oft noch ungesehen – Mehrheiten.
Die umfassende Bearbeitung dieser Schwächenliste könnte selbst
ein gelungenes Kooperationsprojekt von MitarbeiterInnen, Führung
und PräventionsexpertInnen sein. Das zu erwartende Ergebnis wäre
höhere Wettbewerbsfähigkeit durch Beseitigung von Produktivitäts-
Hemmnissen, die niemand besser kennt als die ExpertInnen vor Ort:
die (meist) anwesenden MitarbeiterInnen.

9. Fazit

Führungskräfte können Gesundheit, Wohlbefinden und Arbeitsfähigkeit ihrer Beschäftigten nachhaltig fördern: durch den Aufbau
und die Pflege wertschätzender, anerkennender Beziehungen. Soweit die wissenschaftlich geprüfte Theorie. – „Aber was bedeutet
das praktisch, im Betriebsalltag? Wie machen das Führungskräfte?"
Die Antwort auf diese Fragen war die Konzeptionierung der Gesunden Dialoge. „Wer fragt, der führt" ist der Grundsatz, nach dem
Führungskräfte systematisch und strukturiert anerkennende Dialoge
mit ihren Beschäftigten führen. Im Anerkennenden Erfahrungsaustausch, dem Dialog mit Mehrheiten, haben die Gesund(et)en die
Rolle der internen Beraterinnen und Berater der Führungskräfte
zu den Themen Arbeit, Arbeitsfähigkeit, Gesundheit und Wohl-

befinden. – „Und woran genau merken es die Beschäftigten?" Die durchgängige Erfahrung ist, es verändert sich etwas: Angefangen von neuen Sichtweisen auf Gesund(et)e bis hin zu spürbaren Maßnahmen für Belegschaftsgruppen und auch Einzelne. Hinweise der Gesund(et)en auf Stärken und Schwächen werden ernst genommen. Soweit kurzfristige Ergebnisse. Nachhaltigkeit sichert die Integration der Gesunden Dialoge in Management-, Werte- oder umfassende Kommunikationssysteme, kurz: der Übergang vom endlichen Projekt zum dauerhaften Prozess.

Literatur

Antonovsky, A. (1997). Salutogenese. Zur Entmystifizierung der Gesundheit. Dt. erweiterte Herausgabe von A. Franke. Tübingen: dgvt.

Conway, N., & Briner, R. B. (2002). A daily diary study of affective responses to psychological contract breach and exceeded promises. In: Journal of Organizational Behaviour (23) 287-302.

Ducki, A. (2000). Diagnose gesundheitsförderlicher Arbeit: eine Gesamtstrategie zur betrieblichen Gesundheitsanalyse. Zürich: vdf.

Geißler, H. (2003). Der Arbeitsbewältigungs-Index – ein Instrument der Kooperation der präventiven Akteure. In: 12. Workshop Psychologie der Arbeitssicherheit und Gesundheit. 26.-28.Mai 2003, Dresden: Abstract CD-ROM.

Geißler, H., Bökenheide, T., Geißler-Gruber, B., Schlünkes, H., & Rinninsland, G. (2007). Der Anerkennende Erfahrungsaustausch. Das neue Instrument für die Führung. Frankfurt/Main: Campus.

Geißler, H., Bökenheide, T., Schlünkes, H., & Geißler-Gruber B. (2004). Faktor Anerkennung. Betriebliche Erfahrungen mit wertschätzenden Dialogen. Das Praxisbuch. Frankfurt/Main: Campus.

Geißler-Gruber, B., & Geißler, H. (2000). Von den Gesund(et)en lernen. Verkehrsunternehmen nutzen praktische Erfahrungen von Busfahrern. In: Der Nahverkehr (10) 56-60.

Holtgrewe, U., Voswinkel, S., & Wagner, G. (Hg.). (2000). Anerkennung und Arbeit. Konstanz: UVK.

Honneth, A. (1992). Kampf um Anerkennung. Zur moralischen Grammatik sozialer Konflikte. Frankfurt/Main: Suhrkamp.

Ilmarinen, J. (1995). Arbeitsfähigkeit und Alter. 10 Jahre Längsschnittstudie in verschiedenen Berufsgruppen. In: Karazman, R., Geissler, H., Winkler, N., & Kloimüller, I. (Hg.). Betriebliche Gesundheitsförderung für älterwerdende Arbeitnehmer. Gamburg: Winker. 15-33.

Ilmarinen, J., & Tempel, J. (2002). Arbeitsfähigkeit 2010. In: Giesert, M. Was können wir tun, damit Sie gesund bleiben? Hamburg: VSA.

Leitner, K. (1999). Kriterien und Befunde zu gesundheitsgerechter Arbeit - Was schädigt, was fördert die Gesundheit? In: Oesterreich, R., & Volpert, W. (Hg.). Psychologie gesundheitsgerechter Arbeitsbedingungen. Konzepte, Ergebnisse und Werkzeuge zur Arbeitsgestaltung. Bern u.a.: Huber. 63–139.

Negt, O. (2002). Arbeit und menschliche Würde. 2. Auflage. Göttingen: Steidl.

Peter, R., Geißler, H., & Siegrist, J. (1998). Associations of effort-reward imbalance at work and reported symptoms in different groups of male and female public transport workers. In: stress medicine (14) 175-182.

Richter, P. (1992). Kompetenz im höheren Lebensalter - Arbeitsinhalt und Alterspläne. In: Psychosozial (4) 33-41.

Rimann, M., & Udris, I. (1993). Belastungen und Gesundheitsressourcen im Berufs- und Privatbereich. Eine quantitative Studie (Forschungprojekt „Salute": Personale und organisationale Ressourcen der Salutogenese, Bericht Nr. 3). Zürich: Institut für Arbeitspsychologie der ETH Zürich.

Rimann, M., & Udris, I. (1998). „Kohärenzerleben" (Sense of Coherence). Zentraler Bestandteil von Gesundheit oder Gesundheitsressource? In: Schüffel, W., Brucks, U., & Johnen, R. (Hg.). Handbuch der Salutogenese: Konzept und Praxis. Wiesbaden: Ullstein Medical. 351-364.

Rodler, C., & Kirchler, E. (2002). Führung in Organisationen. Arbeits- und Organisationspsychologie 2. Wien: WUV Universitätsverlag.

Rousseau, D. M. (1995). Psychological Contracts in Organizations. Understanding Written and Unwritten Agreements. London: New Delhi.

Rousseau, D. M. (2000). Psychological Contract Inventory. Technical Report. Pittsburgh (download: http://www.andrew.cmu.edu/user/rousseau/0_reports/reports.html).

Sennett, R. (2000). Arbeit und soziale Inklusion. In: Kocka, J., & Offe, C. (Hg.). Geschichte und Zukunft der Arbeit. Frankfurt: Campus. 431-446.

Siegrist, J. (1996). Soziale Krisen und Gesundheit. Eine Theorie der Gesundheitsförderung am Beispiel von Herz-Kreislauf-Risiken im Erwerbsleben. Bern u.a.: Huber.

Ulich, E. (1994). Arbeitspsychologie. 3. überarbeitete und erweiterte Auflage. Stuttgart: Schäffer-Poeschel.

Volkholz, V. (2000). Die „demographische Falle" - Ihre Ursachen und Wirkungen auf Wirtschaft und Betrieb. Zitiert nach: Ilmarinen, J., & Tempel, J. (2002). Arbeitsfähigkeit 2010. In: Giesert, M. Was können wir tun, damit Sie gesund bleiben? Hamburg: VSA. 140.

Voswinkel, S. (2001). Anerkennung und Reputation. Die Dramaturgie industrieller Beziehungen. Mit einer Fallstudie zum „Bündnis für Arbeit". Konstanz: UVK.

Dieter Ahrens

Ökonomischer Nutzen der betrieblichen Gesundheitsförderung

Einleitung

Maßnahmen der betrieblichen Gesundheitsförderung finden seit Jahren eine zunehmende, im internationalen Vergleich jedoch höchst unterschiedliche Verbreitung. Während nach Angaben US-amerikanischer Experten bereits ca. 90 Prozent der amerikanischen Mittel- und Großunternehmen verschiedenste Gesundheitsförderungsinterventionen anbieten (Aldana et al. 2005), steht die betriebliche Gesundheitsförderung insbesondere im deutschsprachigen Europa erst am Anfang (Gröben & Wenniger 2006). Die Gründe für diese unterschiedliche Entwicklung sind bislang kaum untersucht. Es wird jedoch vermutet, dass US-amerikanische Krankenversicherungen und Arbeitgeber ein gemeinsames Interesse an betrieblicher Gesundheitsförderung haben, weil die Krankenversicherungsprämien primär von den Arbeitgebern übernommen werden (Amelung & Schumacher 2007). Zudem wird betont, dass Unternehmen vor allem dann in Gesundheitsförderungsmaßnahmen investieren, wenn der finanzielle Nutzen dieser Maßnahmen belegt sei. Allerdings konnte gezeigt werden, dass Entscheidungen für oder gegen Gesundheitsförderungsinterventionen durchaus unterschiedlichen Rationalitäten folgen und keineswegs allein finanziell motiviert sind (Dooner 1996).

Ziel dieses Beitrags ist, einen Einblick in die Problematik der Bewertung und des Nachweises des ökonomischen Nutzens der betrieblichen Gesundheitsförderung zu geben. Zunächst werden die normativen Einflüsse dieser gesundheitspolitischen Diskussion aufgezeigt, im Anschluss erfolgt dann eine kurze Darstellung der präventiven Potenziale, schließlich wird der gesundheitsökonomische Forschungsstand zum Nutzennachweis dargestellt.

1. Normative Einflüsse

„Prävention ist die einzige medizinische Sparte, von welcher die Kurativmediziner, die Krankenversicherer, die Politiker und Behörden einen Wirksamkeitsnachweis fordern" (Kocher 2006, S. 229). Diese Aussage von Gerhard Kocher, einem Schweizer Gesundheitsökonomen, vermag überspitzt sein, dennoch beschreibt sie die gesundheitspolitische Schieflage der Diskussion. Die Frage nach dem ökonomischen Nutzen wird nahezu ausschließlich im Bereich Prävention und Gesundheitsförderung gestellt. Kurative, rehabilitative und pflegerische Interventionen werden dagegen häufig ohne Nachweis der Effektivität und Effizienz erbracht und finanziert. Die Frage der Evidenzbasierung gesundheitsbezogener Interventionen ist seit einigen Jahren Gegenstand gesundheitswissenschaftlicher Publikationen. Nach einer Untersuchung von Field & Lohr (1992) zum Umfang und zur Verbreitung der Evidenzbasierung kurativmedizinischer Interventionen basieren derzeit zwischen 5 und 20 Prozent der tagtäglichen Routineanwendungen auf fundierten wissenschaftlichen Studien, für etwa 40 bis 50 Prozent der gesundheitsbezogenen Interventionen liegt keinerlei Wissensbasis vor. Neises & Windeler (2001) bestätigen diese Befunde im Wesentlichen, weisen jedoch auf große Unterschiede zwischen den medizinischen Disziplinen hin.

Hervorzuheben ist, dass es hier lediglich um den Wirksamkeitsnachweis geht, die Frage nach der Wirtschaftlichkeit oder gar dem Nachweis des ökonomischen (Netto-)Nutzens (also Einsparungen) steht hier nicht zur Diskussion. Im Vergleich der vier Säulen der gesundheitsbezogenen Interventionen (Prävention, Kuration, Rehabilitation und Pflege) werden somit an Prävention und Gesundheitsförderung viel höhere Anforderungen gestellt als an die jeweils anderen. Niemand käme auf die Idee, die Finanzierung der Schlaganfallversorgung mit dem Nachweis einer Nettoeinsparung für das Gesamtsystem zu verknüpfen. Dies bedeutet nicht, Fragen nach der

Wirtschaftlichkeit nicht stellen zu dürfen, sollten doch grundsätzlich knappe finanzielle Ressourcen im Gesundheitswesen möglichst dort zur Verfügung stehen, wo sie einen möglichst hohen Nutzen stiften. Im Sinne der gleichen Behandlung der Sektoren sollten an gesundheitsbezogene Interventionen, gleich ob präventiver, kurativer, rehabilitativer oder pflegerischer Art, lediglich Wirksamkeitsanforderungen gestellt werden, zumindest solange, bis an alle Interventionen die gleichen gesundheitsökonomischen Anforderungen gestellt werden.

2. Präventive Potenziale

Ausgehend von den Zielsetzungen von Prävention und Gesundheitsförderung lassen sich verschiedene präventive Potenziale des stärkeren Ausbaus dieses Sektors aufzeigen. Neben dem Ziel, die zukünftige Krankheitslast der Bevölkerung zu reduzieren, steht vor allem die Förderung und Verbesserung der Gesundheit im Mittelpunkt (Ahrens 2004).

Ein möglicher ökonomischer Nutzen wäre also durch die Reduzierung der Krankheitslast, also der zu erwartenden Krankheitskosten, nachweisbar (Phillips 2002). Hinzu kommen noch spezifische Effekte, die primär für Unternehmen relevant sein könnten, so etwa die reduzierten Arbeitsunfähigkeitstage und die erhöhte Arbeitsproduktivität. Dieser Aspekt wird in Kapitel 4 noch einmal aufgegriffen.

Seit einigen Jahrzehnten ist in den westlichen Industrienationen eine Verschiebung der Morbidität in die späteren Lebensjahre zu beobachten. James Fries und Kollegen (1980, 1989, 2005) haben die These der „compression of morbidity" in die gesundheitswissenschaftliche Diskussion eingeführt (Abbildung 1). Sie konnten zeigen, dass vor allem chronisch-degenerative Erkrankungen im Vergleich unterschiedlicher Geburtskohorten in den jüngeren Geburtsko-

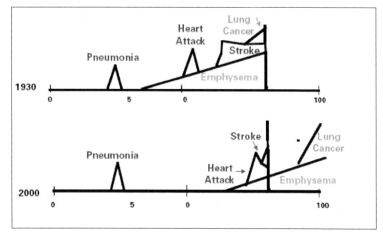

Fries 1981, zit. n. Groth 2005, S. 160
Abbildung 1: Die Kompressionsthese nach James Fries

horten bei steigender Lebenserwartung erst später auftraten. Die Morbidität komprimiert sich ihrer Auffassung nach also vor dem Lebensende. Dies sei vor allem auf die Veränderung der Risikofaktoren zurückzuführen, so ihre Begründung (ebd.).

Dem gegenüber steht die These der Expansion der Morbidität, die besagt, dass eine steigende Lebenserwartung mit einer Zunahme der Bevölkerungsmorbidität einhergehe. Dies wurde bislang jedoch empirisch nicht belegt. Abbildung 2 zeigt die beiden Thesen im Vergleich.

Aus der Veränderung der Morbidität ist jedoch ein präventives Potenzial abzuleiten, einerseits, indem man der Vermutung von James Fries folgt, dass die Kompression (oder richtiger: Verschiebung) auf eine Reduktion von Risikofaktoren zurückzuführen ist, andererseits, indem man die Verbesserung der Lebens- und Arbeitsbedingungen in den letzten Jahrzehnten quasi als „unsystematische Gesundheitsförderung" interpretiert. Das Ziel moderner Gesund-

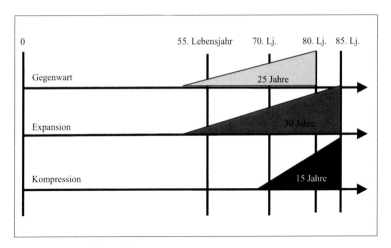

in Anlehnung an Fries 1989
Abbildung 2: Kompression oder Expansion der Morbidität

heitsförderungsmaßnahmen liegt ja nicht zuletzt darin, die Lebens- und Arbeitsbedingungen der Bevölkerung zu verbessern. Insofern wären eine weitere Verschiebung der Morbidität und eventuell auch eine Kompression möglich (Phillips 2002).

Mittlerweile zeigen zahlreiche weitere Studien, die auf Längsschnittanalysen von Versicherungsdaten bzw. auf Bevölkerungssurveys basieren, dass die Kompression der Morbidität als wahrscheinlich einzuschätzen ist (Walter 2001). Untersuchungen aus den USA (National Long Term Care Survey) zeigen, dass viele Krankheiten, die früher im Alter von 65 Jahren „normal" waren, heute erst im Alter von 75 Jahren auftreten. Der tatsächliche Verlauf chronischer Erkrankungen ist bei Über-64-Jährigen um 15 Prozent niedriger, als es in den Jahren 1982–84 auf der Basis der in diesem Zeitraum vorhandenen Daten vorausberechnet wurde. Auch weit verbreitete Erkrankungen, wie kardiovaskuläre Krankheiten und Demenz, sind in diesem Zeitraum zurückgegangen. Der Rückgang chronischer Beeinträchtigungen zeigt sich in allen Altersgruppen, vor allem bei den Älteren. Er war begleitet von einer Reduktion wichtiger Risikofaktoren, wie Rauchen oder Bluthochdruck (Schwartz & Walter 2003). Einen Rückgang chronischer Krankheit und eine Verbesserung der Gesundheit bei 55–70-jährigen (weißen) Amerikanern zeigt auch der Vergleich zweier Kohorten der Framingham Heart Study (Median der Geburtsjahre: 1914 und 1931). Die zweite Generation (Geb.: 1931) weist deutlich weniger chronische Krankheiten und einen geringeren Schweregrad in der Krankheitslast auf als die erste Kohorte (Geb.: 1914). Dies geht einher mit einem verbesserten Gesundheitsverhalten, d.h. vermehrter körperlicher Aktivität sowie geringerem Konsum legaler Drogen (Schwartz & Walter 2003).

Die Veränderung des Gesundheitszustands in Deutschland war Gegenstand der Untersuchung von Dinkel (1999), bezogen auf Mikrozensus-Daten der Jahre 1978, 1980, 1982, 1986, 1989, 1992 und 1995. Der Mikrozensus besteht aus einer 1-Prozent-Stichprobe, also etwa 800.000 Personen, die zur Teilnahme verpflichtet sind. In der Studie wurden die Geburtsjahrgänge 1907, 1913 und 1919, Kohorten à 100.000 Personen, verglichen. Die Abgrenzung von Gesundheit und Krankheit erfolgte durch folgende Fragen (ebd.):

- Waren Sie in den letzten vier Wochen krank oder unfallverletzt?
- Sind Sie im Moment krank oder unfallverletzt?
- Waren Sie in den letzten vier Wochen in ärztlicher Behandlung?
- Sind Sie im Moment in ärztlicher Behandlung?

Zwischen den Angaben zur Krankheit und ärztlichen Behandlung bestand eine Übereinstimmung von 90 Prozent (Dinkel 1999). Zwischen den Kohorten 1907 und 1913 zeigten sich leichte Zunahmen der zusätzlichen Lebensjahre und gesund verbrachten Lebensjahre, z.B. in der Altersgruppe 71- bis 76-jährige Männer: 24.419 zusätzliche Jahre und 3.733 weniger kranke Jahre. Im Vergleich der Kohorten 1907 und

1919 zeigten sich allerdings deutliche Verschiebungen zugunsten der Kohorte 1919, sowohl bei den zusätzlichen Lebensjahren als auch bei den „gesunden" Jahren, Altersgruppe 71–76 jährige Männer: 46.639 Jahre, 13.214 weniger kranke Jahre. Auch konnte diese Entwicklung im Vergleich der Kohorten 1913 und 1919 gezeigt werden, Altersgruppe 71 bis 76-jährige Männer: 22.220; -9.871 (ebd.). Für Österreich publizierten Doblhammer und Kytir (1999) vergleichbare Ergebnisse, ebenfalls auf der Basis von vier Mikrozensus-Erhebungen.

Kühn (2001) verweist in seinem Gutachten zur künftigen Finanzierung der deutschen Krankenversicherung auf einige weitere Kohortenstudien und Gesundheitssurveys (z.B. Netherlands Health Interview Survey, Living Conditions Survey, Longitudinal Study of Aging), die jeweils vergleichbare Ergebnisse wie der oben dargestellte National Long Term Care Survey zeigen. Keine der Langzeitstudien und Bevölkerungssurveys deute auf eine Zunahme chronischer Erkrankungen hin, eher sei eine Stagnation und eine Verschiebung der Erkrankungszeitpunkte zu beobachten.

Josef Kytir (2007) wendet zu Recht ein, dass eine Kompression der Morbidität schon allein deshalb schwierig sei, weil die Lebenserwartung noch immer zunehme. Seiner Beobachtung nach verschieben sich die Morbidität und die Lebenserwartung in etwa gleichem Umfang.

Um präventive Potenziale letztlich auch ökonomisch nachweisen zu können, liegt es nahe, sich zunächst „normale" Entstehungsverläufe von Krankheiten zu verdeutlichen. In gewisser Weise liegen sie auf einem zeitlichen Kontinuum. Prävention und Gesundheitsförderung können an ganz verschiedenen Punkten und mit ganz unterschiedlichen Instrumenten versuchen, diesen „normalen" Verlauf zu verhindern, zu unterbrechen oder zu lindern. Abbildung 3 zeigt ein exemplarisches Gesundheits-Krankheitskontinuum und entsprechende Ansätze für Gesundheitsförderung, Primär- und Sekundärprävention.

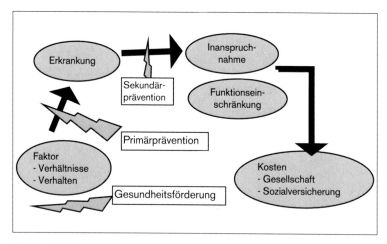

Bödeker 2004
Abbildung 3: Ansätze von Prävention und Gesundheitsförderung

Es zeigt sich, dass Gesundheitsförderung, Primär- und Sekundärprävention aufgrund ihrer unterschiedlichen Ansatzpunkte schon
konzeptionell zu differenzieren sind, dass sie jedoch aus dieser Perspektive letztlich das gleiche Ziel verfolgen, nämlich Morbidität und
damit auch Krankheitskosten zu reduzieren. Allerdings ist zu betonen, dass Gesundheitsförderung zudem auch das Ziel verfolgt, Gesundheit zu fördern (Ahrens 2007, Schnabel 2007), was, wie später
noch zu zeigen sein wird, für die Evaluation gesundheitsfördernder
Interventionen von elementarer Bedeutung ist.

Dass aus der Veränderung der Risikofaktoren ein präventives Einsparpotenzial zu errechnen ist, konnten Schwartz et al. (1999) zeigen.
Ausgehend von den vom Statistischen Bundesamt in Deutschland
ermittelten Krankheitskosten für 1994 übertrugen sie die Senkung
des Erkrankungsrisikos linear auf eine Reduktion der Krankheitskosten. Daraus lässt sich das in Tabelle 1 dargestellte Einsparpotenzial
errechnen.

Tabelle 1: Einsparpotenzial durch primäre Prävention bei Hypertonie

Krankheit	Ausgaben in Mio. DM 1994	Realistische Risikoreduktion	Einsparpotenzial Mio. DM
Schlaganfall	6.780	38 % Medikamentöse Prävention (z.B. Blutdrucksenkung)	2.576
		27 % Essverhalten	1.831
Herzinfarkt	4.190	22 % Stressreduktion	922
Ischämische Herzkrankheit	14.936	20 % Medikamentöse Prävention	2.987
		15 % Essverhalten	2.240

Quelle: Schwartz et al. 1999, S. 104 ff.

Die Schätzung eines derartigen Einsparpotenzials ist allerdings in gewisser Weise irreführend, da man unterstellt, dass die Krankheitskosten im direkten Zusammenhang mit der Neuerkrankungsrate stehen. Dies ist jedoch nicht der Fall, da die Gesundheitsausgaben weitgehend angebotsdeterminiert und keineswegs durch Nachfrageveränderungen reduzierbar sind. Zudem wird in diesen Schätzungen nicht der Aufwand für die primärpräventiven Interventionen berücksichtigt.

Die präventiven Potenziale, ausgedrückt in reduzierter Morbidität bzw. reduzierten Krankenbehandlungskosten, sind durchaus plausibel und auch teilweise empirisch belegt. Ob und inwieweit gesundheitsbezogene Interventionen letztlich auch einen finanziellen Nutzen stiften, ist Gegenstand gesundheitsökonomischer Untersuchungen.

3. Problematik der ökonomischen Evaluation der Gesundheitsförderung

Die gesundheitsökonomische Evaluation stellt die Kosten einer gesundheitsbezogenen Intervention den Konsequenzen, bestehend aus erwünschten und unerwünschten Wirkungen, gegenüber. Zu den Kosten zählen vor allem Investitions- und laufende Betriebskosten, die bei Präventions- und Gesundheitsförderungsmaßnahmen meist aus Personalkosten bestehen. Die Wirkungen sind sehr vielfältig und bestehen einerseits aus gewonnenen Lebensjahren, reduzierten Krankheitskosten, reduzierten Arbeitsunfähigkeitstagen und andererseits aus gewonnener gesundheitsbezogener Lebensqualität (Godfrey 2004, Ahrens 2005).

Die gesundheitsökonomische Evaluation der (betrieblichen) Gesundheitsförderung ist mit zwei zentralen Evaluationsproblemen konfrontiert: Erstens liegen zwischen der gesundheitsbezogenen Intervention und den möglicherweise eintretenden Effekten häufig mehrere Jahre bis Jahrzehnte, was primär durch den natürlichen Verlauf der meisten Krankheiten begründet ist, haben doch z.B. Herz-Keislauf-Erkrankungen oder Neubildungen häufig eine jahrzehntelange Entstehungsgeschichte (siehe Abbildung 4). Zweitens sind nach heutiger Kenntnis gesundheitsfördernde Interventionen im Setting Betrieb in der Regel höchst komplexe und häufig soziale Interventionen (z.B. Personal- und Organisationsentwicklung), die sich einem klassisch epidemiologisch ausgerichteten Evaluationsdesign in der Regel entziehen, da eine notwendige Standardisierung zur Reproduzierbarkeit der Ergebnisse häufig nicht möglich ist (Rosenbrock 2006).

Ob nun Gesundheitsförderungsinterventionen lohnende Investitionen sein können, ist von verschiedenen Faktoren abhängig und somit höchst ungewiss. Das zentrale Problem der Nutzenabschätzung besteht darin, dass sich die Effekte heutiger Interventionen erst in Jahren oder gar Jahrzehnten zeigen bzw. nachweisen lassen. Dies erfordert eine langfristige Evaluierung, z.B. in Form von Kohortenstudien, was aus finanziellen und methodischen Gründen nur sehr schwer zu realisieren sein dürfte. Darüber hinaus sind während dieses Beobachtungszeitraums verschiedenste Ereignisse denkbar, die den möglichen (meist plausiblen) ökonomischen Nutzen be-

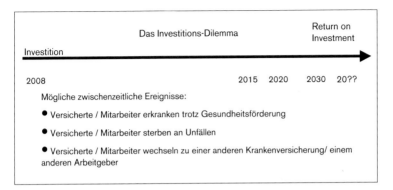

Quelle: eigene Erstellung
Abbildung 4: Gesundheitsförderung – eine lohnende Investition?

einträchtigen können. Z.B. könnten die Probanden trotz Gesundheitsförderung erkranken, da Gesundheitsförderung lediglich Erkrankungswahrscheinlichkeiten bezogen auf Gruppen senken kann. Wählt man die Perspektive der Krankenversicherung, so könnte ein möglicher Nutzen der Gesundheitsförderung, bestehend aus reduzierten Krankheitskosten, allein dadurch nicht eintreten, dass die Versicherten eine andere Krankenversicherung wählen (in Gesundheitssystemen mit Kassenwahlfreiheit wie Niederlande, Deutschland oder Schweiz), oder sie könnten einen anderen Wohnsitz wählen, der außerhalb der Zuständigkeit der Krankenversicherung liegt, die ursprünglich die Gesundheitsförderungsmaßnahme finanziert hat.

Betriebliche Gesundheitsförderung im heutigen modernen Verständnis besteht aus gleichzeitigen Interventionen in den Bereichen „Arbeitsbelastungen senken" und „Ressourcen stärken" (Rosenbrock 2006). Die Senkung der Arbeitsbelastungen könnte beispielsweise darin bestehen, dass Arbeitsabläufe verändert, Arbeitszeitmodelle erprobt oder das Führungsverhalten der Vorgesetzten auf die Bedürfnisse der MitarbeiterInnen angepasst wird. Auch gehören Veränderungen der Arbeitsplatzumgebung, z.B. durch Senkung von Lärmbelastungen oder Luftverunreinigungen, dazu. Zur Ressourcenstärkung werden heute z.b. das Stressmanagement oder die Steigerung der körperlichen Aktivität gezählt. Es wird deutlich, dass Gesundheitsförderungsinterventionen somit höchst organisationsindividuell und durch die parallelen Maßnahmen sehr komplex werden. Darüber hinaus ist zu beachten, dass die Gesundheit der Beschäftigten auch durch Umstände außerhalb des Unternehmens (Freizeit, Familie, Verkehr etc.) positiv und/oder negativ beeinflusst wird (Rosenbrock 2006).

Die Bewertung der Wirksamkeit und Wirtschaftlichkeit gesundheitsbezogener Interventionen wird maßgeblich durch den Bewertungsgegenstand determiniert. Die Evidenzbasierung folgte bislang einem klinisch-epidemiologischen Forschungsansatz, in dem eventuelle, das Ergebnis beeinflussende Störfaktoren möglichst eliminiert bzw. kontrolliert werden sollen – dies geschieht in der Regel durch randomisierte kontrollierte Studien. Die Interventionen erfolgen dabei höchst standardisiert an ausgewählten und vergleichbaren Probanden. Dies ist bei medikamentösen oder chirurgischen Interventionen gut nachvollziehbar und gehört zum Standard der heutigen Evaluationspraxis. Es wird jedoch deutlich, dass weniger standardisierbare gesundheitsbezogene Interventionen, wie etwa Gesundheitsförderungsmaßnahmen, sich diesem Evaluationsansatz tendenziell entziehen müssen (Ahrens et al. 2008). Betriebliche Gesundheitsförderung ist als Intervention in ein komplexes, dynamisch sich entwickelndes Sozialsystem zu begreifen, die auf die Veränderung der dort herrschenden Strukturen, Organisationsroutinen, Handlungsmuster und Sichtweisen abzielt (Lenhardt 2003). Ein klassisch-epidemiologisches Forschungsdesign entspricht somit nicht der Komplexität des Bewertungsgegenstands und verunmöglicht letztlich eine sinnvolle Wirksamkeits- und Wirtschaftlichkeitsbeurteilung. Die Evaluationsmethoden müssen sich also der Komplexität der Gesundheitsförderungsmaßnahmen anpassen und bestehen heute aus einem Nebeneinander von Struktur-, Prozess- und Ergebnisevaluation, die meist parallel zur Intervention selbst durchgeführt werden (Ahrens et al. 2008).

4. Darstellung des Forschungsstands zum ökonomischen Nutzen der betrieblichen Gesundheitsförderung

Die medizinischen und ökonomischen Auswirkungen betrieblicher Gesundheitsförderungsprogramme sind bereits seit einigen Jahren Gegenstand der gesundheitswissenschaftlichen Forschung, dies allerdings vorwiegend in den USA. Kenneth Pelletier publizierte bereits 1996 das erste von drei Reviews, in denen er insgesamt 77 Studien zur Wirksamkeit und Wirtschaftlichkeit betrieblicher Gesundheitsförderungsinterventionen zusammenfasste. Weitere drei Reviews folgten von Heany & Goetzel (1997) (47 Studien basierend auf 35 Programmen), O'Donnel (1997) (36 Studien) und Aldana (1998) (50 Studien). Neuere Übersichtsarbeiten stammen von Aldana (2001), Golaszewski (2001), Pelletier (2001), Chapman (2005) sowie Aldana (2005). Die internatioalen Reviews wurden in Übersichtsarbeiten von Ahrens & Schott (2004), Kreis & Bödeker (2003), Helmenstein & Hofmarcher (2004) und Brügger et al. (2004) in Deutschland, Österreich und der Schweiz zusammenfassend dargestellt und teilweise kommentiert. Die Autoren kamen übereinstimmend zu dem Ergebnis, dass die Evidenz bezüglich der Wirksamkeit und Wirtschaftlichkeit von Gesundheitsförderungsmaßnahmen akzeptabel sei. Sie wiesen zudem darauf hin, dass multifaktorielle Interventionen wirksamer und wirtschaftlicher seien als monofaktorielle Maßnahmen, wie etwa Raucher-Entwöhnungsprogramme.

Zunächst sei darauf hingewiesen, dass der in der einschlägigen Literatur verwendete Begriff „worksite health promotion" nicht gleichzusetzen ist mit „betrieblicher Gesundheitsförderung". Sowohl in der Arbeit von Pelletier (2001) als auch im Review von Aldana (2001) werden zahlreiche Studien zur Primär- und Sekundärprävention aufgeführt, die im deutschsprachigen Verständnis nicht Gegenstand der Gesundheitsförderung sind (eine Diskussion zur Wichtigkeit der Abgrenzung findet sich bei Schnabel 2007 bzw. Ahrens 2007).

Die verschiedenen gesundheitsbezogenen Maßnahmen zeigen den Übersichtsarbeiten zufolge jeweils auch finanzielle Auswirkungen, ausgedrückt in reduzierten Arbeitsunfähigkeitstagen und vermiedenen Krankheitsbehandlungskosten. Im Rahmen von quasiexperimentellen Studien konnten Reduktionen bei den Fehlzeiten von 12 bis 36 Prozent nachgewiesen werden. Die mit den Fehlzeiten verbundenen Kosten reduzierten sich um 34 Prozent. Die Kosten-Nutzen-Verhältnisse variierten von 1:2,5 bis 1:4,8 (Kreis & Bödeker 2003).

Auch bei der Beobachtung der Krankheitskosten wurden in den Reviews jeweils Reduktionen aufgrund der Gesundheitsförderungsmaßnahmen nachgewiesen. Beobachtete Effekte waren reduzierte Arztbesuche, weniger Krankenhauseinweisungen sowie eine geringere Krankenhausverweildauer. Im Durchschnitt konnten die Krankheitskosten um 26,1 Prozent reduziert werden. Kreis & Bödeker (2003) weisen aber zu Recht auf die relativ kurzen Beobachtungszeiten in den Studien mit durchschnittlich 3,25 Jahren hin. Ob und wie lange die gezeigten Effekte anhalten, ist ungeklärt. Reduktionen der Risikofaktoren sind zudem nicht gleichzusetzen mit der Abnahme von Krankheiten. Außerdem ist das Durchschnittsalter der Studienpopulationen 39 Jahre, insofern konnten relevante Krankheiten wie etwa kardiovaskuläre Erkrankungen nicht ausreichend Berücksichtigung finden. Insofern zeigen sich die vollständigen finanziellen Auswirkungen der Gesundheitsförderungsprogramme, wenn überhaupt, erst nach mehreren Jahren. Die von Aldana (2001) zusammengefassten kurzfristigen Effekte sind dadurch zunächst jedoch nicht in Abrede gestellt. Außerdem ist zu beachten, dass einige Studien Interventionen beschreiben, die sich vorwiegend an pensionierte MitarbeiterInnen wenden. Bemerkenswert ist, dass gerade diese die qualitativ höherwertigen Studien waren. Da das Durchschnittsalter der Probanden aller Studien 39 Jahre betrug (Aldana 2001), ist davon auszugehen, dass das Durchschnittsalter der Teilnehmer der Gesundheitsförderungsprogramme in den Betrieben, also ohne Pensionäre, jünger als 39 war. Vermutlich ist die Tatsache, dass nur wenige Studien ein randomisiertes Studiendesign wählten, darauf zurückzuführen, dass die Intervention in diesen Studien nahezu ausschließlich passiv erfolgte (Ahrens 2005).

Die meisten Studien zur Wirksamkeit und Wirtschaftlichkeit der betrieblichen Gesundheitsförderung beschränken sich auf einen Betrachtungszeitraum von 1 bis 2 Jahren. Längerfristige Evaluationen sind relativ selten (Ahrens & Schott 2004). Ozminkowski et al. (2002) publizierten kürzlich langfristige Ergebnisse des umfassenden Gesundheitsförderungsprogramms des amerikanischen Unternehmens Johnson & Johnson. Ziel ihrer Analyse war, die Inanspruchnahme von medizinischen Leistungserbringern (niedergelassene Ärzte und Krankenhäuser) sowie die daraus resultierenden Kosten zu erheben. Hierzu analysierten sie Inanspruchnahmedaten von ursprünglich 18.331 MitarbeiterInnen im Längsschnitt über 9 Jahre, wobei Daten über 5 Jahre vor Beginn des Programms und vier Jahre nach Ende des Programms vorlagen. Allerdings reduzierte sich die Datenmenge mit jedem Jahr vor bzw. nach der Maßnahme. Für den längsten Zeitraum lagen für 8.927 MitarbeiterInnen Daten für 5 Jahre vor Beginn der Intervention und für 11.584 MitarbeiterInnen für 4 Jahre nach der Intervention vor. Das Programm umfasst eine breite Palette von gesundheitsbezogenen Interventionen, also sowohl primärpräventive (Aufklärung, Beratung) als auch sekundärpräventive Interventionen (Früherkennung). Pro MitarbeiterIn konnte nach vier Jahren im Vergleich zur Periode vor der Intervention eine Ersparnis von $ 224,66 nachgewiesen werden. Der größte Anteil der Ersparnis trat erst im dritten und vierten Jahr nach Beendigung der Maßnahme auf. Dies bestätigt die Vermutung, dass die monetären Effekte der

betrieblichen Gesundheitsförderung erst mittel- bzw. langfristig auftreten. Die positiven Ergebnisse werden allerdings durch den Daten-
verlust im Zeitverlauf etwas relativiert (Ozminkowski et al. 2002).

Tabelle 2 verdeutlicht nun eine thematische Einordnung der in
den Reviews von Aldana (2001) und Pelletier (2001) zusammengefassten Evaluationsstudien.

Tabelle 2: Thematische Einordnung der in den Reviews enthaltenen
Studien

Intervention	Studien
Screening (Brustkrebs, Prostatakrebs, Diabe-tes, Eisenspeicherkrankheit, Kopfschmerzen, allgem. Risikofaktoren)	(7) Schrammel 1998, Snyder 1998, Weinrich 1998, Burton 1998, Stave 1999, Schneider 1999, Ozminkowksi 2000
Gesundheits- und (oder) Fitness-Programm	(6) Goetzel 1998a, Goetzel 1998b, Ozmin-kowski 1999, Bly 1986, Haynes 1999, Cady 1985
Risikofaktorenmessung und persönliche (postalische) Beratung bei Hochrisikogrup-pen, Rentnern	(4) Fries 1998, Fries 1993, Leigh 1992, Fries 1994
Kontrolle des Körpergewichts, Blutdrucks	(2) Burton 1998, Foote 1991
Verhinderung von Verletzungen, Unfällen durch Beratung	(2) Melhorn 1999, Tsai 1988
Grippeimpfung	(1) Dille 1999
Schwangerschaftsberatung	(1) Burton 2000
Gesundheitsberatung	(1) Lorig 1985
Health promotion (ohne Beschreibung)*	(17) Cousins 1995, Gibbs 1985, Aldana 1993, Ozminkowski 1999, Wood 1989, Musich 2000, Sciacca 1993, Jose 1987, Conti 1994, Conrad 1988, Golaszewski 1992, Stein 1999, Shi 1993, Harvey 1993, Harris 1986, Wheat 1992, Edington 1992

* Die Review-Autoren diskutieren diese Studien in den Kategorien „allgemeine Risi-
kofaktoren" bzw. Hypertonie-Kontrolle bzw. -senkung, aber auch als „umfassende
Gesundheitsförderung"
Quelle: Zusammenstellung aus Aldana (2001) und Pelletier (2001)

Tabelle 2 zeigt, dass sich hinter dem Begriff „worksite health pro-motion" die vielfältigsten gesundheitsbezogenen Interventionen verbergen. Das Spektrum reicht von klassischer betrieblicher Ge-sundheitsförderung, hier ausgeprägt als Veränderung des Gesund-heitsverhaltens, bis hin zu sekundärpräventiven Maßnahmen, wie etwa Krebsfrüherkennung und Impfung. Die dargestellten Studien folgen überwiegend dem Ansatz der Verhaltensprävention. Das gesundheitsrelevante Verhalten der Beschäftigten steht als Ansatz-punkt der Programme im Vordergrund. Hierbei gilt generell, dass Unternehmen ihre Beschäftigten darin unterstützen sollten, gesunde Verhaltensweisen anzunehmen, unter der Annahme, dass dieses einen verbesserten Gesundheitszustand zur Folge haben wird, wel-cher sich wiederum in geringen Arbeitsunfähigkeitszeiten und einer hohen Produktivität auswirken wird (Janer et al. 2002).

Die in den Reviews genannten Ergebnisse erscheinen zunächst un-gewöhnlich hoch. Ein Return on investment von durchschnittlich 1:3 bedeutet, dass eine investierte Geldeinheit (€, $) einen finanziellen Nutzen in Höhe von 3 Geldeinheiten stiftet. Dies dürfte wohl auf die wenigsten Investitionen überhaupt zutreffen. Allerdings muss festge-halten werden, dass die Studien durchwegs nur von eingeschränkter Qualität sind. Häufig geringe Fallzahlen, unklare bzw. nicht transpa-rente Probandenauswahl und -zuteilung und nicht transparente Er-hebungsinstrumente sind hier zu nennen. Bemerkenswert ist zudem, dass in keiner einzigen Studie die Kosten der Intervention beziffert werden. Werden die Gesundheitsförderungsmaßnahmen beispiels-weise während der Arbeitszeit durchgeführt, so wären hier Arbeits-ausfallzeiten zu kalkulieren (Ahrens 2005). Ein zentrales Problem der Evaluation von Gesundheitsförderungsmaßnahmen stellt die Frage der Selektion der Probanden dar. Da alle in den Reviews dargestellten Programme auf freiwilliger Basis durchgeführt wurden, ist von einer erheblichen Selbstselektion auszugehen. Das unter dem Schlagwort „Präventionsdilemma" bekannt gewordene Problem besteht darin, dass vorwiegend diejenigen Probanden an Gesundheitsförderungsprogrammen teilnehmen, die ohnehin ein geringeres Krankheitsrisiko als Nichtteilnehmer haben (Bauer 2005).

Dass betriebliche Gesundheitsförderung keineswegs immer einen finanziellen Nutzen erzielen muss, zeigt eine Studie von Proper et al. (2004) aus den Niederlanden. In einem randomisierten Design wurden insgesamt 299 MitarbeiterInnen in zwei Gruppen (Intervention: $N = 131$; Kontrolle: $N = 168$) neun Monate lang beobachtet. Gegenstand der Intervention waren sieben zwanzigminütige Beratungen zur Steigerung der körperlichen Aktivität sowie zur Veränderung der Ernährungsgewohnheiten. Pro TeilnehmerIn wurden Programmkosten in Höhe von € 430 kalkuliert, denen Einsparungen aufgrund der Reduktion von Arbeitsunfähigkeitszeiten in Höhe von € 125 gegenüber stehen. Somit ergeben sich € 305 Nettokosten pro TeilnehmerIn. Im Folgejahr der Beratung ergaben sich weitere € 635 Einsparungen in der Interventionsgruppe, die im Gruppenvergleich jedoch nicht statistisch signifikant waren.

Betriebliche Gesundheitsförderung und Produktivität

Nachdem nun deutlich geworden ist, dass die Ermittlung des finanziellen Nutzen auf der Basis von reduzierten Krankenbehandlungskosten bzw. reduzierten Arbeitsunfähigkeitstagen durchaus schwierig ist, was primär daran liegt, dass zwischen gesundheitsbezogenen Interventionen im Betrieb und der Messung von Krankheitsindikatoren im Regelfall Monate und Jahre liegen, soll nun ein im zeitlichen Verlauf näherer Indikator betrachtet werden: die Produktivität der MitarbeiterInnen.

Hier ist zunächst zu klären, ob zwischen dem Gesundheitszustand der MitarbeiterInnen und der Arbeitsproduktivität überhaupt ein Zusammenhang besteht. Im Anschluss wäre dann zu überprüfen, ob durch gesundheitsbezogene Interventionen im Betrieb Auswirkungen auf die Arbeitsproduktivität beobachtbar sind.

Die erste Fragestellung war Gegenstand eines systematischen Reviews, das kürzlich von Schultz & Edington (2007) publiziert wurde. In der internationalen Forschungsliteratur werden unter „presenteism" reduzierte Arbeitsleistungen aufgrund von Gesundheitsproblemen verstanden. Bis 2006 wurden insgesamt 113 Studien publiziert, die sich thematisch wie folgt zusammensetzten (ebd.):

- 36 Studien: Messung des Produktivitätsverlusts
- 11 Studien: medikamentöse Therapie & Produktivität
- 29 Studien: finanzielle Bewertung des Produktivitätsverlusts
- 37 Studien: Gesundheitszustände, Gesundheitsrisiken und Produktivitätsverluste

Für das Review wurden lediglich die 37 Studien weiter ausgewertet, die sich auf den Zusammenhang von Gesundheitszuständen und deren Auswirkungen auf die Arbeitsproduktivität konzentrierten. In diesen Studien konnte ein starker Zusammenhang zwischen chronischen Erkrankungen (Diabetes, Depression und Arthrose) und Produktivitätsverlusten gezeigt werden. Lediglich ein moderater Zusammenhang konnte zwischen Allergien und Produktivitätsverlusten gemessen werden. Sollten mehrere Risikofaktoren (BMI; Cholesterin, körperl. Aktivität, Stress, Bluthochdruck, Tabak- und Alkoholkonsum) vorliegen, hat dies stärkere Auswirkungen auf Produktivitätsverluste. Bezogen auf einzelne Risikofaktoren sind noch schwache Zusammenhänge zu den Produktivitätsverlusten messbar (ebd.).

Folgende Instrumente zur Messung der Produktivitätsverluste wurden eingesetzt:

- Work limitation questionnaire (WLQ),
- Health and work performance questionnaire (HPQ),
- Work productivity short inventory (WPSI),

- Stanford presenteeism scale (SPS),
- Work and health interview (WHI),
- Work productivity and activity impairment questionnaire (WPAI).

Die Reviewer fassen zusammen, dass der Zusammenhang zwischen Gesundheitszuständen bzw. Gesundheitsrisiken und der Arbeitsproduktivität als gut belegt einzuschätzen ist (Schultz & Edington 2007).

Der belegte Zusammenhang zwischen Gesundheitszuständen und -risiken und der Arbeitsproduktivität legt nahe, die Produktivität auch als Outcomeparameter für die Evaluation von betrieblichen Präventions- und Gesundheitsförderungsmaßnahmen heranzuziehen. Riedel et al. (2001) stellten den Forschungsstand in einem Review zusammen. Sie fanden 146 Studien im Zeitraum von 1988 bis 1998, die die Effekte gesundheitsbezogener Interventionen im Betrieb untersucht haben. Im Review zeigte sich kein Zusammenhang zwischen Programmteilnahme und Produktivitätssteigerung. Dies begründete sich aber primär dadurch, dass die Produktivität nur selten gemessen wurde. Der plausible Zusammenhang, der im Review von Schultz & Edingten (2007) gezeigt wurde, bedarf also noch einer Bestätigung durch gesundheitsökonomische Evaluationsstudien.

5. Zusammenfassung und Ausblick

Aus Sicht von Public Health ist betriebliche Gesundheitsförderung aufgrund der Erreichbarkeit größerer Personengruppen und der Möglichkeit nachhaltiger Intervention besonders geeignet, zu einer Gesundheitsverbesserung beizutragen. Eine zunehmende Anzahl von Evaluationsstudien zeigt viel versprechende Ansätze (Lenhardt 2003, Egan et al. 2007, Bambra et al. 2007). In den Reviews von Pelletier (2001) und Aldana (2001) wird der ökonomische Nutzen der betrieblichen Gesundheitsförderung als „belegt" bezeichnet, dies wird ebenfalls durch Golaszewski (2001) bestätigt, der durch Expertenbefragungen untersucht hat, welche Studien maßgeblichen Anteil an der Verbreitung der betrieblichen Gesundheitsförderung in den USA gehabt haben. Gesundheitsförderung rechne sich vor allem durch die Senkung der Arbeitsunfähigkeitszeiten und durch die Verringerung der Krankheitskosten.

Diese positive Einschätzung ist allerdings aus verschiedenen Gründen etwas einzuschränken. Insbesondere bei Studien bzgl. verhaltensbezogener Präventionsprogramme ist von einem erheblichen Selektionsbias auszugehen. Vorwiegend gesundheitsbewusste MitarbeiterInnen (die im Regelfall der sozialen Mittel- bzw. Oberschicht zuzurechnen sind) nehmen derartige Angebote in Anspruch. Diese haben jedoch ohnehin ein geringeres Krankheitsrisiko als weniger gesundheitsbewusste Personen, die in den Studien häufig die Kontrollgruppe darstellen (Ozminkowski & Goetzel 2001). Aus diesem Grund lässt sich der wirkliche Effekt verhaltensbezogener Intervention nur durch randomisierte Studiendesigns evaluieren. Diese sind im komplexen Interventionssetting „Betrieb" allerdings problematisch. Die im Review von Aldana (2001) enthaltenen Studien, die ihre Probanden und Kontrollen nach dem Zufallsprinzip zuteilten, hatten im Wesentlichen äußerst passive Interventionsstrategien zum Gegenstand. Pensionierten Bankangestellten wurden Informationsbroschüren bezüglich Gesundheitsrisiken zugeschickt. Dass in diesem Setting eine Randomisierung der Probanden relativ problemlos ist, versteht sich von selbst. Zudem dürften pensionierte Bankangestellte nicht ausreichend repräsentativ für die arbeitende Bevölkerung eines Landes sein. Werden die Probanden in Studien zur gesundheitsökonomischen Evaluierung den Studiengruppen randomisiert, so dürfte der zu erwartende Effekt vermutlich geringer sein als in nichtrandomisierten Studien. Als Beleg mag die Studie von Proper et al. (2004) gelten, in der durch die Motivierung der

MitarbeiterInnen zur körperlichen Aktivität letztlich Mehrkosten zu verzeichnen waren. Dies könnte jedoch auch an der Intervention selbst liegen, sind doch reine Aufklärungskampagnen in Betrieben grundsätzlich wenig wirksam (Lenhardt 2003).

Wenn auch die Evidenz für den ökonomischen Nutzen betrieblicher Gesundheitsförderungsmaßnahmen nur mäßig ist, so muss betont werden, dass es verschiedene plausible Argumentationsketten gibt, die auf einen Nutzen hindeuten. Da wäre zunächst die sichtbare Kompression der Morbidität der Bevölkerung in den westlichen Industrienationen zu nennen, die nach Auffassung verschiedener Experten als Effekt unsystematischer Gesundheitsförderung, bestehend aus der Verbesserung der allgemeinen Lebens- und Arbeitsbedingungen, anzusehen ist. Daraus ist abzuleiten, dass auch systematische Gesundheitsförderung mittel- bis langfristig einen Effekt haben sollte. Dies gilt natürlich nicht für jegliche Gesundheitsförderungsmaßnahmen, sondern nur für jene, die theoriegeleitet und qualitätsgesichert durchgeführt werden. Die nächste Argumentationskette beruht auf dem nachweisbaren Zusammenhang zwischen dem Gesundheitszustand der Beschäftigten und ihrer Arbeitsproduktivität. Auch wenn in Evaluationsstudien bislang eine Produktivitätsverbesserung noch nicht gezeigt werden konnte, so darf erwartet werden, dass der beobachtete grundsätzliche Zusammenhang auch für den Nutzennachweis gelten dürfte.

Auch wenn hinsichtlich des ökonomischen Nutzens verhaltenspräventiver Interventionen immer noch Zweifel angebracht sind, so muss festgestellt werden, dass in Bezug auf verhältnispräventive Interventionen die Ergebnislage noch schwächer ist. Der Begriff „Verhältnisprävention" wird im deutschen Sprachraum verwendet für Maßnahmen, die die ergonomische Gestaltung der Arbeitsumgebung und Arbeitsmittel, aber auch entsprechende Arbeitsinhalte und die Arbeitsorganisation betreffen und mit Hilfe derer Gesundheitsgefahren beseitigt werden sollen (Bödeker & Kreis 2002). Damit ist die Reichweite von verhältnispräventiven Interventionen sehr groß und umfasst z.b. ergonomische Veränderungen am Arbeitsplatz (Veränderung des Arbeitsplatzes, Verbesserung von Licht- und Luftverhältnissen), aber auch organisatorische Veränderungen im Sinne von Gesundheitszirkeln, Job Rotation o.ä. Darüber hinaus zählen Veränderungen im Management von Unternehmen (Führungsverhalten, Mitbestimmung usw.) dazu.

Bisherige Maßnahmen zur betrieblichen Gesundheitsförderung, wie sie z.b. von den Krankenkassen angeboten werden, zielen im Wesentlichen auf ein gesundheitsgerechtes Verhalten der Beschäftigten. Dieser Ansatz greift nach Auffassung von Badura (2002) zu kurz. Moderne Organisationskrankheiten, wie innere Kündigung, Mobbing oder Burnout und damit verbundene Einbußen von Qualität und Ertrag werden maßgeblich durch das soziale System eines Unternehmens verursacht. Insofern müssen sich umfassende Anstrengungen in erster Linie auf gesundheitsförderliche Arbeits- und Organisationsbedingungen und erst an zweiter Stelle auf Verhaltensänderungen der Beschäftigten beziehen (Badura 2002). Auch im Bereich der betrieblichen Gesundheitsförderung zeigt sich sowohl theoretisch als auch vor allem praktisch eine Trennung zwischen Verhaltens- und Verhältnisprävention. Auch hier bedingen sich die beiden Ansätze wechselseitig. Obwohl die Veränderung der Verhältnisse immer wieder betont wird, zeigen zumindest die Studien, dass der Schwerpunkt der betrieblichen Aktivitäten zur Gesundheitsförderung nach wie vor bei den personenbezogenen Interventionen, also den verhaltensverändernden Maßnahmen, liegt. Leider zeigen viele dieser verhaltensorientierten Ansätze nur geringfügige bzw. wenig nachhaltige Effekte, wenn nicht auch gleichzeitig die gesundheitsbelastenden Verhältnisse verändert werden. Werden zum Beispiel nur Maßnahmen zur Stressbewältigung von MitarbeiterInnen angeboten, ohne gleichzeitig die Stress verursachenden Arbeitsumgebungen zu verbessern, werden die verhaltensorientierten Maßnahmen mittel- und langfristig keinen Erfolg haben (Ulich 2002). Aus der Kombination der Verhältnis- und der Verhaltensprävention wird dann im umfassenden Sinne ein betriebliches Gesundheitsmanagement.

Die Rechtfertigung betrieblicher Gesundheitsförderungsmaßnahmen durch gesundheitsökonomische Evaluationen wird auch in Zukunft äußerst problematisch bleiben. Dies liegt zunächst am Gegenstand selbst, der als komplexe soziale Intervention beschrieben werden kann. Auch wenn mittlerweile bekannt ist, dass betriebliche Gesundheitsförderungsmaßnahmen aus gemeinsamen Interventionen auf der Verhaltens- und der Verhältnisebene bestehen sollten, so ist doch genauso wenig bekannt, welche „Dosierung" hier zum optimalen bzw. gewünschten Ziel führt. Darüber hinaus muss beachtet werden, dass der in Studien gezeigte ökonomische Nutzen nicht ohne Weiteres auf andere Unternehmen übertragen werden kann, da die Ausgangslagen, z.B. in Bezug auf Betriebsgröße, Unternehmenskultur, wirtschaftliche Lage, jeweils höchst unterschiedlich sind.

Die heutige Wissensbasis bezüglich der Wirtschaftlichkeit gesundheitsfördernder Interventionen im Setting Betrieb ist noch immer nicht sehr breit, im Vergleich mit anderen Settings im Gesundheitswesen jedoch sicher ausreichend. Harris et al. (2001) formulieren als Fazit: „Financial impact of health promotion: we need to know much more, but we know enough to act."

Literatur

Ahrens D. (2004). Prioritätensetzung im Gesundheitswesen und die Bedeutung von Gesundheitsförderung und gesundheitsökonomischer Evaluation aus Sicht von Public Health. In: Ahrens D. & Güntert B. (Hrsg.). Gesundheitsökonomie und Gesundheitsförderung. Baden-Baden, Nomos, S. 255–284

Ahrens, D. (2005). Gesundheitsökonomische Betrachtung von Maßnahmen der betrieblichen Gesundheitsförderung. In: Schott T. (Hrsg.). Eingliedern statt ausmustern. Weinheim, Juventa, S. 230–248

Ahrens, D. (2007). Handlungsempfehlungen für eine Reform der Prävention und Gesundheitsförderung in Deutschland. Expertise im Auftrag der Bertelsmann-Stiftung, Gütersloh

Ahrens, D. & Schott T. (2004). Arbeitsbedingte Erkrankungen und betriebliches Gesundheitsmanagement – eine betriebswirtschaftliche und gesundheitsökonomische Betrachtung. In: Bertelsmann-Stiftung, Hans-Böckler-Stiftung (Hrsg.): Zukunftsfähige betriebliche Gesundheitspolitik. Verlag Bertelsmann Stiftung, Gütersloh, S. 1–69

Ahrens, D., Goldgruber J. & Erfkamp H. (2008). Evidenzbasierung in Gesundheitsförderung und Prävention. Soziale Sicherheit (2) 85–93.

Aldana, S. (2001). Financial impact of health promotion programs: a comprehensive review of the literature. American Journal of Health Promotion, 15 (5): 296–320

Aldana, S. (1998). Financial impact of worksite health promotion and methodological quality of the evidence. The Art of Health Promotion, 2 (1): 1–8

Aldana, S., Merrill, R., Price, K.; Hardy, A. & Hager, R. (2005). Financial impact of a comprehensive multisite workplace health promotion program. Preventive Medicine, 40: 131–137

Aldana, S. (2005). Financial impact of a comprehensive multisite workplace health promotion programme. Preventive Medicine, 40: 131–137

Amelung V. & Schumacher H. (2007). Managed Care. 4. Aufl. Bern, Huber

Badura, B. (2002). Betriebliches Gesundheitsmanagement – ein neues Forschungs- und Praxisfeld für Gesundheitswissenschaftler. Zeitschrift für Gesundheitswissenschaften, 10 (2): 100–118

Bauer, U. (2005). Das Präventionsdilemma. Bern, Huber

Bambra, C., Egan, M., Sian, T., Petticrew, M. & Whitehead, M. (2007). The psychosocial and health effects of workplace reorganisation. A systematic review of task restructuring interventions. Journal of Epidemiology and Community Health, 61: 1028–1037

Bödeker, W. (2004). Kosten und Nutzen (unterbliebener) Prävention und betrieblicher Gesundheitsförderung. 3. Kongress für Versorgungsforschung, Bielefeld, 19. 6. 2004

Bödeker, W. & Kreis, J. (2002). Der ökonomische Nutzen betrieblicher Gesundheitsförderung. Prävention, Heft 4: 106–109

Brügger, U. (2004). Ökonomische Beurteilung von Gesundheitsförderung und Prävention. Winterthur Institut für Gesundheitsökonomie

Chapman, L. (2005). Meta-evaluation of worksite health promotion economic return studies: 2005 update. The Art of Health Promotion, 07–08: 1–11

Dinkel, R. (1999). Demographische Entwicklung und Gesundheitszustand. In: Häfner H (Hrsg.): Gesundheit – unser höchstes Gut? Berlin, Springer, S. 61–84

Doblhammer, G. & Kytir J. (1999). „Kompression" oder „Expansion" der Morbidität? Trends in der Lebenserwartung älterer Menschen in guter Gesundheit 1978 bis 1998. In: Institut für Demographie der Österreichischen Akademie der Wissenschaften (Hrsg.) Demographische Informationen 1997/1999, Wien, Verlag der Österreichischen Akademie der Wissenschaften: 71–79

Dooner, B. (1996). Looking back on a decade of progress: Work place health promotion in Canada. In G. Breucker & A. Schröer (Eds.), International Experiences in Workplace Health Promotion. Essen: BKK Bundesverband, S. 25–39

Egan, M., Bambra, C., Sian, T., Petticrew, M., Whitehead, M. & Thomson, H. (2007). The psychosocial and health effects of workplace reorganisation. A systematic review of organisational-level interventions that aim to increase employee control. Journal of Epidemiology and Community Health, 61: 945–954

Field, M. & Lohr, K. (1992). Guidelines for clinical practice: from development to use. Washington

Fries, J. (1980). Aging, natural death and the compression of morbidity. NEJM, 303 (3): 130–135

Fries, J., Green, L. & Levine, S. (1989). Health promotion and the compression of morbidity. Lancet, 4: 481–483

Fries J.; Koop E., Sokolov J., Beadle C. & Wright D. (1998). Beyond health promotion: reducing need and demand for medical care. Health Affairs, 17 (2): 70–84

Fries, J. (2005). The compression of morbidity. The Milbank Quarterly, 83 (4): 801–823

Godfrey, C. (2004). Ökonomische Evaluation der Gesundheitsförderung. In: Ahrens D. & Güntert B. (Hrsg.). Gesundheitsökonomie und Gesundheitsförderung. Baden-Baden, Nomos, S. 99–124

Golaszewski, T. (2001). Shining lights: studies that have most influenced the understanding of health promotion's financial impact. American Journal of Health Promotion, 15 (5): 332–340

Gröben, F. & Wenniger, S. (2006). Betriebliche Gesundheitsförderung im öffentlichen Dienst. Ergebnisse einer Wiederholungsbefragung von Führungskräften in Hessen und Thüringen. Zeitschrift für Prävention und Gesundheitsförderung, 1 (2): 94–99

Groth, H. (2005). Klinische Forschung in/mit der Hausarztmedizin. Primary Care, 5 (7): 160

Harris, J., Holman, P. & Carande-Kulis, V. (2001). Financial impact of health promotion – we need to know much more but know enough to act. American Journal of Health Promotion. 15 (5): 378–382

Heaney, C. & Goetzel, R. (1997). A review of health-related outcomes of multi-component worksite health promotion programs. American Journal of Health Promotion, 11 (4): 290–308

Helmenstein, C., Hofmarcher, M., Kleissne,r A., Riedel, M., Röhr-ling, G. & Schnabl A. (2004). Ökonomischer Nutzen betrieblicher Gesundheitsförderung. Wien, Institut für höhere Studien

Janer, G., Sala, M. & Kogevinas, M. (2002). Health promotion tri-als at worksites and risk factors for cancer. Scand J Work Environ Health, 28 (3): 141–157

Kreis, J. & Bödeker, W. (2003). Gesundheitlicher und ökonomischer Nutzen betrieblicher Gesundheitsförderung und Prävention. IGA-Report 3. BKK-Bundesverband

Kocher, G. (2006). Vorsicht Medizin. Bern, Ott

Kühn, H. (2001). Finanzierbarkeit der gesetzlichen Krankenversiche-rung. Berlin, WZB-P01-204

Kytir, J. (2007). Altern gesamtpolitisch bewältigen. Vortrag am 3. 10. 07 Graz

Lenhardt U. (2003). Bewertung der Wirksamkeit betrieblicher Ge-sundheitsförderung. Zeitschrift für Gesundheitswissenschaften, 11 (1): 18-37

Neises, G. & Windeler, J. (2001). Wieviel ist evidenzbasiert? Eine Übersicht zum aktuellen Forschungsstand. ZAeFQ, 95 (2): 95–104

O'Donnel, M. (1997). Health impact of workplace health promotion programs and methodological quality of the research literature. Art of Health Promotion 1 (3): 1–8

Ozminkowski, R., Ling, D., Goetzel, R., Bruno, J., Rutter, K., Isaac, F. & Wang, S. (2002). Long term impact of Johnson & Johnson's health & wellness program on health care utilization and expendi-tures. J Occup Environ Med, 44: 21–29

Ozminkowski, R. & Goetzel, R. (2001). Getting closer to the truth: overcoming research challenges when estimating the financial im-pact of worksite health promotion programs. American Journal of Health Promotion, 15 (5): 289–295

Pelletier, K. (2001). A review an analysis of the clinical and cost-ef-fectiveness studies of comprehensive health promotion and disease management programs at the worksite: 1998–2000 Update. American Journal of Health Promotion 16 (2): 107–116

Phillips, P. (2002). The rising cost of health care: can demand be reduced through more effective health promotion? Journal of Evaluation in Clinical Practice, 8 (4): 415-419

Proper, K., de Bruyne, M., Hildebrandt, V., van der Beek A., Meerding W. & van Mechelen W. (2004). Costs, benefits and effectiveness of worksite physical activity counselling from the employer's perspective. Scandinavian Journal of Work and Environmental Health, 30 (1): 36–46

Riedel, J, Lynch, W., Baase, C., Hymel, P. & Peterson, K. (2001). The effect of disease prevention and health promotion on workplace productivity: a literature review. American Journal of Health Promotion, 15 (3): 167–191

Rosenbrock, R. (2006). Betriebliche Gesundheitsförderung als Systemeingriff. In: Bödeker, W. & Kreis, J. (Hrsg.). Evidenzbasierung in der Gesundheitsförderung. Bremerhaven, NW-Verlag, S. 57–71

Schmacke, N. (2002). Evidenzbasierte Medizin – Fundament zur Vereinbarung individueller Therapieziele. Gesundheit und Gesellschaft – Wissenschaft, 2 (4): 16–25

Schnabel, P. E. (2007). Gesundheit fördern und Krankheit prävenieren. Weinheim, Juventa

Schultz, A. & Edington, D. (2007). Employee health and presenteeism: a systematic review. Journal of Occupational Rehabilitation, 17: 547–579

Schwartz, F. W., Bitzer, E. M., Dörning, H., Grobe, T. G., Krauth, Ch., Schlaud, M., Schmidt, Th. & Zielke, M. (1999). Gutachten. Gesundheitsausgaben für chronische Krankheiten in Deutschland. Lengerich, Pabst

Schwartz, F. W. & Walter, U. (2003). Altsein – Kranksein. In: Schwartz, F. W. et al. (Hrsg.). Das Public Health Buch. München, Urban und Schwarzenberg, 163–180

Ulich, E. (2002). Betriebliches Gesundheitsmanagement: Gesundheitsförderung durch Arbeitsgestaltung. Management und Qualität, Heft 12: 12–14

Walter, U. (2001). Präventionspotenziale für ein gesundes Altern.
Gesundheit und Gesellschaft – Wissenschaft, 1 (1): 21–26

Urs Näpflin

Was bringt betriebliche Gesundheitsförderung aus der Sicht der Schweizerischen Unfallversicherung (Suva)?

1. Engagement der Suva im Rahmen der betrieblichen Gesundheitsförderung

Die Suva ist als selbständige Unternehmung die wichtigste Trägerin der obligatorischen Unfallversicherung in der Schweiz. Sie versichert rund 1,8 Millionen Berufstätige gegen Berufsunfälle, Berufskrankheiten und ausserberufliche Unfälle. Kerngeschäft der Suva ist neben der Versicherung und Rehabilitation die Prävention.

Die Suva engagiert sich in Form von Kurs- und Beratungsangeboten (www.suva.ch/kurse → Lehrgang betriebliche Gesundheitsförderung) und auf institutioneller Ebene im betrieblichen Gesundheitsmanagement. Zusätzlich trägt sie personell und finanziell zu dessen Weiterentwicklung und Qualitätssicherung bei. Aktuell beteiligt sich die Suva zusammen mit schweizer Grossbetrieben (Migros, ABB, SBB, Schweizerische Post u. a.) und der Stiftung Gesundheitsförderung Schweiz an der Erarbeitung von Qualitätsstandards für betriebliches Gesundheitsmanagement. Das Engagement steht im Zusammenhang mit dem präventiven Nutzen, den das betriebliche Gesundheitsmanagement den Mitarbeitenden, den Unternehmen und der Gesellschaft bieten kann.

Betriebliche Gesundheitsförderung soll aus der Sicht des Unfallversicherers an die Prävention von Unfällen und Berufskrankheiten anknüpfen. Der Begriff wird hier im Sinne der Förderung von organisationalen, sozialen und persönlichen Gesundheitsressourcen verwendet. Dazu gehören unter anderen die störungsfreie Organisation, die gute Zusammenarbeit und Stütze im Team, aber auch das positive Gesundheitsverhalten und die positive Zukunftserwartung. Die Prävention von Krankheiten soll dabei nicht ausgeklammert werden.

Abbildung 1: Stufen der Bewertung von Arbeitssystemen und Ansatz der betrieblichen Gesundheitsförderung

Die Abgrenzung zur Arbeitssicherheit und dem Gesundheitsschutz aber auch zum Personalmanagement ist fliessend. Dies wird in den dargestellten Bewertungsstufen von Arbeitssystemen verdeutlicht (Abbildung 1).

Überträgt man die Einteilung auf die Präventionsaktivitäten, so würde ich sagen, bezieht sich der klassische Arbeitsschutz auf die Ausführbarkeit und die Erträglichkeit. Er sorgt dafür, dass akute oder längerfristige Risiken, welche unmittelbar auf die Physiologie des Menschen einwirken, eliminiert werden oder dass sich die Mitarbeitenden vor diesen Risiken zu schützen wissen. Auf der dritten Stufe, der Zumutbarkeit, werden mentale und soziale Belastungsfaktoren berücksichtigt. Diese Belastungsfaktoren wirken nicht unmittelbar, sondern über einen subjektiven Bewertungsprozess auf den Menschen ein. Wie weit die Arbeit «zumutbar» ist, hängt von diesem Bewertungsprozess ab und dieser wiederum von den vorhandenen Ressourcen. Die Präventionsarbeit richtet sich darauf, Ressourcen

Abbildung 2: Handlungsfelder in der betrieblichen Gesundheitsförderung

zu schaffen und/oder die Belastungen auf ein «zumutbares» Mass zu reduzieren. Bei anhaltender Belastung und gleichzeitig zu geringen Ressourcen kann die Gesundheit der Betroffenen beeinträchtigt werden. Ein zu hohes Mass an Stressbelastungen in der Arbeit kann sich aber auch auf die Sicherheit und das sicherheitsgerechte Verhalten negativ auswirken. Auf der vierten Stufe «Förderung der Gesundheit» werden gesundheitserhaltende und -förderliche Aspekte verstärkt. Die Stufe vier kann der allgemeinen Gesundheitsförderung bzw. der Krankheitsprävention zugeordnet werden. Schliesslich sorgt die ganzheitliche und lernförderliche Arbeitsgestaltung für Kompetenzentwicklung, führt zu Erfolgserlebnissen und damit zur Förderung der Persönlichkeit als Basis für Durchsetzungsfähigkeit und Selbstvertrauen und wirkt damit als Stresspuffer gesundheitsförderlich. Wir betrachten die in Abbildung 2 dargestellten Handlungsfelder als zentral für die nachhaltige Intervention.

Wie der Nutzen aus Sicht der Suva zustande kommt, soll durch die folgenden Beispiele und Zusammenhänge aufgezeigt werden.

2. Verminderung von körperlichen Belastungen – weniger Muskel-Skelett-Erkrankungen

In der modernen Arbeitswelt sind die Arbeitnehmenden je nach Branche vielfältigen körperlichen Belastungen ausgesetzt. Müssen stets die gleichen Hand- oder Armbewegungen ausgeführt werden? Ist die Körperhaltung einseitig, ermüdend oder gar schmerzhaft? Sind die Lastgewichte bei der Arbeit oft hoch? Müssen immer dieselben Bewegungsabläufe in kurzer Kadenz wiederholt werden? Dann ist die Wahrscheinlichkeit, dass Beschwerden oder gar Muskel-Skelett-Erkrankungen entstehen können, erhöht.

Mit jährlich 700 anerkannten Fällen in der Schweiz nehmen Muskel-Skelett-Erkrankungen einen Anteil von knapp einem Fünftel aller Berufskrankheiten ein (Unfallstatistik UVG, 2006). Sie stellen nur die Spitze des Eisberges dar. So klagen 18 Prozent der arbeitstätigen Bevölkerung in der Schweiz über berufsbedingte Rückenbeschwerden, wobei deren Anteil je nach Branche von 13 bis 34 Prozent reicht (Graf & Pekruhl 2005).

In der Entstehung und Chronifizierung von Rückenbeschwerden spielen Ängste, Stress, Unzufriedenheit ebenso eine Rolle wie physikalische (Ganzkörpervibrationen) und körperliche Belastungen. Der ganzheitliche Ansatz in der betrieblichen Gesundheitsförderung hilft, diese Problematik nachhaltig anzugehen. Denn die Ursachenvielfalt benötigt auch eine Vielfalt von Massnahmen, welche gezielt eingesetzt werden müssen. Mit dem Abbau grosser körperlicher Belastungen oder mit der ergonomischen Arbeitsplatzgestaltung gehen körperliche Beschwerden und Erkrankungen zurück. Nachhaltiger Erfolg stellt sich aber erst ein, wenn zusätzlich organisatorische,

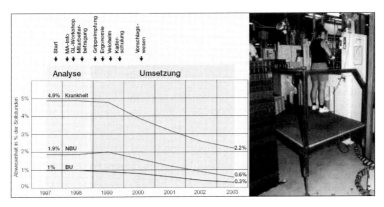

Abbildung 3: Positive Entwicklung des Krankenstandes am Beispiel eines Industriebetriebes (NBU: Nicht-Berufsunfall, BU: Berufsunfall)

kommunikative und Führungsaspekte mit solchen des rückenschonenden Verhaltens verknüpft werden. Dies zeigt auch das folgende Praxisbeispiel eines Produktionsbetriebes (Abbildung 3).

Das Unternehmen stellt präzise Einzelteile, Komponenten und Baugruppen aus Kunststoff und Metall her. Die Mitarbeitenden, die an Spritzgussmaschinen arbeiteten, litten in der Vergangenheit sehr häufig unter Rücken- und Nackenschmerzen. Die Zahl der Absenzen war hoch. Die von der Suva durchgeführte Analyse ergab, dass das Bewusstsein über Zusammenhänge zwischen Arbeit und Gesundheit bei den Führungskräften und Mitarbeitenden gestärkt werden musste. In einer Kaderschulung wurden die Zusammenhänge von Führung und Gesundheit thematisiert. Dabei ging es um betriebliche Belastungen und deren betriebliche und gesundheitliche Folgen, um die Bedeutung von Wertschätzung für die Motivation und die Gesundheit, aber auch darum, wie durch gute Betreuung von verunfallten oder erkrankten Mitarbeitenden die Rückkehr an den Arbeitsplatz erleichtert werden kann. Die Mitarbeitenden lernten unter anderem, dass eine angepasste Arbeitshaltung die Arbeit erleichtern und Beschwerden vorbeugen kann. Hierzu wurden auch hydraulisch höhenverstellbare Arbeitspodeste installiert. So konnten die Mitarbeitenden ihre individuell optimale Arbeitshöhe einstellen. Dank der Analyse, der Führungsschulung und den verschiedenen Massnahmen, welche direkt auf die Mitarbeitenden zielten, hörten die Klagen über Beschwerden auf, vor allem die Kurzabsenzen gingen spürbar zurück, und die Produktivität erhöhte sich um gut zehn Prozent. Die Kosten für die verstellbaren Podeste waren innerhalb von sechs Monaten amortisiert. Das Beispiel zeigt auch den strukturierten zeitlichen Verlauf. Dieser begann mit der Information an die Belegschaft, über den Geschäftsleitungsworkshop zur Zieldefinition bis zur Analyse mittels Mitarbeitendenbefragung und Massnahmenumsetzung. Fazit des Praxisbeispiels: Nicht eine Massnahme allein ist Erfolg bestimmend. Vielmehr ist es das gezielte Vorgehen, welches vom Kader getragen wird und die Mitarbeitenden von Beginn weg einbezieht.

3. Psychosoziale und organisatorische Belastungsfaktoren und Unfallprävention

Durch Veränderungen in der Arbeitswelt mit zunehmender Verdichtung der Arbeit, durch die Zunahme von Arbeitstempo und Komplexität, aber auch durch das Verschmelzen von Arbeit und Freizeit erlangen die psychosozialen Belastungen zunehmend an Bedeutung – auch in der Unfallprävention. Folgende zwei Beispiele belegen dies.

Nach dem Anforderungs-Kontroll-Modell von Karasek und Theorell beinhaltet die Kombination von hohem Zeit- und Leistungsdruck in der Arbeit und gleichzeitig geringem Entscheidungs-, Kontroll- und Entwicklungsspielraum ein grosses Risikopotential. Psychische Anforderungen bzw. die Kontrolle über die Arbeitsaufgabe werden entsprechend der Merkmale in Tabelle 1 bestimmt.

Tabelle 1: Psychische Anforderung und Kontrolle über die Arbeitsaufgabe

Psychische Anforderungen	Kontrolle über die Arbeitsaufgabe
– Extrem hoher Arbeitsanfall – Widersprüchliche Anforderungen – Nicht ausreichend Zeit, die Arbeit zu tun – Schnelles Arbeiten – Anstrengendes Arbeiten	– Möglichkeiten, immer etwas hinzuzulernen – Fähigkeiten können weiterentwickelt werden – Hohe Qualifikation erforderlich – Arbeit ist abwechslungsreich – Kreativität ist gefragt – Nicht repetitive Arbeit – Freiheit zu eigenen Entscheidungen – Ausführung der Arbeit kann bestimmt werden – Mitreden können bei der Arbeit – Teilnahme an wichtigen Entscheidungen

Diese Kombination (Feld 4 in Abbildung 4) erhöht die Berufsunfall-wahrscheinlichkeit und Erkrankungswahrscheinlichkeit um mehr als das Doppelte (Abbildung 5).

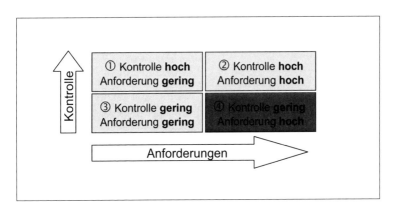

Abbildung 4: Kombinationen von Anforderung und Kontrolle in der Arbeit

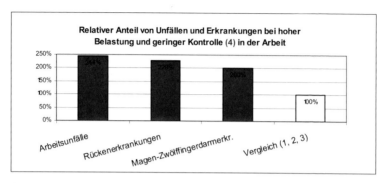

Abbildung 5: Erhöhtes Erkrankungs- und Unfallrisiko bei hoher Anforderung und geringer Kontrolle (Friedel & Orfeld 2002, 50)

Ein Fallbeispiel soll eine Arbeitssituation konkretisieren: Ein Mitarbeitender eines Produktionsbetriebes ist beim Wareneingang damit beschäftigt, ankommende Materialtransporter zu entladen. Manchmal sind es zwei oder drei Laster zugleich. Die Arbeit ist kaum planbar. Trotzdem muss der Platz für nachfolgende Laster möglichst schnell frei gemacht werden. Der Mitarbeitende kann nicht auf Hilfe zählen, da er allein zuständig ist und die anderen Lagermitarbeitenden ebenfalls voll ausgelastet sind. In dieser Situation fährt er so schnell wie möglich mit seinem Stapler und ... die Folgen sind programmiert. Diese können sowohl in einem Unfall als auch in Herzproblemen enden.

Die systematische Analyse und Führungsschulung in der BGF hilft, solche prekären Anforderungs- und Kontrollkombinationen zu eliminieren. So kann die betriebliche Sicherheitsarbeit durch Förderung der sozialen und organisatorischen Ressourcen in der Arbeit ergänzt werden.

Bei Bauarbeitern spielt die Arbeitsplanung eine grosse Rolle für die Arbeitsleistung, aber auch für die Unfallprävention. Bauarbeiter, welche über häufige Störungen und Unterbrechungen klagen, weisen 26 Prozent mehr Unfälle auf als das Vergleichskollektiv. Auch klagen sie vermehrt über Stress (Abbildung 6).

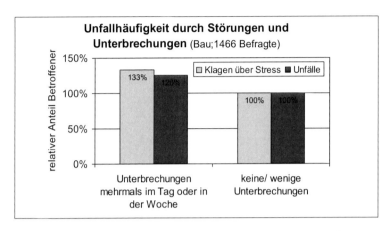

Abbildung 6: Erhöhtes Unfallrisiko bei Störungen und Unterbrechungen (Gewerkschaft Unia 2007)

Auch die fehlende Mitwirkung und Unterstützung in Fragen zur Gesundheit und Sicherheit im Unternehmen steht mit vermehrtem Stress und Unfällen im Zusammenhang (Abbildung 7).

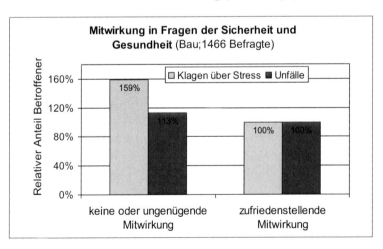

Abbildung 7: Erhöhtes Unfallrisiko und vermehrter Stress bei ungenügender Mitwirkung

Das betriebliche Gesundheitsmanagement geht sowohl organisatorische Fragestellungen als auch die Mitwirkung mittels Mitarbeitendenbefragung oder Interviews gezielt an. Sie trägt so zur Verminderung des Arbeitsstresses bei. Als Folge davon sinkt auch die Unfallwahrscheinlichkeit.

4. Organisationale und soziale Ressourcen verringern Fehlzeiten nach Unfällen und Krankheiten

Organisationale und soziale Ressourcen tragen dazu bei, Arbeitsunfähigkeitstage (AU-Tage) zu reduzieren. In vielen Betrieben sind über 80 Prozent der AU-Tage krankheitsbedingt. Hier ist primär eine Wirkung des Gesundheitsmanagements zu erwarten. Die Förderung sozialer und organisationaler Ressourcen hat aber neben der Erhöhung der Arbeitsmotivation auch einen Einfluss auf die Berufsunfallabsenzen. Dies zeigt das folgende Beispiel von Elliehausen (2003, Abbildung 8). Die Untersuchung zeigte, dass Dachdecker, Gerüstbauer und Zimmerleute, welche sich positiv über das Betriebsklima, über das kollegiale Verhältnis im Team oder über die Führung und Organisation äusserten, im Vergleich zu negativ bewerteten Rahmenbedingungen in der Arbeit 2,3 bis 5,6-fach geringere unfallbedingte Fehlzeiten aufwiesen. Dieses Beispiel zeigt, dass sich Investitionen in die betriebliche Gesundheitsförderung im Sinne der Ressourcenförderung auch aus Sicht der Unfallversicherung lohnen.

Zu welchem Zeitpunkt Verunfallte nach einem Unfall oder einer Krankheit wieder arbeitsfähig sind, hängt nicht allein von medizinischen Kriterien ab. Vielmehr spielen dabei bewusste oder unbewusste Faktoren, wie die betriebliche Belastungssituation vor dem Ereignis oder die wahrgenommene Wertschätzung vor und während der Abwesenheit durch das Arbeitsumfeld, eine bedeutende Rolle. Die wertschätzende Führungs- und Unternehmenskultur steht neben der gesundheitsförderlichen Organisations- und Arbeits-

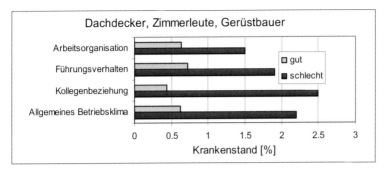

Abbildung 8: Psychosoziale Ressourcen und Krankenstand nach Unfall

gestaltung im Fokus der betrieblichen Gesundheitsförderung. Das von der Suva schon vor Jahren für die versicherten Unternehmen entwickelte erfolgreiche Fehlzeitenmanagement-System stellt diesen Aspekt ebenfalls ins Zentrum: «Kümmert euch um abwesende Mitarbeitende – lasst die Erkrankten und die Verunfallten nicht verkümmern.» Drei Hauptmerkmale stehen dabei im Zentrum: «Controlling» statt Kontrolle, die Begleitung und Unterstützung in der Phase der Rekonvaleszenz und die auf die Handlungsschwerpunkte ausgerichtete Prävention (Abbildung 9).

Abbildung 9: Philosophie des Fehlzeitenmanagements

145

Die Erfolgsaussichten sind auch in finanzieller Hinsicht enorm. So fallen einem Unternehmen mit knapp 400 Mitarbeitenden und mit 14 Fehltagen pro Mitarbeitendem und Jahr über 3 Mio CHF an Kosten an. Wie die Erfahrung aus Betrieben zeigt, können diese Kosten durch ein betriebliches Gesundheitsmanagement innerhalb weniger Jahre auf unter 1,5 Mio CHF reduziert werden. Mit dem Aufzeigen des Präventionspotenzials versuchen wir dies den Unternehmungen zu verdeutlichen (Abbildung 10).

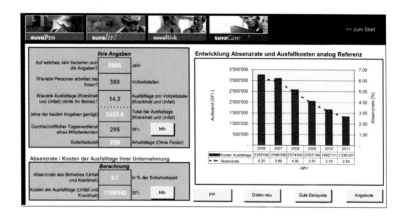

Abbildung 10: Präventionspotentialrechner (PPR)

5. Persönliches Gesundheitsverhalten fördern

Mit dem individuellen Gesundheits- und Risikoverhalten muss sich auch eine Unfallversicherung wie die Suva auseinandersetzen. Alkohol und Suchtmittel am Arbeitsplatz sind bedeutende Gesundheits- und Unfallrisiken. Die gesetzlichen Grundlagen, welche Suchtmittelmissbrauch verhindern sollen sind zwar gegeben, Gesetze allein aber können die vielfältigen Ursachen von Sucht nicht verhindern.

Hier nimmt die betriebliche Gesundheitsförderung durch Ressourcenförderung, Primärprävention und Früherkennung eine Schlüsselfunktion ein, um gesundheitliche und soziale Folgen von Sucht und die Zahl von Unfällen zu verringern (Abbildung 11).

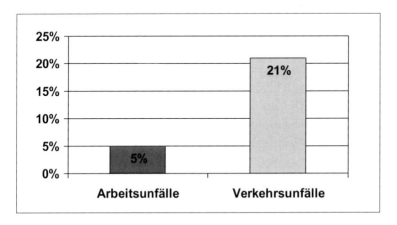

Abbildung 11: Alkoholeinfluss bei Notfalleinweisungen nach Arbeits- und Verkehrsunfällen (SfA 1999)

Wie für Alkohol bestehen auch beim Nichtraucherschutz am Arbeitsplatz gesetzliche Regelungen. Im Zusammenhang zur Sicherheit im Umgang mit brennbaren oder explosiven Stoffen ist das Rauchen ein bedeutendes Thema in der Unfallprävention. Dass es sich auch aus betriebswirtschaftlicher Perspektive lohnt, das Rauchen im Betrieb zu thematisieren, zeigen die durch das Rauchen verursachten Fehlzeiten. Auf jeden Raucher fallen theoretisch pro Jahr 2,5 AU-Tage. Diese krankheitsbedingten AU-Tage sind die Folge von Nikotin bzw. dessen Folgekrankheiten wie Krebserkrankungen, Herz-Kreislauf-Erkrankungen oder Atemwegserkrankungen. Pro AU-Fall infolge von Tabakkonsum ergäbe dies im Mittel jährlich fast 14 AU-Tage (Tabelle 2).

Tabelle 2: Arbeitsunfähigkeit infolge Rauchen in der Schweiz (BAG 2000, SAKE 2001)

AU-Tage infolge Rauchen	Erwerbstätige Raucher und Ex-Raucher	AU-Fälle infolge Rauchen [Total pro Jahr]	Jährliche AU-Tage pro Raucher und Ex-Raucher	AU-Tage pro AU-Fall infolge Rauchen
5.087.000	2.053.966	365.400	2,5	13,9

Im Zusammenhang zur Prävention von Berufskrankheiten, etwa bei Arbeiten in staubiger Umgebung oder in der Umgebung von Rauchen und Gasen, sollte besonders darauf geachtet werden, dass nicht zusätzlich noch geraucht wird. Denn die Kombination von arbeitsplatzbedingten inhalativen Noxen mit Nikotin kann die Erkrankungswahrscheinlichkeit verstärken. Der Gesundheitsschutz am Arbeitsplatz darf die Nikotinprävention nicht ausser Acht lassen.

Ein weiteres zentrales Feld der betrieblichen Gesundheitsförderung sind Bewegung und Sport. Diese vermindern zwar nicht die Belastungen am Arbeitsplatz. Sie dienen aber dem Ausgleich bei körperlich belastenden Arbeitssituationen, vor allem aber bei dem zunehmenden Bewegungsmangel. Personen, welche in ihrer Freizeit regelmässig Sport treiben, weisen weniger häufig starke Rückenprobleme auf als Personen, welche in der Freizeit körperlich inaktiv sind. Dieser Effekt ist auch bei grosser körperlicher Anstrengung in der Arbeit sichtbar, wenn auch in geringerem Masse (Abbildung 12).

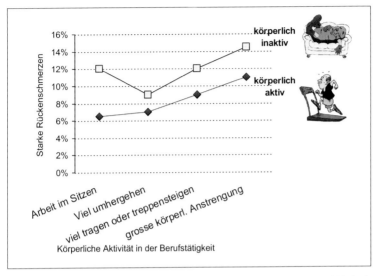

Abbildung 12: Rückenschmerzen und körperliche Aktivität in Beruf und Freizeit (Hämmig et al. 2005)

Regelmässige Bewegung und Sport haben nicht allein einen positiven Effekt auf die körperliche Leistungsfähigkeit. Vielmehr ist körperliche Aktivität Prävention par excellence, wie die Ergebnisse (Abbildung 13) einer Studie des Bundesamtes für Sport zeigen (Matin 2002). Jährlich werden durch regelmässige körperliche Aktivität über 85.000 Fälle von Herz-Kreislauf-Erkrankungen verhindert. Dies sind 41 Prozent der tatsächlich beobachteten über 200.000 Erkrankungen. Nicht allein Herz-Kreislauf-Erkrankungen können durch regelmässige Bewegung und Sport verhindert werden. Wie die Abbildung zeigt, können dadurch mehrere Krankheiten von Diabetes über Dickdarmkrebs bis zu Rückenschmerzen und Bluthochdruck positiv beeinflusst werden.

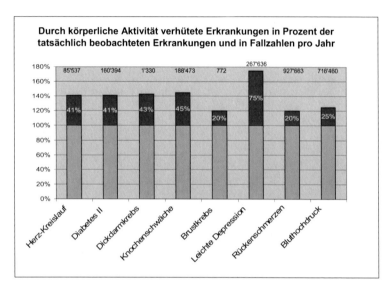

Abbildung 13: Durch Bewegung und Sport verhinderte Erkrankungen

Aus Sicht des Unfallversicherers werden durch die Prävention und Gesundheitsförderung auf der individuellen Ebene Fehlzeiten – auch die unfallbedingten – gesenkt.

Als Unfallversicherer will die Suva Sport und Bewegung auch im betrieblichen Umfeld unterstützen, gleichzeitig soll auf die Unfallprävention beim Sport hingewiesen werden. Zwei Beispiele verdeutlichen dies. Als Vorbereitung für die Wintersaison propagiert die Suva neben weiteren Aktivitäten das Fitnesstraining mit einer DVD «Top10 für den Winter» als Kraft- und Koordinationstraining zur Verhinderung und Verminderung von Wintersportunfällen. Ein anderes Beispiel stellt die in Zusammenarbeit mit der FIFA entwickelte Kampagne «Die 11» dar. Hauptziel dieser Kampagne ist die Unfallprävention, welche Fairplay, Warm-up und präventionsorientierte Trainingseinheiten berücksichtigt. Schliesslich hat der Mountain-Bike-Boom der letzten Jahre dank der Fahrradhelm-Kampagne zu keiner Erhöhung von schweren Schädel-Hirn-Verletzungen geführt. Vielmehr sind diese von über 10 Prozent auf 4 Prozent gesunken.

Insgesamt kann durch betriebliche Gesundheitsförderung die Gesundheit der Mitarbeitenden erhalten oder gar verbessert werden. Auch die dispositionellen Unfallrisiken und die Fehlzeiten nach Unfall und Krankheit lassen sich dadurch vermindern. Neben diesen «operativen» Vorteilen ergeben sich auch strategische Vorteile für die Unternehmungen, wie verminderte Fluktuationskosten und höhere Attraktivität als Arbeitgeber für hochqualifizierte Mitarbeitende. Wir unterstützen die Betriebe in ihren Aktivitäten. Denn das Engagement für das betriebliche Gesundheitsmanagement lohnt sich auch für die Suva als Unfallversicherer.

Literatur

Bundesamt für Gesundheit BAG (Hg.). (2000). Suchtforschung des BAG. Bern: BAG.

Bundesamt für Statistik BFS (Hg.). (2001). Schweizerische Arbeitskräfteerhebung SAKE. Neuchâtel: BFS.

Elliehausen, H. J., Fritzsche, A., Konerding, J., Pavlovsky, B., Schott, S., & Seidel, D. (2003). Einfluss von psychischen Belastungsfaktoren am Arbeitsplatz auf das Risiko von Unfällen und Erkrankungen. Bau-BG Hannover, IKK Niedersachsen, AOK Niedersachsen.

Fachstelle für Alkohol- und andere Drogenprobleme SFA (Hg.). (1999). Zahlen und Fakten zu Alkohol und anderen Drogen. Lausanne: SFA.

Friedel, H., & Orfeld, B. (2002). Das Anforderungs-Kontroll-Modell: Psychische Belastungen am Arbeitsplatz sind einfach zu ermitteln. Die BKK. Zeitschrift der Betrieblichen Krankenversicherung (2) 50.

Gewerkschaft Unia (Hg.). (2007). NoStress! Die Ergebnisse der grossen Unia-Umfrage zu Arbeitssicherheit und Gesundheitsschutz auf dem Bau. 3/25.

Graf, M. & Pekruhl, U. (2005). 4. Europäische Erhebung über die Arbeitsbedingungen 2005. Ausgewählte Ergebnisse aus Schweizer Perspektive. In: http://www.news-service.admin.ch/NSBSubscriber/message/attachments/8282.pdf, 30.05.2008.

Hämmig, O., Jenny, G., & Bauer, G. (2005). Arbeit und Gesundheit in der Schweiz. Surveybasiertes Monitoring der Arbeitsbedingungen und des Gesundheitszustandes der Schweizer Erwerbsbevölkerung. Arbeitsdokument des Obsan 12. Neuchâtel: Schweizerisches Gesundheitsobservatorium Obsan.

Kommission für die Statistik der Unfallversicherung UVG (KSUV) (Hg.). (2006). Unfallstatistik UVG 2006. In: http://www.unfallstatistik.ch/d/publik/unfstat/pdf/Ts06.pdf, 30.05.2008.

Martin, B. (2002). Bewegung und Gesundheit: Konsequenzen und Möglichkeiten für die hausärztliche Praxis. Hauptreferat anlässlich des 18. Magglinger Fortbildungskurses der FIAM, BEGAM und VKBI, 6. September 2001. PrimaryCare (2) 9-11.

Verena Lehmann · Helga Thaler · Michaela Tengg · Dieter Ahrens

Körperliche Aktivität und Entspannungsverfahren im Betrieb – Übersicht über den Stand der Forschung

Einleitung

Das Gesundheits- und Krankheitsgeschehen der Bevölkerung der westlichen Industrienationen unterliegt in den letzten Jahrzehnten einem erheblichen Wandel. Einerseits sind ein stetiger Rückgang der Infektionskrankheiten und ein permanenter Anstieg chronisch-degenerativer Erkrankungen zu beobachten, andererseits führt eine starke Veränderung der Lebens- und insbesondere Arbeitsbedingungen zu einem anhaltenden Anstieg der psychischen Erkrankungen. Aus gesundheitswissenschaftlicher Sicht zeigen sich hier konkrete Anknüpfungspunkte, da viele chronische Erkrankungen (wie Herz-Kreislauf-Erkrankungen, Diabetes usw.) sowie psychische Erkrankungen als vermeidbar gelten, wenn rechzeitig präventive Interventionen gesetzt werden (Marcus et al. 2006, van der Klink et al. 2001).

Unter Public-Health-Experten scheint es einen Konsens darüber zu geben, dass die Gesundheit der Menschen aus einem komplexen Zusammenspiel von Verhalten (Ernährung, Bewegung, Arbeit usw.) und den ökonomischen und sozialen Verhältnissen (Einkommen, Berufsbelastungen, Wohnumfeld, Umwelt) geprägt wird. Der strategische Ansatz der Weltgesundheitsorganisation in der Ottawa-Charta, die gesundheitsfördernden Ressourcen zu stärken und gleichzeitig die gesundheitlichen Belastungen zu senken, findet allgemeine Anerkennung, auch wenn Ziel und Realität noch immer weit auseinander liegen (Ahrens 2007). Die Risikofaktoren Tabakkonsum, Bluthochdruck, Alkoholmissbrauch, zu hohe Cholesterinwerte, Übergewicht, geringer Verzehr von Obst und Gemüse sowie Bewegungsmangel sind für fast 60 % des derzeitigen Krankheits- und Mortalitätsgeschehens in Europa verantwortlich (Schwappach et al.

2007). Die Identifikation und Beforschung der Beeinflussungsmöglichkeiten dieser Risikofaktoren ist ein zentraler Baustein der internationalen Public-Health-Forschung, wobei sich gezeigt hat, dass die Kontrolle bzw. Veränderung der Risikofaktoren häufig nur durch Interventionen in Systeme erfolgreich ist (z.B. Betriebliche Gesundheitsförderung) (Rosenbrock 2006).

Die interdisziplinär ausgerichteten Gesundheitswissenschaften stehen erst am Anfang einer gemeinsamen Theoriebildung zur Klärung der Entstehung von Krankheit bzw. zur Aufrechterhaltung und Förderung der Gesundheit. Bislang bestehen verschiedene Theoriebausteine der beteiligten Natur- und Sozialwissenschaften, die in die gesundheitswissenschaftliche Theoriearbeit eingebracht werden. Diese sind (Schnabel 2005, S. 171):

- die Humanbiologie,
- der psychosomatische Gesamtorganismus,
- das Verhältnis von menschlichem Organismus und Umwelt,
- das Wechselspiel von körperlichen, seelischen und sozialen Einflussfaktoren im Lebenslauf.

Im Kontext von Prävention und Gesundheitsförderung ist der Kernpunkt dieser zunächst verschiedenen Theorieansätze, die zunehmend ineinandergreifen, dass über klassische physische Risikofaktoren hinaus noch psychische und soziale Determinanten von Gesundheit und Krankheit bestehen. Diese müssen jeweils gemeinsam betrachtet werden. Schnabel (ebd.) betont darüber hinaus, dass erst durch die Berücksichtigung der Tatsache, dass Gesundheit nicht als Zustand, sondern als auf der Wechselwirkung körperlicher, seelischer und sozialer Konstruktionselemente beruhendes Geschehen aufzufassen ist, die Gesundheitsförderung sich als bedürfnisorientiertes Interventionskonzept problem-, kontext- und altersangemessen etablieren kann.

Ausgehend von diesem interdisziplinär erforschten Verständnis der Entstehung von Gesundheit und Krankheit leitet sich die Gesundheitsförderung als das zentrale Arbeitsfeld der Gesundheitswissenschaften ab. Das Wissen um die vielfältigen biophysiologischen und psychosozialen Belastungen sowie die erforderlichen Bewältigungsressourcen wurde in den vergangenen Jahrzehnten von den Gesundheitswissenschaften generiert. Diese bilden die Grundlage für die Schaffung gesundheitsfördernder Lebens- und Arbeitsbedingungen, wie sie programmatisch in der Ottawa-Charta der WHO formuliert wurden (Ahrens 2007). Demnach zielt Gesundheitsförderung auf einen Prozess, „allen Menschen ein höheres Maß an Selbstbestimmung über ihre Gesundheit zu ermöglichen und sie damit zur Stärkung ihrer Gesundheit zu befähigen" (WHO 2006). Zur Gestaltung dieses Prozesses wird eine Doppelstrategie verfolgt, und zwar sowohl die Stärkung von individuellen Kompetenzen zur Auseinandersetzung mit Krankheitsrisiken und zur Verbesserung der persönlichen Gesundheit als auch die gesundheitsgerechte Gestaltung der sozialen und natürlichen Umwelt, um damit gute Bedingungen für die Gesundheit der Bevölkerung zu schaffen (Hurrelmann & Laaser 2006).

In vorliegender Arbeit soll die Frage geklärt werden, wie Programme der betrieblichen Gesundheitsförderung, die sich mit der Steigerung von körperlicher Aktivität und der Verbesserung der Entspannungsverfahrens beschäftigen, bisher konzipiert und durchgeführt wurden und welche Ergebnisse zum Einsatz und zur Wirkung bis heute nachgewiesen werden konnten. Die zunehmende Inaktivität der Bevölkerung und der Wandel der Arbeitswelt, der als zentrale Ursache für stressbedingte Erkrankungen verantwortlich zeichnet, sind heute die wesentlichen Risikofaktoren für die Entstehung chronischer Erkrankungen (Schappach et al. 2007).

Die Zusammenfassung des Forschungsstands zu den Themen „körperliche Aktivität" und „Entspannungsverfahren" erfolgt auf der Basis unterschiedlicher Ausgangslagen. Während einerseits die Interventionen zur Steigerung der körperlichen Aktivität und deren potenzielle gesundheitliche Wirkungen theoretisch relativ einfach erklärt werden können, zeigen sich andererseits bei den Entspannungsverfahren vielfältige Interventionsformen und Wirkweisen. Dies wird durch den Forschungsstand entsprechend bestätigt. Zu den gesundheitlichen Wirkungen der körperlichen Aktivität existieren zahlreiche Studien, die in hochwertigen systematischen Reviews zusammengefasst wurden. Im Kontext der betrieblichen Gesundheitsförderung sind vor allem jene Studien von Interesse, in denen die Steigerung der körperlichen Aktivität erprobt bzw. untersucht werden sollte. Auf diese beschränkt sich auch hier die Zusammenstellung des Forschungsstands. Die empirische Wissensbasis zu den einzelnen Entspannungsverfahren ist dagegen nicht ganz so umfangreich. In Kapitel 1 wird zunächst der Forschungsstand zu Interventionen zur Steigerung der körperlichen Aktivität aufbereitet, in Kapitel 2 werden die theoretischen Grundlagen der verschiedenen Entspannungsverfahren dargestellt sowie der empirische Forschungsstand präsentiert. Das Kapitel schließt mit einer Zusammenfassung und einem Ausblick auf zukünftigen Forschungsbedarf.

1. Körperliche Aktivität und Gesundheit

1.1 Definition, Abgrenzung und theoretische Konzepte von körperlicher Aktivität

„Der Begriff körperliche Aktivität (physical activity) bezieht sich auf körperliche Bewegung, die durch die Skelettmuskulatur produziert wird und den Energieverbrauch über den Grundumsatz hebt" (Abu-Omar & Rütten 2006, S. 1162). Körperliche Aktivität wird häufig als Oberbegriff für Sport, Gesundheitssport und gesundheitsförderliche körperliche Aktivität benutzt. In letzter Zeit wird vor allem im US-amerikanischen Raum der Begriff „aktiver Lebensstil" benutzt, um Alltagsaktivitäten wie etwa zu Fuß gehen, Treppen steigen oder Rad fahren in das Gesamtkonzept der körperlichen Bewegung zu integrieren (ebd.).

Körperliche Aktivität wird nach Predel & Tokarski (2005) erst dann zu einem gesundheitsfördernden Training, wenn sie geplant, strukturiert und regelmäßig stattfindet. Regelmäßig bedeutet, dass Menschen an mindestens drei Tagen pro Woche körperlich aktiv sind. In der Literatur wird zwischen leichter, moderater und schwerer körperlicher Aktivität unterschieden. Tabelle 1 enthält Beispiele zur Verdeutlichung.

Tabelle 1: Beispiele für leichte, moderate und schwere körperliche Aktivität

Intensität	Beispiel
Leichte körperliche Aktivität	Langsames Gehtempo von < 4 km/h
Moderate körperliche Aktivität	Gehtempo von 4 bis 7 km/h
Schwere körperliche Aktivität	Verschiedene Sportarten und schwere manuelle Arbeit

Quelle: Predel & Tokarski, 2005, S. 834

Medizinische Fachgesellschaften, allen voran die US-amerikanischen Centers of Disease Control und Prevention, empfehlen in ihren Public Health-Guidelines tägliche moderate körperliche Aktivität im Umfang von mindestens 30 Minuten (Marcus et al. 2006).

Nach Predel & Tokarski (2005) hat adäquat durchgeführte, regelmäßige körperliche Aktivität vielfältige Effekte auf den Menschen. Hervorzuheben ist, dass neben direkten körperlichen Effekten u.a. auch psychische Auswirkungen zu beobachten sind. Abbildung 0 verdeutlicht die Zusammenhänge.

Abbildung 0: Wirkweisen der körperlichen Aktivität

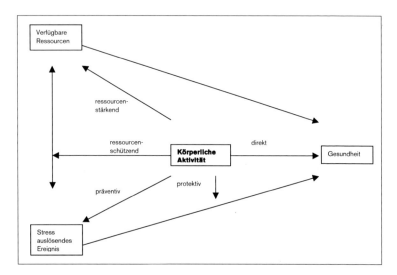

Quelle: Fuchs 2007, S. 81

Regelmäßige körperliche Aktivität wirkt demnach einerseits direkt auf die Gesundheit der Individuen, und andererseits unterstützt sie die Ressourcen der Menschen in der Bewältigung stressauslösender Ereignisse. Inwieweit die theoretischen Zusammenhänge zwischen regelmäßiger körperlicher Aktivität und entsprechenden intendierten gesundheitlichen Effekten auch empirisch nachweisbar sind, wird in Kapitel 1.3 in Ergänzung zu den Ausführungen zur Steigerung der körperlichen Aktivität erläutert.

1.2 Suchstrategie

Das erste Teilkapitel beruht auf Recherchen in den Datenbanken MEDLINE und Cochrane Library. Für die Suche in diesen Datenbanken wurde mit folgenden Stichwörtern bzw. mit Kombinationen aus diesen recherchiert:

- workplace OR worksite
- physical activity
- health
- workplace health promotion

Es wurden nur Metaanalysen und systematische Reviews für diese Arbeit herangezogen, wobei Reviews, die sich inhaltlich schwerpunktmäßig mit Ernährungsprogrammen bzw. Antiraucherprogrammen und nur ergänzend mit körperlicher Aktivität beschäftigen, ausgeschieden wurden. Die Suche wurde bis einschließlich 1994 zurückverfolgt.

In nachfolgender Darstellung der Studien wurde Wert auf eine chronologische Reihenfolge gelegt, die gleichzeitig einen Überblick über die historische Entwicklung der betrieblichen Gesundheitsförderung in Bezug auf körperliche Aktivitäten liefert.

1.3 Stand der Forschung

Die Zusammenfassung des Forschungsstands basiert auf insgesamt acht systematischen Reviews und Übersichtsarbeiten. Tabelle 2 fasst die Reviews zusammen.

Tabelle 2: Forschungsstand körperliche Aktivität und betriebliche
Gesundheitsförderung

Autor(en)	Jahr	Anzahl Studien	Fallzahl	Intervention	Ergebnisse
Dishman et al.	1996	127 system. Review	131.156 versch. Settings	Beratung, Information, Walking, Jogging, Aerobic	Insgesamt 445 verschiedene Effekte; eine Steigerung der körperlichen Aktivität ist möglich, Gesundheitseffekte wurden nicht genannt
Dishman et al.	1998	26 Meta-Analyse	8.800 im Setting Betrieb	Beratung, Information, Walking, Jogging, Aerobic	45 unterschiedliche Effekte, eine Steigerung der körperlichen Aktivität ist möglich, Gesundheitseffekte wurden nicht genannt
Harden et al.	1999	110 system. Review	k.A.	Beratung, Information, Skilltraining, allgemein Ges.förderung	Nur wenige Studien wurden als methodisch ausreichend eingestuft; die wenigen guten Studien zeigen moderate Effekte; explizite Gesundheitseffekte wurden nicht genannt
Proper et al.	2002	8 Review	13.828	Beratung, Information, wöchentliche Übungen, Walking, Fahrradergometer	In den Studien zeigte sich „limited evidence" für die Effektparameter: Arbeitsunfähigkeit, Arbeitsbelastung und Arbeitszufriedenheit. Effekte auf die Produktivität konnten nicht gezeigt werden
Proper et al.	2003	26 system. Review	8.965	Walking, Aerobic, Jogging, Fahrradergometer u.a.	„Strong evidence" für den Zusammenhang zwischen körperl. Aktivität und Störungen des Bewegungsapparats, für andere „limited" evidence
Marshall	2004	32 Review	k.A.	Beratung, Information, Übungen, Anreizsysteme	Positive Ergebnisse für umfassende Programme, allerdings stark beeinflusst durch die Motivation der MitarbeiterInnen
Engbers et al.	2005	13, davon 3 körperl. Aktivität	4019 Review	Treppen steigen, Ausbildung, skill training, Motivation	Die selbst geäußerte körperliche Aktivität hat in einer Studie zugenommen, in einer anderen zeigte sich eine Zunahme in Interventions- und Kontrollgruppe, in der dritten Studie zeigten sich keine Effekte

Quelle: eigene Darstellung

Zunächst zeigt sich, dass die Qualität der Studien im Zeitverlauf zunimmt. Dies geht einher mit der Zunahme und Verdichtung der positiven Effekte, die durch die Interventionen zur Steigerung der körperlichen Aktivität hervorgerufen werden. Hervorzuheben ist, dass in den Studien und den Reviews im Regelfall nicht zwischen der Steigerung der körperlichen Aktivität und der körperlichen Aktivität selbst differenziert wurde, d.h. worauf nun genau die Gesundheitseffekte zurückzuführen sind, lässt sich so nicht eruieren.

Im Folgenden werden die zentralen Ergebnisse der Reviews noch einmal dargestellt.

Das Ziel der Arbeit von Dishman & Buckworth (1996) war es, eine Literaturrecherche und Analyse zu Interventionen und deren Effekten zur Steigerung körperlicher Aktivität durchzuführen. Über den Publikationszeitraum von 1965 bis 1995 wurde in folgenden Datenbanken recherchiert: MEDLINE, CURRENT CONTENTS, PSYCHINFO, SOCIAL SCISEARCH, ERIC und Dissertation Abstracts International. Zusätzlich wurde Literatur gesichtet, und es wurden Expertenbefragungen durchgeführt. Das Ergebnis der Recherche waren 127 Publikationen und 14 Dissertationen, die in folgenden Settings durchgeführt wurden: Arbeitsplatz, Gemeinde, Schule, das Zuhause und Gesundheitseinrichtungen.

Folgende Einschlusskriterien wurden für die Auswahl der Studien herangezogen:

- Die abhängige Variable ist eine Maßzahl für körperliche Aktivität oder eine Maßzahl für körperliche Fitness.
- Die unabhängige Variable ist eine definierte Intervention, die zur Steigerung körperlicher Aktivität führen soll.
- Die Ergebnisse der Interventionen wurden quantifiziert und mussten auch vergleichbar mit den Kontrollgruppen sein.
- Die Effektgrößen müssen als Pearsonkorrelationskoeffizient r ausgedrückt werden, der es erlaubt, auch Effekte zu berechnen, die

aus unterschiedlichen statistischen Berechnungen kamen. (Der Korrelationskoeffizient r von 0,1 weist eine geringe, 0.3 eine mittlere, 0.5 eine hohe Korrelation auf.)

Die mittlere Effektstärke r wies mit dem Wert 0.34 eine mittlere Korrelation auf. Unabhängig von der Stichprobengröße waren die Effekte umso größer, je mehr die Interventionen

- sich auf Verhaltensänderungen bezogen,
- vorrangig ein quasi-experimentelles Design hatten und
- von kurzer Dauer waren (unabhängig von den Teilnehmern, dem Setting oder der Art der körperlichen Aktivität).

Die Analyse der Studien zeigt nach Dishman & Buckworth (1996), dass die Verwendung von verhaltensverändernden Interventionen zu einer Steigerung von körperlicher Aktivität führen. Es wird jedoch die Forderung nach mehr kontrollierten Studien gestellt, welche die unterschiedlichen Effekte der Interventionen, die aus vorliegender Analyse hervorgehen, bestätigen und weiterführend Möglichkeiten aufzeigen, wie Interventionen, Settings und Bevölkerungssegmente kombiniert werden sollten, um einen optimalen Weg zur Steigerung und Aufrechterhaltung von körperlicher Aktivität bei Menschen mit einer bewegungsarmen Lebensweise zu erreichen.

Ziel einer weiteren Metaanalyse von Dishman et al. (1998) war es, eine Literaturrecherche und Analyse zu Interventionen am Arbeitsplatz und deren Effekten zur Steigerung körperlicher Aktivität oder körperlicher Fitness durchzuführen. In folgenden Datenbanken wurde zu diesem Thema nach englischsprachigen Publikationen aus dem Zeitraum von 1972 bis 1997 recherchiert: MEDLINE, PSYCHINFO, CURRENT CONTENTS und BIOSIS. Die Suche wurde durch Bibliografien der gefundenen Artikel sowie Referenzlisten von Experten ergänzt. Einschlusskriterien für Studien waren:

- Die abhängige Variable ist eine Maßzahl für körperliche Aktivität oder eine Maßzahl für körperliche Fitness (als Surrogate für körperliche Aktivität).
- Die unabhängige Variable ist eine Intervention, die am Arbeitsplatz durchgeführt wird, mit dem Ziel, die körperliche Aktivität bzw. die körperliche Fitness der Arbeitnehmer zu steigern.
- Die abhängige Variable muss derart quantifiziert sein, dass Veränderungen nach erfolgter Intervention berechenbar und somit auch vergleichbar mit jenen Veränderungen der Kontrollgruppe sind.
- Die Effektgröße muss als Pearsonkorrelationskoeffizient r ausgedrückt werden können.

Von 73 recherchierten Studien blieben für die Metaanalyse 26 Studien, die alle Kriterien erfüllen konnten.

Nahezu 9.000 Testpersonen zeigten 45 Effekte, woraus eine mittlere Effektstärke berechnet wurde. Die mittlere Effektstärke r betrug 0,11 (95%-Konfidenzintervall von –0,20 bis 0,40). Dies bedeutet, dass die Interventionen geringe oder gar keine Effekte aufweisen konnten.

Die Ergebnisse weisen laut den Autoren darauf hin, dass die für gewöhnlich zum Einsatz kommenden Interventionen zur Steigerung körperlicher Aktivität im Rahmen betrieblicher Gesundheitsförderungsprogramme noch zeigen müssen, dass sie einen statistisch signifikanten Anstieg in der körperlichen Aktivität belegen können. Die wenigen Studien zu diesem Thema zeigen bisher geringe oder keine Effekte. Zusammenfassend wird festgestellt, dass die allgemein als eher schlecht zu bezeichnende Qualität der wissenschaftlichen Literatur zu diesem Thema die Aussage verhindert, dass Interventionen am Arbeitsplatz körperliche Aktivität und körperliche Fitness nicht steigern können, dass die derzeitigen Studien (Stand 1998) bis jetzt jedoch noch nicht ausreichen, das Gegenteil zu belegen.

Harden et al. publizierten 1999 einen systematischen Review zur Abschätzung der Wirksamkeit von betrieblichen Gesundheitsförderungsprogrammen. Ziel war es zudem, zu untersuchen, inwieweit Interventionen auf die Bedürfnisse der Angestellten eingehen und inwieweit die Thematik der Arbeitgeber-Arbeitnehmer-Beziehungen in betrieblichen Gesundheitsförderungsprogrammen berücksichtigt wird. Es wurde eine systematische Suche in den einschlägigen Fachjournalen und eine Recherche in folgenden Datenbanken (Publikationszeitraum von 1994 bis 1997) durchgeführt: EMBASE, ERIC, MEDLINE, PsycLIT und the Social Science Citation Index. Einbezogen wurden jene Studien, die sich auf relevante Ergebnisevaluationen berufen. Insgesamt wurden 110 Studien für diesen Review herangezogen.

Nur ein Viertel der Studien zeigte, dass die durchgeführten Interventionen auf die Bedürfnisse der Angestellten abgestimmt waren. Nur sehr wenige beschäftigten sich mit dem Thema der Arbeitgeber-Arbeitnehmer-Beziehungen. Der Großteil der Programme zielte inhaltlich auf die Verhaltensebene ab. Die Mehrheit der Ergebnisse der Evaluationen war nicht ausreichend, um einen starken Beweis für die Effektivität von betrieblicher Gesundheitsförderung zu liefern. Es konnten nur geringe Anzeichen für eine Effektivität gefunden werden.

Ziel des Reviews von Proper et al. (2003) war es, die Wirkung von bewegungsorientierten Interventionsprogrammen am Arbeitsplatz in Bezug auf körperliche Aktivität, körperliche Fitness (gesundheitsbezogene Fitness wie kardiorespiratorische Fitness, muskuläre Flexibilität, Muskelkraft, Körpergewicht und Körperzusammensetzung) und Gesundheit (allgemeiner Gesundheitszustand, Ermüdung, Störungen des Bewegungsapparates, Blutdruck, Blutfette) zu bewerten. Es wurde eine Literaturrecherche nach englischsprachigen Artikeln, die im Zeitraum von 1980 bis 2000 publiziert wurden, in folgenden Datenbanken durchgeführt: MEDLINE, EMBASE, SPORT-DISCUS, CINAHL und PSYCHLIT.

Einschlusskriterien für die Auswahl der Studien waren:

- randomisierte, kontrollierte und nichtrandomisierte, kontrollierte Studien
- Personen, die im Arbeitsprozess stehen;
- Durchführung von gesundheitsfördernden Interventionen am Arbeitsplatz, mit dem Ziel, die körperliche Aktivität oder die körperliche Fitness der Angestellten zu steigern;
- Ergebnisse, die sich auf den Bereich der körperlichen Aktivität, der körperlichen Fitness oder auf gesundheitsbezogene Komponenten beziehen

Von 772 gefundenen Publikationen erfüllten 15 randomisierte, kontrollierte Studien und elf nicht-randomisierte, kontrollierte Studien die Kriterien. Davon waren sechs randomisierte, kontrollierte Studien, jedoch keine aus dem Bereich der nicht-randomisierten, kontrollierten Studien von hoher methodologischer Qualität. In einer Bewertungsskala, die aus fünf Stufen besteht (mögliche Bewertungen: strong evidence, moderate evidence, limited evidence, inconclusive evidence, no evidence), wurden folgende Ergebnisse gefunden:

- Strong evidence konnte für einen positiven Effekt von Interventionsprogrammen aus dem Bereich körperlicher Aktivität und Bewegung in Bezug auf Störungen im Bewegungsapparat sowie Steigerung der körperlichen Aktivität nachgewiesen werden.
- Limited evidence wurde für einen positiven Effekt in Bezug auf Erschöpfung und Übermüdung nachgewiesen.
- Inconclusive bzw. no evidence für einen positiven Effekt lieferten Ergebnisse im Bereich von körperlicher Fitness, des allgemeinen Gesundheitszustandes, den Blutfetten und des Blutdruckes.

Um eine Steigerung der körperlichen Aktivität sowie eine Reduktion des Risikos für Störungen im Bereich des Bewegungsapparates zu vermeiden, wird die Durchführung von Programmen zur Erhöhung körperlicher Aktivität empfohlen. Im Hinblick auf jene Ergebnisse, die keine aussagekräftigen Beweise liefern konnten, wird die geringe Anzahl von bisher durchgeführten hochwertigen Studien als Grund für diese unzureichenden Ergebnisse genannt. Es wird empfohlen, mehr randomisierte, kontrollierte Studien von hoher methodologischer Qualität durchzuführen, um so eine gute Datengrundlage für weitere Analysen zu bieten. Proper et al. (2003) gehen in ihrer Zusammenfassung auf die Reviews von Dishman et al. (1996, 1998) und deren unterschiedliche Ergebnisse ein. Die unterschiedliche Aussagekraft in ihren Ergebnissen erklären sich die Autoren damit, dass sie unterschiedliche Methoden zur Erstellung der Reviews benutzten. So führten Dishman et al. (1996, 1998) eine quantitative Analyse durch, indem die Daten der einzelnen Studien aggregiert wurden, wogegen Proper et al. (2003) die Studien jeweils qualitativ bewerteten. Weiters unterschieden sich auch die evaluierten Interventionen in den jeweils verwendeten Studien. In der gegenwärtigen Studie wurde primär der Fokus auf die Erhöhung der körperlichen Aktivität und körperlichen Fitness gelegt, im Gegensatz dazu haben Dishman et al. (1996, 1998) umfangreichere und globalere Trainingsprogramme mit einbezogen. Zudem muss erwähnt werden, dass zwischen den genannten Reviews ein Zeitraum von 3 bis 5 Jahren zu verzeichnen ist.

In der Übersichtsarbeit von Marshall (2004) sollte eine Bewertung von Interventionsstudien, die sich mit der Steigerung der körperlichen Aktivität am Arbeitsplatz beschäftigen, vorgenommen werden. Studien, die nach Erstellung der Metaanalyse von Dishman et al. (1998) publiziert wurden, wurden mittels einer Recherche mit MEDLINE sowie Recherchen in den einschlägigen Fachjournalen über den Publikationszeitraum von 1998 bis 2004 ermittelt. Von 62 Publikationen, die gefunden wurden, verblieben 32 Studien, die körperliche Aktivität als Schlüsselergebnis enthielten, in der Analyse. Von den 32 Studien waren fünf randomisierte, kontrollierte Studien, sechs davon waren randomisierte Studien, sieben waren quasiexperimentelle Studien mit einer Vergleichsgruppe und die verbleibenden 14 Studien waren nichtexperimentelle Kohortenstudien ohne Vergleichsgruppe. Die meisten Studien bestanden aus freiwilligen Teilnehmern, die ihr Verhalten ohnehin verändern wollten oder bereits körperlich aktiv waren. Für jene Studien, die ausreichend Daten zur Verfügung stellten, konnten Effektstärken berechnet werden.

Die mittlere Effektstärke für Programme, die aus individuellen Beratungen und einzelnen Trainingseinheiten bestanden, zeigte Werte von $r = 0,34$ bis $r = 0,37$. Die ‚single risk factor' Programme wiesen eine mittlere Effektstärke von $r = 0,4$ auf. Jene der ‚multiple risk factor'-Programme waren mit $r = 0,24$ niedriger.

In den Kernaussagen stimmt Marshall (2004) mit den Ergebnissen von Dishman et al. (1998) überein. Zukünftige Studien auf diesem Gebiet müssen detailliertere Berichte über die angewandten Interventionsstrategien, über Anwerbung der Teilnehmer, Durchführung und Reichweite der Interventionen sowie die Zustimmung bzw. Ausfallsquoten der Beteiligten liefern. Eine größere Anzahl an vollständigen Datensätzen sollte zukünftig dazu beitragen, aus multistrategischen Interventionsprogrammen jene Maßnahmen zu identifizieren, die erfolgreich sind. Zur Erzielung eines positiven Einflusses auf die körperliche Aktivität am Arbeitsplatz ist ein Umdenken von der Ebene der individuellen Verhaltensänderung zu mehr strategischen und globaleren Ansätzen notwendig. Als einer der wichtigsten Ansätze kann in diesem Zusammenhang die Unterstützung und die Integration auf Organisationsebene gesehen werden. Interventionen sollten nicht als Kurzzeitprogramme stattfinden, sondern als Teil der Unternehmenskultur betrachtet werden.

Ziel eines Reviews von Engbers (2005) war es, die Effektivität von verhältnisbezogenen betrieblichen Gesundheitsförderungsprogrammen in Bezug auf körperliche Aktivität, Diäten und allgemeine Indikatoren für Gesundheitsrisiken zu bewerten. Über den Publikationszeitraum von 1985 bis 2004 wurde eine Recherche mit folgenden Datenbanken durchgeführt: MEDLINE und EMBASE. Einschlusskriterien waren:

- randomisierte, kontrollierte Studien;
- Interventionen, die infrastrukturelle Änderungen im Betrieb beinhalten;
- Hauptergebnisse, welche eine Veränderung der körperlichen Aktivität, des Ernährungsverhaltens oder gesundheitlicher Risikofaktoren (BMI, Blutdruck, Cholesterin etc.) beinhalten;
- Zielgruppe bestehend aus gesunden Arbeitern und Angestellten;
- Studien ausschließlich in englischer, deutscher oder holländischer Sprache;
- Peer reviewed.

Im Review sind 13 randomisierte, kontrollierte Studien enthalten, wobei sich nur drei auf die Steigerung der körperlichen Aktivität beziehen. In einer Studie, die von Kronenfeld et al. 1987 durchgeführt wurde, handelt es sich neben Verbesserungen in der Betriebskantine um Aufforderungen, die Treppen zu benutzen. Die Ergebnisse nach einem Jahr zeigten einen Anstieg der körperlichen Aktivität in der Interventionsgruppe, allerdings auch in der Kontrollgruppe. Bemerkenswert ist, dass eine Aufforderung zum Treppensteigen als Verhältnisprävention interpretiert wird. Die methodologische Qualität der meisten Studien erwies sich als gering. In einer fünfstufigen Bewertungsskala (mögliche Bewertungen: strong evidence, moderate evidence, limited evidence, inconclusive evidence, no evidence) stellte sich der Effekt für die Steigerung der körperlichen Aktivität in den verwendeten Studien als inconclusive dar. No evidence wurde für einen Effekt zur positiven Beeinflussung gesundheitlicher Risikofaktoren gefunden.

Aufgrund der kleinen Anzahl von Studien ist es nicht möglich, allgemeine, aussagekräftige Schlüsse zu ziehen. Es wird empfohlen, zukünftig mehr Studien von höherer methodologischer Qualität durchzuführen, um zu beweisen, dass Interventionen, die auf infrastrukturelle Änderungen im Betrieb abzielen, einen Effekt auf die Steigerung körperlicher Aktivität haben.

In einem weiteren Review fassten Karen Proper und Kollegen (2006) fünf niederländische Studien bezüglich der Wirksamkeit von Interventionen zur Steigerung bzw. Verstetigung der körperlichen Aktivität zusammen. Nur drei Studien beschäftigten sich mit dem Setting Betrieb. Bei der ersten Studie handelt es sich um eine randomisierte, kontrollierte Studie, an der 299 niederländische Gemeindebedienstete teilnahmen. Die Interventionsgruppe bestand aus 131, die Kontrollgruppe aus 168 Teilnehmern. Die Intervention dauerte über neun Monate und basierte auf den PACE-Richtlinien. Diese wurden in den frühen 90er Jahren in den USA entwickelt (PACE: Physician-based Assessment and Counselling for Exercise) und beruhen auf dem transtheoretischen Modell der Stadien, der Veränderung von Prochaska und DiClemente und der Theorie des sozialen Lernens von Badura (Proper et al. 2006). Die Interventionen bestanden aus sieben Einzelberatungsgesprächen mit einer Dauer von je 20 Minuten. Die Beratung beschäftigte sich primär mit der Steigerung körperlicher Aktivität jedes Einzelnen und erst in zweiter Linie mit der Verbesserung der Ernährung. Die Ergebnisse zeigten einen statistisch signifikanten Effekt in Bezug auf die Steigerung der körperlichen Aktivität in der Interventionsgruppe. Darüber hinaus konnte ein positiver Effekt auf die kardiorespiratorische Fitness nachgewiesen werden. Die Ergebnisse dieser Studie stimmten nur teilweise mit vorangegangenen Studien überein. Die Unterschiede zu den anderen Studien könnten sich aus der Zusammensetzung der Studiengruppe sowie aus dem Inhalt der Beratungsgespräche erklären.

In den anderen zwei Studien wurden sekundärpräventive Maßnahmen bei Angestellten, die sich im Krankenstand wegen unspezifischer Kreuzschmerzen befanden, untersucht. In einer Studie nahmen 134 Bedienstete der niederländischen Fluggesellschaft teil, wovon die Kontrollgruppe aus 67 Teilnehmern bestand, die eine konventionelle Therapie erhielten. Die Interventionsgruppe, ebenfalls 67 Teilnehmer, erhielt die „Graded Activity"-Interventionen (GA). Die GA-Intervention dauerte maximal drei Monate und wurde zweimal wöchentlich von einem Physiotherapeuten, unter zusätzlicher Leitung eines Ergotherapeuten, durchgeführt. Die Ergebnisse zeigten, dass die Interventionsgruppe früher aus dem Krankenstand zurückkehrte als die Kontrollgruppe: Der Medianwert der Krankenstandstage der GA-Gruppe betrug 54 Tage. Jener der Kontrollgruppe betrug 67 Tage.

In der anderen Studie mit 299 Beschäftigten, die sich wegen unspezifischer Rückenschmerzen im Krankenstand befanden, sollte die Wirksamkeit verschiedener Rückenschulinterventionen untersucht werden. Die Beschäftigten wurden in drei Gruppen geteilt:

• Low-intensity Rückenschule
• High-intensity Rückenschule
• konventionelle Rückenschule

Die Low-intensity Rückenschule basiert auf einem schwedischen Modell und beinhaltet vier Sitzungen bei einem Physiotherapeuten mit Übungen zur Stärkung der Bauch- und Beinmuskulatur. Die High-intensity-Rückenschule basiert auf den GA-Interventionen (siehe oben). Nach sechs Monaten betrug der Medianwert der Krankenstandstage 68 in der Low-intensity-Rückenschule, 85 in der High-intensity-Rückenschule und 75 in der konventionellen Gruppe. Die Low-intensity-Rückenschule hatte die niedrigsten Kosten und die niedrigste Intensität verglichen mit der High-intensity-Rückenschule, erzielte aber die besten Erfolge.

Insgesamt zeigt der Forschungsstand zur Steigerung und zu den Auswirkungen der körperlichen Aktivität zufriedenstellende Ergebnisse. Zu betonen ist, dass speziell im Setting Betrieb zunächst nur wenige positive Effekte nachgewiesen werden konnten. Erst in jüngeren Studien bzw. Reviews wurde jedoch auch hier ein positiver Zusammenhang zwischen körperlicher Aktivität und Gesundheitseffekten nachgewiesen. Marcus et al. (2006) betonen, dass gesundheitspsychologische Interventionen zur Verhaltensänderung in diesem Zusammenhang bislang noch wenig Beachtung fanden, obwohl sich zeigt, dass gerade dadurch bisher eher inaktive Menschen ihr Aktivitätsverhalten ändern konnten. Zudem sei in der von ihnen gesichteten Literatur festzustellen, dass insbesondere Angehörige aus unteren sozialen Schichten in den bisher durchgeführten Studien wenig bis gar nicht repräsentiert waren. Hier besteht also noch erheblicher Forschungsbedarf.

2. Entspannungsverfahren im Betrieb

2.1 Definition von Entspannung

Was bedeutet eigentlich ein Begriff, der im Grunde das Gegenteil von dem meint, was er auszudrücken vermag? Sprachlich formuliert ist es der notwendige Wechsel zwischen Aktivierung und Lösung. Das psychologische Wörterbuch definiert Entspannung als Aktivität „kurzfristiger (phasisch) oder länger anhaltender (tonisch) Zustand reduzierter metabolischer, zentralvenöser, unbewusster Aktivität" (Dorsch, 1992, 176). Entspannung ist also kein passiver Vorgang, sondern ein aktiver, der auf verschiedenen Ebenen stattfindet. Laut Dorsch (1992, 176) ist Entspannung „auf subjektiv-verbaler, physiologischer und motorischer Ebene mess- und definierbar". Das bedeutet, wenn es sich um einen subjektiv empfundenen Zustand handelt, kann dieser Zustand auch individuell erreicht werden. Menschen haben zu dem Begriff der Entspannung mehr oder weniger aktive Vorstellungen, die den Sinn der Veränderung einer erlebten Spannung haben, dazu kann sowohl ein Spaziergang als auch Sport oder Schlafen oder das Treffen von Freunden gehören.

2.2 Kategorisierung der zahlreichen Methoden und Techniken zu Entspannung

Eine Systematisierung kann nach Vaitl und Petermann (1993) nur aufgrund klinischer Symptome erfolgen. Bislang gibt es eine solche Unterteilung nicht. Derzeit werden die Gemeinsamkeiten der Entspannungsverfahren betrachtet und z.B. aufgrund des geschichtlichen Hintergrunds bzw. der ritualisierten Verfahrensvorschriften eine Zuordnung vorgenommen (Vaitl & Petermann 1993). Die Autoren stützen sich dabei auf Stokvis & Wiesenhütter (1971), die eine Unterteilung in passive und aktive autosuggestive Entspannungsverfahren vornahmen. Vaitl & Petermann (1993) fügen der Entspannungsinduktion noch die psychische und die somatische Ebene hinzu, auf der sich Entspannungsreaktionen abbilden. Krampen (2000) ergänzte diese Einteilung mit dem Ziel der Methode: Handelt es sich um einen korrektiven oder präventiven Charakter der Entspannungsmethode? Grawe, Donati & Bernauer (1994) trennen reine Entspannungsverfahren von Methoden, die klinisch-therapeutische Ziele verfolgen.

Im Folgenden werden Entspannungsverfahren nach ihrem Wirkungszugang kategorisiert vorgestellt.

2.3 Suchstrategie

Aufgrund der Tatsache, dass Entspannungsverfahren, wie oben ausgeführt, höchst differenziert zu sehen sind, war eine Suchstrategie, die ausschließlich auf Wirksamkeitsstudien fokussierte, in ähnlicher

Weise wie bei der körperlichen Aktivität nicht möglich. Die Darstellung der verschiedenen Entspannungsverfahren erfolgte auf der Basis einschlägiger psychologischer und gesundheitspsychologischer Literatur, in einigen Fällen wurden aktuelle Übersichten hinsichtlich empirischer Erfahrungen ergänzt.

2.4 Stand der Forschung

2.4.1 Arten/Techniken der Entspannung nach ihrem Wirkungszugang

Sensorische Entspannung

Die *Progressive Muskelrelaxation* (PMR) wurde erstmals 1929 in den USA vom Physiologen Edmund Jacobson dokumentiert. Er beobachtete, dass Anspannungen der Muskulatur häufig im Zusammenhang mit innerer Unruhe einhergehen. Das Grundprinzip des Trainings: Man erreicht Entspannung durch vorausgehende Anspannung. Ziel des Trainings ist es, eine Spannungsherabsetzung der Willkürmuskulatur zu erreichen. Es werden nacheinander 16 verschiedene Muskelgruppen für etwa 5 Sekunden (je nach Autor bis zu wenigen Minuten) so weit angespannt, dass die Spannungsempfindung deutlich spürbar, aber nicht schmerzhaft ist. Danach wird die Spannung gelöst und die Konzentration für 30 Sekunden auf die Entspannung gerichtet, die sich automatisch nach der Anspannung einstellt. Ziel ist die bewusste Wahrnehmung der neuen Empfindung. Die Wirksamkeit der Progressiven Muskelentspannung ist im klinischen Bereich seit Langem erbracht. Carlson und Hoyle (1993) fassten 29 Wirksamkeitsstudien in einer Metaanalyse mit 1.206 Personen zusammen. Grawe et al. (1994) betrachteten 66 Untersuchungen mit 3.254 Patienten. Doubrawa (2006) beschreibt im klinischen Bereich umfangreiche Nachweise für Wirksamkeit in den Jahren 1990 bis 2004 für die Indikationen Angst, Schmerz, Schlafstörungen, kardiovaskuläre Störungen, somatoforme Störungen, Immunsystem, gastrointestinale Störungen und Stressmanagement.

Biofeedback wird seit den 1970er Jahren durchgeführt. Mit Hilfe von Messgeräten (EEG, EKG, EMG) werden Körperfunktionen wie Puls, Atmung, Hauttemperatur und Muskelspannung mittels Elektroden gemessen und in akustischen und optischen Signalen über einen Bildschirm anschaulich rückgemeldet. Ziel ist es, Personen den Zusammenhang zwischen körperlichen und psychischen Vorgängen erkennbar zu machen, die Körperwahrnehmung zu schulen, willentliche Veränderungen zu erlernen und wahrzunehmen, um diese Maßnahmen in weiterer Folge auch ohne Gerät anzuwenden. Veränderungen, also Erfolge, sind dem Übenden sofort sichtbar. Bei folgenden Indikationen wird Biofeedback im Klinischen Bereich angewendet: Migräne, Spannungskopfschmerz, Asthma bronchiale, Herzrhythmusstörungen, Harninkontinenz, Steigerung der Konzentrationsfähigkeit sowie im Bereich des Stressmanagements (Sammer 1999).

Kognitive Entspannung
Hypnose ist ein veränderter Bewusstseinszustand (Trance). Trancephänomene gibt es laut Franz Anton Mesmer (1734–1815) in jeder Kultur. Eine wissenschaftliche Betrachtung der Hypnose erfolgte bei somatischen und psychischen Störungen (zur Schmerzbewältigung) (Charcot 1825–1893, Janet 1859–1947). Ab 1933 wurde von Hull die psychologische Laborforschung eingeführt, Standardisierungen fanden ab 1960 von Erikson, Sarbin (1956), Barber (1984) und Spanos (1986) statt (Reventorf 2003).

In zahlreichen Untersuchungen zeigen sich folgende Effekte der Hypnose (ebd.):

- Physiologische Veränderungen:
  - vermehrter Alpha-Rhythmus im EEG, vegetative Symptomatik trophotrop umgestellt
  - erniedrigte Herzschlagrate, Blutdruck, Atemfrequenz, Muskeltonus

- Stresshormonausschüttung, Kortisol und Katecholamine
- Messungen auf dem Laufband zeigen, dass Lethargie keine Folge der Hypnose ist, sondern herbeigeführt wird bei entsprechender Suggestion.
• Kognitive Veränderungen:
  - Trancelogik
  - kritisch-rationales Denken tritt in den Hintergrund
  - erhöhte Erinnerungsfähigkeit
• Psychosomatische Reaktionen:
  - Schmerz: hypnotische Analgesie (Tumorschmerz, Rückenschmerz, Migräne; Schmerzmittelreduktion; Zahnarztbehandlung, OP, Geburt, Brandwundenverletzung)
• Dermatologische Phänomene:
  - Erscheinen und Verschwinden von Herpes simplex, Heilung von Warzen
  - erhöhte Durchblutung bei Morbus Raynaud
• Leistungsfähigkeit:
  - erhöhte körperliche Leistung bei Athleten
  - Unterdrückung von Stressreaktionen

Weitere positive Ergebnisse zeigen sich bei Migräne, Angst, Tumoren, Nikotinsucht, Heroinsucht, Chemotherapie, Übelkeit, Krebsschmerz, Angststörungen sowie hohem Blutdruck (Reventorf 2003).

Die Entwicklung des Autogenen Trainings erfolgte in den 1920er-Jahren vom Berliner Psychiater und Neurologen Johannes Heinrich Schultz (1932) (Goetschel 2003). Aus der Hypnose kannte Schultz Berichte darüber, dass auf dem Weg zur völligen Entspannung zuerst ein Gefühl der Schwere und der Wärme spürbar wird, dann eine Verlangsamung und Beruhigung von Atmung und Herzschlag und zuletzt ein warmes Gefühl im Leib und eine kühle Stirn wahrnehmbar sind. Schultz forderte seine Patienten auf, die Instruktionen aus der

Hypnose selbst, „autogen", zu erzeugen. Es handelt sich beim Autogenen Training also um eine Technik mit dem Ziel, Entspannung selbst hervorzurufen. Die Autogene Entspannung wird über so genannte formelhafte Sätze, die sich der Übende in Gedanken vorsagt oder vorstellt, hervorgerufen. Diese wiederholten Selbstsuggestionen helfen dem Körper, allmählich schwer, warm, ruhig und entspannt zu werden. Zudem helfen sie dem Trainierenden, diese Veränderungen in Richtung Entspannung besser wahrzunehmen. Das Autogene Training wirkt in erster Linie auf das vegetative Nervensystem. Bei regelmäßiger Anwendung führt es zu einer Harmonisierung der durch das Vegetativum gesteuerten Körperfunktionen und damit zu Ruhe und Ausgeglichenheit. Wer häufig übt (3 Monate, täglich) löst eine klassische Konditionierung aus: Geisteshaltung und Körperhaltung werden aneinandergekoppelt, so dass der Organismus, d.h. die Regulationskomponenten, die Balance bei bestimmten Reizen durch Körper oder Geist erlernt. Kröner und Breitel (1980, zit. n. Goetschel 2003) erbrachten in einer Untersuchung mit 100 Teilnehmern den Nachweis, dass zunächst körperliche Effekte eintreten und sich ab der neunten Sitzung Transfereffekte vom somatischen in den psychischen Bereich zeigen, die Senkung des Aktivierungsniveaus wird bewusst wahrgenommen. Einen Nachweis der Reduzierung von Angst und Stressreaktionen konnte Labhardt (1982, zit. n. Goetschel 2003) zeigen, eine Reduktion von Kopfschmerz und Migräne belegten Janssen & Neutgens (1986, zit. n. Goetschel 2003). Die Senkung der Herzfrequenz und des Blutdrucks zeigten Curruthers (1983, zit. n. Ohm 1996).

Die Technik des Gedankenstopps stammt aus der Verhaltenstherapie. Es geht darum, den bereits nachgewiesenen Zusammenhang von psychophysiologischer Erregung und dysfunktionalen Gedanken zu beeinflussen. Die theoretische Grundlage bietet das transaktionale Stressmodell nach Lazarus (1980, zit. n. Goetschel 2003). Bedingt durch Überzeugungen entstehen körperliche Empfindungen. Im Gedankenstopp werden zunächst die störenden Gedanken erkannt sowie die daraus resultierenden störenden Empfindungen und Handlungen. Erst dann wird ein Gedankenstopp erlernt wie z.B. Denken an andere Themen oder Vorstellen des Wortes „Stopp". Zu diesem Verfahren gibt es keine expliziten Untersuchungen, da die Technik ein Baustein der Verhaltenstherapie ist (Goetschel 2003).

M e d i t a t i o n
Yoga wurde im 11./12. Jahrhundert in Indien entwickelt. Bei der Meditation handelt es sich um ein „Insich-versenken", inneres Lauschen, mit dem Ziel, die seelisch-geistige Bewegung zur Ruhe zu bringen sowie Klarheit, Freiheit und Zufriedenheit zu erzeugen (Dalmann & Soder 1998). Yoga besteht aus acht Bauteilen, die sich aufeinander beziehen. Ebert (1986) bezeichnet Yoga als methodisches System:

- Disziplin menschlichen Verhaltens, Zufriedenheit, aufrichtiges Verständigen, Selbstinstruktionen
- Mäßigung, Bescheidenheit, bewusste Ernährung
- Körperübungen
- Atemübungen
- Meditation
- anhaltende Ausrichtung
- Reflektieren
- Erkenntnisse

In verschiedenen Studien konnte gezeigt werden, dass die Erholungskompetenz durch das Praktizieren von Yoga zunimmt. Sie wurde gemessen anhand der Zunahme von Strategien zur Stressverarbeitung, Selbstwirksamkeit, besserer Umgang mit Belastungen (Maercker 2003). Zugleich nahmen die Stresssymptome ab (Nuernberger, 1981, zit. n. Goetschel 2003).

2.4.2 Allgemeine Wirkung von Entspannung

Nachdem die verschiedensten Verfahren zur Entspannung, einschließlich einiger empirisch nachgewiesener Wirkungen, aufgezeigt wurden, werden nun noch einmal die Wirkungen der Entspannung zusammengefasst.

Entspannung wirkt sich auf verschiedenen Ebenen aus. Nach Smith (1988, zit. n. Goetschel 2003), entstehen die Gefühle des Wohlbefindens, der Ruhe und des Gelöstseins aus der Aktivitätsdämpfung, sichtbar im Verhalten, der Emotion und Kognition. Nach Hess (1954, zit. n. Goetschel 2003) geschieht dies aufgrund eines hypothalamisch gesteuerten Reaktionsmusters. Es handelt sich also um psychophysiologische Zustände (Vaitl 1978), die sich auf subjektiv-verbaler Ebene, mental, sozial und spirituell, und in psychischen Merkmalen nach Vaitl (1993) und Sammer (1999) abbilden. Vaitl & Petermann (1993) beschreiben die Entstehung der psychischen Effekte aufgrund der Sensitivierung des Übenden für körperliche Vorgänge und der Performanz. Nach Stück (1998) tritt ein entspannter Wachheitszustand durch passive Konzentration auf den Inhalt der Entspannungsmethode ein.

Mendes de Lcon et. al (1992, zit. n. Goetschel 2003) fassen die Wirkungen der Entspannung noch einmal zusammen:

- Erhöhung der Wahrnehmungsschwelle: Außenreize wie Geräusche und Licht oder Berührung verlieren immer mehr die Fähigkeit, eine Reaktion auszulösen, und werden manchmal gar nicht mehr wahrgenommen.
- Das Aktivitätsniveau wird verringert (motorische Unruhe und Hyperaktivität werden verringert).
- Geistige Frische und das Empfinden des Ausgeruhtseins nach einer Entspannung begünstigen die Konzentrationsfähigkeit sowie Informations- und Gedächtnisprozesse.

- Angenehme Gefühle und Empfindungen treten vermehrt auf, Ängste werden abgebaut, Gelassenheit nimmt zu, d.h. affektive Indifferenz nimmt ab. Affekte und Emotionen lassen sich weniger provozieren, es treten daher in der Folge weniger Erregungs- und Angstzustände auf.
- Mehr Selbstbestimmung durch das Erleben, die körperliche und psychische Befindlichkeit selbst beeinflussen zu können.
- Durch die vertiefte Innenschau lernen die Übenden innere Impulse zu deuten.
- Gelassenheit und Gefühl des Wohlbefindens nehmen zu, Gefühle der Überforderung nehmen ab; es kann besser mit sozialen Bedingungen umgegangen werden.

Die Effekte der Entspannungsverfahren lassen sich durch physiologische und motorische Auswirkungen erklären. Zur Senkung des allgemeinen Aktivitätszustandes tragen sowohl das zentrale Nervensystem, welches das Gehirn und das Rückenmark innerviert, als auch das periphere Nervensystem, welches die äußeren Körperbereiche innerviert, bei (Buddeberg & Laederach 1989). Die Organe des vegetativen Nervensystems sind unterteilt in Nervus Sympathikus und Nervus Parasympathikus, welche auf den allgemeinen Aktivitätszustand reagieren. Nach jüngeren Erkenntnissen entstehen die Entspannungseffekte jedoch nicht aufgrund der Umschaltung von Nervus Sympathikus zur Innervation des Nervus Parasympathikus, sondern aufgrund der Balance zwischen den Regulationskomponenten. Dadurch zeigen sich neuromuskuläre Veränderungen (Senkung des Mukeltonus, d.h. Entspannung der Stützmotorik, Arm-, Bein- und Rumpfmuskulatur erschlafft), eine Veränderung der Reflextätigkeit sowie kardiovaskuläre Veränderungen (natürliche Gefäßerweiterung und dadurch Zunahme der Durchblutung in den Händen, Armen, Füßen und Beinen; als Kribbeln und Kitzeln spürbar) ebenso eine Verlangsamung des Pulsschlages, eine Abnahme der Herzrate und eine Senkung des arteriellen Blutdrucks. Auch sind respiratorische Veränderungen (Atmung wird flacher und gleichmäßiger, Atemzugvolumen wird geringer, Sauerstoffverbrauch nimmt ab, Atemfrequenz nimmt ab, Bauchatmung nimmt zu, Zwerchfellatmung nimmt ab, längere Pausen zwischen dem Ein- und Ausatmen treten auf) sichtbar (Goetschel 2003).

2.4.3 Betriebliche Gesundheitsförderung und Entspannung

Für den Bereich der Wirksamkeit von Entspannungsmethoden im Bereich des Stressmanagements im Setting Betrieb zeigt eine Metaanalyse (48 experimentelle Studien; N = 3.736) von van der Klink et al. (2001) unterschiedliche Ergebnisse. Tabelle 3 fasst diese zusammen.

Tabelle 3: Wirksamkeit verschiedener Stressmanagement-Interventionen

Intervention	Teilnehmer	Effektstärke*	95%-Konfidenzintervall
Organisationsveränderung (5 Studien)	1.463	0,08	−0,03−0,19
Kognitiv-behavoriale Intervention (18 Studien)	858	0,68	0,54−0,82
Entspannungsverfahren (17 Studien)	982	0,35	0,22−0,48
Multimodal (8 Studien)	470	0,51	0,33−0,69

* Effektstärke: d < 0,5: gering; d = 0,5–0,8: mittel; d > 0,8: groß
Quelle: van der Klink et al. (2001), S. 272

Stressmanagement besteht aus folgenden Bestandteilen: Entspannungstechnik erlernen zum kompetenten Umgang in Stressreaktionen, persönliche dysfunktionale Kognitionen entlarven, neue Coping-Strategien erwerben (aktive und passive Strategien, z.B. abreagieren von Stressreaktionen, Aufschaukeln vermeiden etc.) und Betrachtung der arbeitsbezogenen Stressoren. Zusammenfas-

send zeigte sich eine Verbesserung der Arbeitsqualität, der Stressbewältigung, der physiologischen Reaktionen, der Reduktion von
Angstsymptomen und depressiver Symptomatik (van der Klink et
al. 2001). Die Auswirkungen der Entspannungsverfahren auf spezifischen Outcome-Variablen zeigt Tabelle 4.

Tabelle 4: Effekte der Entspannungsverfahren

Outcome	Effektstärke	Anzahl Studien
Qualität der Arbeit	0,29**	8
Psychologische Ressource	0,26*	5
Physiologische Effekte	0,31***	10
Allgemeine Beschwerde	0,31***	14
Angstzustände	0,25*	7
Depressive Symptome	0,11	2
Arbeitsunfähigkeitstage	−0,09	2

* P<0,05; ** P<0,01; *** P<0,001
Quelle: van der Klink et al. (2001), S. 273

Von den ursprünglich betrachteten 17 Studien konnten lediglich 5
signifikante Effekte der Entspannungsverfahren nachweisen. Erst
durch die Neuauswertung der gesamten Daten im Rahmen der
Metaanalyse zeigten sich signifikante Effekte, mit Ausnahme der de-
pressiven Symptome und der Arbeitsunfähigkeitstage (van der Klink
et al. 2001).

Brand (2004) zeigte in einer Untersuchung bei Angestellten von
Daimler-Chrysler, über 12 Sitzungen, den Einfluss von Autogenem
Training und Yoga auf die Verbesserung von Arbeitszufriedenheit,
Entspannungsfähigkeit und Selbstwirksamkeit anhand der Zunahme
an Erholung, Wohlbefinden, Gelassenheit, Regenerationskompe-
tenz, Anforderungskompetenz an schwierige, neue Aufgaben und
Körperbewusstsein.

3. Zusammenfassung und Ausblick

Verhaltensbezogene Interventionen im Setting Betrieb erfreuen sich aufgrund der im Vergleich zu den verhältnisbezogenen Interventionen leichteren Umsetzung einer weiten Verbreitung. Interventionen zur Steigerung der körperlichen Aktivität, zur Ernährungsberatung sowie zum Stressmanagement gehören heute zum Standard der betrieblichen Gesundheitsförderung (Ahrens 2005). Allerdings fehlen für viele Interventionen eine theoretische und (häufiger) eine systematische empirische Basis. Ziel dieses Beitrags war es, den internationalen Forschungsstand für die Bereiche „körperliche Aktivität" und „Entspannung" aufzubereiten. Die wissenschaftlichen Befunde zu diesen beiden Interventionsformen sind recht unterschiedlich, was vor allem auf die Komplexität der Intervention selbst zurückzuführen ist. Während die empirische Basis für die Steigerung der körperlichen Aktivität und deren gesundheitsbezogenen Effekte als gut bezeichnet werden kann, ist die Wissensbasis für die verschiedensten Entspannungstechniken noch immer relativ gering. Dies liegt primär in der Intervention selbst begründet. Entspannungsverfahren setzen eine stärkere Mitwirkung der Individuen voraus und sind daher deutlich weniger standardisier- und evaluierbar als Interventionen zur Steigerung der körperlichen Aktivität. Dennoch sind für beide Bereiche zahlreiche experimentelle Studien und darüber hinaus auch die (wissenschaftlich anerkannteren) Reviews und Metaanalysen zu finden.

Für die zukünftige Forschung und Praxis zeigen sich noch einige offene Fragestellungen. Die verschiedenen Interventionen sind noch nicht ausreichend auf spezifische Zielgruppen adaptiert. So ist seit längerer Zeit bekannt, dass verhaltensbezogene Gesundheitsförderungsinterventionen primär bei mittleren und höheren sozialen Schichten auf Akzeptanz stoßen, von unteren sozialen Schichten hingegen eher wenig angenommen werden. Zudem wird der Aspekt der Motivation zur Verhaltensänderung noch immer zu wenig berücksichtigt. Eine Ausdifferenzierung auf spezifische Subgruppen, in denen bestimmte Arbeitsbelastungen (z.b. Bildschirmtätigkeit) überdurchschnittlich präsent sind, erscheint zudem notwendig.

Literatur

Abu-Omar, K. & Rütten, A. (2006). Sport oder körperliche Aktivität im Alltag? Bundesgesundheitsblatt, Gesundheitsforschung, Gesundheitsschutz. 49: 1162–1168.

Ahrens, D. (2007). Handlungsempfehlungen für eine Reform der Prävention und Gesundheitsförderung in Deutschland. Expertise im Auftrag der Bertelsmann-Stiftung.

Ahrens, D. (2005). Gesundheitsökonomische Betrachtung von Maßnahmen der betrieblichen Gesundheitsförderung. In: Schott T. (Hrsg.). Eingliedern statt ausmustern. Weinheim, Juventa.

Banzer, W., Knoll, M. & Bös, K. (1998). Sportliche Aktivität und physische Gesundheit. In: Bös K., Brehm W. (Hrsg). Gesundheitssport Ein Handbuch. Schondorf, Verlag Karl Hofmann.

Brand, S. (2004). Prävention und Gesundheit im betrieblichen Setting. Eine Längsschnittstudie über die psychologischen Auswirkungen des Yoga und des Autogenen Trainings. Universität Oldenburg. Fachbereich Psychologie.

Buddeberg, C. & Laederach, K. (1998). Psychophysiologie. Stress aus psychosozialer Sicht. In: Buddeberg C. & Willi J. (Hrsg.). Psychosoziale Medizin. Berlin. Springer.

Dalmann, I. & Soder, M. (1994). Die acht Glieder des Yoga. Viveka Hefte für Yoga, 3: 16–21.

Dalmann, I. & Soder, M. (1998) Was ist Viniyoga? Viveka Hefte für Yoga, 16: 4–14.

Davison, G., Neale, J. & Hautzinger, M. (Hrsg.) (2002). Klinische Psychologie. Weinheim, Beltz.

Dishman, R. & Buckworth, J. (1996). Increasing physical activity: a quantitative synthesis. Med Sci Sports Exerc. 28 (6): 706–719.

Dishman, R., Oldenburg, B., O'Neal, H. & Shephard, R. (1998). Worksite physical activity interventions. Am J Prev Med. 15 (4): 344–361.

Doubrawa, R. (2006). Progressive Relaxation – neuere Forschungsergebnisse zur klinischen Wirksamkeit. Entspannungsverfahren, 23: 6–18.

Ebert, D. (1986). Physiologische Aspekte des Yoga und der Meditation. Stuttgart. Fischer.

Engbers, L., van Poppel M., Chin A Paw M. & van Mechelen W. (2005). Worksite health promotion programs with environmental changes: a systematic review. Am J Prev Med. 29 (1): 61–70.

Fiegenbaum, W. & Tuschen, B. (2003). Reizkonfrontation. In: Margraf J. (Hrsg.). Lehrbuch der Verhaltenstherapie, Band 1, 2. Auflage, Berlin, Springer.

Fuchs, R. (2007). Bewegung, Gesundheit und Public Health. In: von Lengerke T. (Hrsg.). Public Health-Psychologie. Weinheim, Juventa.

Goetschel, R. (2003). Entspannung. Gesundheitsförderung Schweiz.

Grawe, K., Donati R. & Bernauer F. (1994). Psychotherapie im Wandel. Göttingen, Hogrefe.

Harden, A., Peersman, G., Oliver, S., Mauthner, M. & Oakley, A. (1999). A systematic review of the effectiveness of health promotion interventions in the workplace. Journal of Occupational Medicine, 49 (8): 540–548.

Hess, W. (1954). Funktionelle Organisation des vegetativen Nervensystems. Basel, Schwabe.

Hurrelmann, K. & Laaser, U. (2006). Gesundheitsförderung und Krankheitsprävention. In K. Hurrelmann, U. Laaser, O. Razum (Hg.), Handbuch Gesundheitswissenschaften (S. 749–780). Weinheim: Juventa.

Krampen, G. (2000). Interventionsspezifische Diagnostik und Evaluation beim Einsatz systematischer Entspannungsmethoden bei Kindern und Jugendlichen. Report Psychologie, 25 (3): 185–205.

Krampen, G. & Ohm, D. (1994). Prävention und Rehabilitation. In: Vaitl D. & Petermann F. (Hrsg.). Handbuch der Entspannungsverfahren. Band 2. Weinheim, Beltz.

Kröner, B. & Breitel, E. (1980). Längsschnittuntersuchung über die Auswirkungen des Autogenen Trainings auf verschiedene Formen der subjektiv wahrgenommenen Entspannung und des Wohlbefindens. Zeitschrift für Klinische Psychologie und Psychotherapie. 28: 127–133.

Lord, D. (2002). Exploring the role of somatic education in emperimental well-being. Dissertations Abstract. DAI-A 63/04, p.1269.

Lytwyn, H., Gruber, S., Herzog, G., Krasser, G. & Zöhrer, S. (2000). Effekte des Autogenen Trainings auf verschiedene Symptome und einzelne Stressverarbeitungsaktivitäten bei gesunden Erwachsenen im normalen Alltag. Entspannungsverfahren. 17: 4–16.

Maercker, A. (2003). Entspannungsverfahren. In: Margraf J. (Hrsg.). Lehrbuch der Verhaltenstherapie, Band 1, 2. Auflage, Berlin, Springer.

Marcus, B., Williams, D., Dubbert, P., Sallis J., King, A., Yancey, A., Franklin B., Buchner D., Daniels S. & Claytor R. (2006). Physical activity intervention studies: what we know and what we need to know. Circulation,114 (24): 2739–2752.

Marshall, A. (2004). Challenges and opportunities for promoting physical activity in the workplace. Journal of Science in Medicine and Sports. 7 (1): S60–S66.

Ohm, D. (1993). Entspannungstraining. Forschungsergebnisse und praktische Erfahrungen zu Autogenem Training, Progressiver Relaxation und Anwendungskombination. In: Zielke, M. & Mark, N. (Hrsg.). Handbuch der stationären Verhaltenstherapie. Weinheim. Beltz.

Predel, H.G. & Tokarski, W. (2005). Einfluss körperlicher Aktivität auf die menschliche Gesundheit. Bundesgesundheitsblatt, Gesundheitsforschung, Gesundheitsschutz, 48: 833–839.

Proper, K., Heymans, M., Chin A Paw, M., van Sluijs, E., van Poppel, M., van Mechelen, W. (2006). Promoting physical activity with people in different places – a Dutch perspective. Journal of Science in Medicine and Sports. 9 (5): 371–377.

Proper, K., Koning, M., van der Beek, A., Hildebrandt, V., Bosscher, R. & van Mechele,n W. (2003). The effectiveness of worksite physical activity programs on physical activity, physical fitness, and health. Clinical Journal of Sports Medicine. 13 (2): 106–117.

Reventorf, D. (2003). Hypnose. In: Margraf J. (Hrsg.). Lehrbuch der Verhaltenstherapie, Band 1, 2. Auflage. Berlin, Springer.

Rosenbrock, R. (2006). Betriebliche Gesundheitsförderung als Systemeingriff. In: Bödeker W. & Kreis J. (Hg.). Evidenzbasierung in der Gesundheitsförderung. Bremerhafen, NW-Verlag.

Sammer, U. (1999). Entspannung erfolgreich vermitteln. Stuttgart, Klett-Cotta.

Schnabel, P. E. (2005). Grundlagen der Gesundheitswissenschaften. In: Keres A. & Seeberger B. (Hg.). Gesamtlehrbuch Pflegemanagement. Berlin, Springer-Verlag.

Schwappach, D., Boluarte, T., Suhrcke, M., Godfrey, C. & Hutubessy, R. (2007). The economics of prevention – a systematic review of health economic evaluation. Report Bertelsmann Foundation.

Smith, J. (1988). Step toward a cognitive-behavioral model of relaxation. Biofeedback and Self-regulation. 13: 307–329.

Stokvis, B. & Wiesenhütter, W. (1971). Der Mensch in der Entspannung. Lehrbuch autosuggestiver Verfahren und übender Verfahren in der Psychotherapie und Psychosomatik. Stuttgart, Hippokrates.

Stück, M. (2000). Handbuch zum Entspannungstraining mit Yogaelementen in der Schule. Donauwörth, Auer.

Stück, M. (1998). Entspannungstraining mit Yogaelementen in der Schule. Donauwörth, Auer.

Vaitl, D. & Petermann F. (1993). Handbuch der Entspannungsverfahren. Grundlagen und Methoden. Weinheim, Beltz.

Vaitl, D. (1994). Prävention und Rehabilitation. In: Vaitl, D. & Petermann, F. (Hrsg.). Handbuch der Entspannungsverfahren. Grundlagen und Methoden. Weinheim, Beltz.

Vaitl, D. (1978). Entspannungstechniken. In: Pongratz, K.H. (Hrsg.). Handbuch der Psychologie. Klinische Psychologie. Göttingen, Hogrefe.

Vaitl, D. (1994). Autogenes Training. In: Vaitl, D. & Petermann, F. (Hrsg.). Handbuch der Entspannungsverfahren. Weinheim, Beltz.

van der Klink, J., Blonk, R., Schene, A. & van Dijk, F. (2001). The Benefits of Interventions for Work-Related Stress. American Journal of Public Health. 91 (2): 270–276.

WHO – Weltgesundheitsorganisation (2006). Ottawa-Charta zur Gesundheitsförderung. Publiziert vom Fonds Gesundes Österreich.

Judith Goldgruber

Unternehmenskultur und Gesundheitsförderung

Einleitung

Die Bedeutung der Unternehmenskultur für den Erfolg von Organisationen rückt heute mehr und mehr ins Bewusstsein von Führungskräften sowie Wissenschaftlern unterschiedlicher Disziplinen und ist Gegenstand aktueller Untersuchungen (vgl. Baetge et al. 2007; Hauser et al. 2007). Auch die Gesundheitswissenschaften greifen die Unternehmenskulturdiskussion auf (vgl. Badura et al. 2001, Badura & Hehlmann 2003, Expertenkommission 2004). Sie beschäftigen sich insbesondere mit der Frage, welche Faktoren Projekte der betrieblichen Gesundheitsförderung hemmen bzw. fördern. Gröben (2003, 13) nennt beispielhaft sieben Erfolgsfaktoren für betriebliche Gesundheitsförderung, zu denen explizit ihre Einbeziehung in die Unternehmenskultur zählt. In einer anderen Arbeit führen Badura et al. (2001, 17) vier Motive an, die es nahelegen, Gesundheitsförderung in die Unternehmenskultur zu integrieren: das humanitäre Motiv, das Verfügbarkeits- und Kostenmotiv, das Wettbewerbsmotiv und das Qualifikationsmotiv. Die Autoren geben an, dass Gesundheitsförderung durch die Integration in die Unternehmenskultur zu einem zentralen Anliegen für alle Organisationsmitglieder wird und somit als Instrument moderner kooperativer Unternehmensführung verstanden werden kann. Badura und seine Kollegen stellen hiermit explizite Bezüge zwischen der Entwicklung von Unternehmenskulturen, der Gestaltung von Arbeitssystemen und der Gesundheit der Beschäftigten her (Ulich 2001, 484).

Der folgende Beitrag befasst sich mit der Frage, ob die Unternehmenskultur tatsächlich Einfluss auf die Gesundheit der Organisationsmitglieder hat. Dem Beitrag liegt die Hypothese zugrunde, dass die Unternehmenskultur maßgeblichen Einfluss auf deren Gesundheit hat. Das Thema wird anhand einer Integration von betriebswirtschaftlicher und gesundheitswissenschaftlicher Literatur aufgearbeitet. Im Themenfeld der Unternehmenskultur wird insbesondere Literatur von Schein (2006) sowie von Steinmann und Schreyögg (2005) verwendet. Im Bereich der Mitarbeitergesundheit bezieht sich die Autorin hauptsächlich auf die Werke von Ulich (2001) bzw. Ulich und Wülser (2005), aber auch auf jene von Westermayer und Stein (1996, 2006) sowie auf verschiedene Beiträge von Badura und seinen Kollegen (Badura et al. 2001, Badura & Hehlmann 2003). Weiterhin werden zur Beantwortung der Forschungsfrage Arbeiten, die die beiden Themenbereiche bereits integriert betrachten (vgl. Busch & Göbel 1996, Peterson & Wilson 2002, Hauser et al. 2007), herangezogen.

Nachdem der Begriff „Organisation" thematisiert wurde, wird zunächst das Konstrukt der Unternehmenskultur dargestellt und anhand des Unternehmenskulturansatzes nach Schein konkretisiert (Kapitel 1). Im Anschluss daran werden mögliche Dimensionen der Unternehmenskultur und die positiven und negativen Wirkungen von starken Kulturen erläutert (Kapitel 2). Danach werden diese in einen Zusammenhang mit der Gesundheit der Organisationsmitglieder gebracht, wobei Stresstheorien herangezogen werden, um die Zusammenhänge zu erklären (Kapitel 3). Abschließend wird der Versuch unternommen, die Unternehmenskultur in ein neues Gesundheitsförderungsverständnis zu integrieren (Kapitel 4). Eine kritische Diskussion rundet den Beitrag ab (Kapitel 5).

1. Organisation und Unternehmenskultur

Unsere Welt ist heute stark von Organisationen durchdrungen. Organisationen sind für das Handeln von Menschen in sämtlichen gesellschaftlichen Bereichen von grundlegender Bedeutung – auch und vor allem im Arbeitsleben (Vahs 2005, 22). Der Politologe Robert Presthus (zit. nach Morgan 2006, 157) betont, dass wir heute in einer „Organisationsgesellschaft" leben. Egal ob in Japan, Österreich, Russland oder den USA, überall bestimmen Organisationen den größten

Teil unseres Tagesablaufs auf eine Art, wie sie dem Leben in einer abgeschiedenen Stammesgesellschaft im Regenwald Südamerikas völlig fremd ist. Warum richten wir unser Leben beispielsweise nach klar abgegrenzten Bereichen von Arbeit und Freizeit aus? Warum halten wir uns fünf oder sechs Tage in der Woche an eine strenge Routine? Warum beugen wir uns der Autorität und verbringen einen großen Teil unseres Lebens an einer einzigen Stelle mit der Einhaltung eines festen Arbeitsablaufs? Für einen Außenstehenden scheint dieses Leben aus einer Ansammlung merkwürdiger Glaubenssätze, Routineabläufe und Rituale zu bestehen. Doch uns verwundern diese und ähnliche Verhaltensweisen nicht weiter – sie scheinen selbstverständlich zu sein. Viele Merkmale von Kultur beruhen auf dem Selbstverständlichen (ebd., 157 f). Bevor wir uns im nächsten Schritt der Organisations- bzw. Unternehmenskultur[1] widmen, macht es Sinn, den Organisationsbegriff zu beleuchten. Im Begriff „Organisation" stecken zwei Bedeutungen: Eine Organisation kann zum einen als Institution (Unternehmen, Schule, Dienstleistungseinrichtung, Verwaltung etc.) verstanden werden und zum anderen als Handlung (im Sinne des Organisierens). In der sozialwissenschaftlichen und zunehmend auch in der betriebswirtschaftlichen Organisations- und Managementliteratur unterscheidet man daher auch den instrumentalen und den institutionellen Organisationsbegriff. Der organisationstechnisch enger gefasste instrumentale Organisationsbegriff wird hauptsächlich im Zusammenhang mit Fragestellungen zur Aufbau- und Ablauforganisation verwendet – er bezieht sich also auf die Tätigkeit des Organisierens – während der weiter gefasste institutionelle Organisationsbegriff die Ergebnisse dieser Tätigkeit – nämlich die entstandene Institution – bezeichnet. (Walter-Busch 1996, 1f.)

Das Unternehmenskulturkonzept kann als ein (moderner) Ansatz der Organisationstheorie verstanden werden (vgl. Smircich

---

1   Die beiden Begriffe werden in der Literatur oft synonym gebraucht. Im Folgenden wird ausschließlich der Begriff „Unternehmenskultur" verwendet.

1983, Hopfenbeck 2002, Lang et al. 2005). Trotz der bereits in der Human-Relations-Bewegung gewonnenen Erkenntnis, dass Gruppen spezifische Werte und Normen entwickeln, blieb der Gedanke, dass auch Organisationen als Ganzes eigene verhaltensbestimmende Wertvorstellungen hervorbringen können, lange Zeit weitgehend unberücksichtigt. Die Erweiterung organisationstheoretischer Konzepte um kulturelle Aspekte beruht auf der Einsicht, dass es nicht ausreicht, lediglich die beobachtbare Realität in Organisationen zu betrachten, sondern dass auch die Werte und Normen, die hinter dieser Realität liegen, berücksichtigt werden müssen, wenn man das soziale Systeme Organisation möglichst realistisch erfassen möchte. (Hopfenbeck 2002, 775)

Trotz verschiedener Ansätze und Schulen werden heute folgende Kernelemente mit dem Begriff „Unternehmenskultur" verbunden (Steinmann & Schreyögg 2005, 624f.):

- Unternehmenskultur ist ein implizites Phänomen. Sie hat keine physische Existenz, die sich direkt beobachten ließe.
- Unternehmenskultur wird gelebt. Ihre Orientierungsmuster sind selbstverständliche Annahmen, die dem täglichen Handeln zugrunde liegen.
- Unternehmenskultur ist ein kollektives Phänomen. Sie bezieht sich auf gemeinsame Orientierungen, Werte, etc. und vereinheitlicht organisatorisches Handeln bis zu einem gewissen Grad.
- Unternehmenskultur hat eine Entwicklungsgeschichte. Sie ist das Ergebnis eines Lernprozesses im Umgang mit Problemen aus der Umwelt und der internen Koordination.
- Unternehmenskultur repräsentiert die „konzeptionelle Welt" der Organisationsmitglieder, indem sie in einer komplexen Welt Sinn und Orientierung stiftet.
- Unternehmenskultur wird selten bewusst gelernt. Vielmehr wird sie in einem Sozialisationsprozess vermittelt.

Abbildung 1: Die drei Ebenen der Unternehmenskultur nach Schein

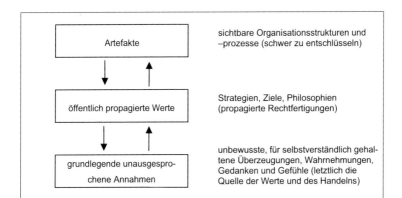

Quelle: Schein 2006, 31

Der wohl berühmteste Unternehmenskulturansatz ist jener von Edgar H. Schein. Schein zufolge besteht Kultur aus „... den gemeinsamen unausgesprochenen Annahmen, die eine Gruppe von Menschen bei der Bewältigung externer Aufgaben und beim Umgang mit internen Beziehungen erlernt hat" (Schein 2006, 31f.) Die Kultur eines Unternehmens setzt sich seiner Ansicht nach aus mehreren Ebenen zusammen – aus sichtbaren, aber auch aus unausgesprochenen und unsichtbaren. Sie manifestiert sich zwar in offenem Verhalten, Ritualen, Artefakten, Atmosphäre und propagierten Werten, aber ihre Wurzeln liegen in den grundlegenden unausgesprochenen Annahmen. Um die Kultur einer Organisation verstehen zu können, muss man nach dieser – der Kulturanthropologie entliehenen – Vorstellung, in einem Interpretationsprozess ausgehend von den Oberflächenphänomenen, sukzessive den kulturellen Kern erschließen (Steinmann & Schreyögg 2005, 625). Abbildung 1 zeigt die drei Ebenen der Unternehmenskultur nach Schein, die im Folgenden beschrieben werden.

Auf der Ebene der Artefakte ist Kultur sichtbar. Sie zeigt sich in Form von Organisationsstrukturen und -prozessen und umfasst

193

physische Manifestationen (Design, Logo, Gebäude, Kleidung, materielle Objekte etc.), Verhaltensweisen (Kommunikationsmuster, Zeremonien, Rituale, Traditionen, Bräuche, Belohnung, Bestrafung etc.) und sprachliche Manifestationen (Geschichten, Witze, Firmenjargon, Spitznamen, Mythen, Helden, Metaphern etc.). Die sichtbaren Elemente der Organisationsstruktur können zwar beobachtet werden, warum Organisationsstrukturen und -prozesse jedoch so aufgebaut sind, wie sie sind, kann man durch Beobachtung allein nicht erklären. Hierzu sind Befragungen nötig. Diese führen zur nächsten Ebene der Kultur, den öffentlich propagierten Werten. Die Ebene der öffentlich propagierten Werte umfasst Strategien, Ziele und Philosophien mit hohem Eigenwert für die Organisationsmitglieder (Autonomie, Mitbestimmung, Stabilität etc.) sowie ungeschriebene Regeln über „richtiges" und „falsches" Verhalten in der Organisation. Doch das offene Verhalten wird von einer tieferen Denk- und Wahrnehmungsebene, den grundlegenden unausgesprochenen Annahmen, gesteuert. Diese können sich mit den öffentlich propagierten Werten decken, müssen es aber nicht. Die Ebene der grundlegenden unausgesprochenen Annahmen stellt die Quelle der Unternehmenskultur dar. Diese muss historisch erschlossen werden. Denn die grundlegenden unausgesprochenen Werte, Überzeugungen und Annahmen beziehen sich auf Grundbereiche der sozialen Existenz, die in jeder Kultur und jeder historischen Entwicklungsperiode einer Organisation zu lösen sind. Hierzu zählen beispielsweise Grundannahmen über die Umwelt, Vorstellungen über Wahrheit und Zeit, Grundannahmen über die Natur des Menschen, über die Natur des menschlichen Handelns und über zwischenmenschliche Beziehungen. Diese Annahmen werden maßgeblich vom Gründer und von bedeutenden Unternehmensleitern festgelegt. Die Grundannahmen bilden ein miteinander verbundenes, aber nicht zwingend konsistentes System, das die beiden höheren Ebenen der Unternehmenskultur durchdringt und prägt. Aus diesem Grund kann die Kultur einer Organisation auch nur dann vollständig erfasst werden, wenn neben den sichtbaren Artefakten und den öffentlich propagierten Werten auch die unbewussten, für selbstverständlich gehaltenen Überzeugungen, Wahrnehmungen, Gedanken und Gefühle analysiert werden. (Schein 2006, 32ff.).

Während Schein davon ausgeht, dass die grundlegenden unausgesprochenen Annahmen von allen Organisationsmitgliedern geteilt werden, nehmen andere Autoren, wie etwa Ulich (2001, 504) oder Schreyögg (2005, 635ff.) an, dass es innerhalb eines Unternehmens durchaus verschiedene – teilweise erheblich konträre – Kulturen geben kann. Diese sogenannten Subkulturen bilden sich etwa nach Professionen (Techniker-, Führungskräftekulturen etc.) oder Abteilungen (Marketing-, Forschungskulturen etc.). So haben neuere Untersuchungen beispielsweise gezeigt, dass Forschungs- und Marketingabteilungen unterschiedlicher Unternehmen eine einander u. U. „ähnlichere Kultur" aufweisen als die Forschungs- und Marketingabteilung desselben Unternehmens (Ulich & Wülser 2005, 280).

2. Dimensionen und Wirkungen der Unternehmenskultur

Im Rahmen einer übergreifenden Analyse sechzehn empirischer Arbeiten zum Zusammenhang von Unternehmenskultur und Unternehmenserfolg haben Baetge et al. (2007) ein Instrument entwickelt, mit dem der Kern der Unternehmenskultur, unabhängig von Unternehmenstypen und -branchen, gemessen werden kann. Trotz der Heterogenität der untersuchten Studien – insbesondere in Bezug auf die Definition des Unternehmenskulturbegriffs und der verwendeten Unternehmenskultur-Dimensionen – konnten die Autoren im Rahmen eines umfassenden Literatur-Reviews einen „harten" Kern von Unternehmenskultur-Dimensionen identifizieren, die sich in vielen der untersuchten Studien wiederfinden. Folgende Kulturaspekte scheinen diesen „harten" Kern zu bilden (ebd., 206f.):

- *Identifikationsaspekte:* Aspekte, die dazu geeignet erscheinen, ein „Wir-Gefühl" zu erzeugen (Mission, Normen etc.).

195

- *Integrationsaspekte:* Aspekte, die darauf abzielen, soziale Beziehungen zwischen den Mitarbeitern zu stärken (Teamarbeit, Mitarbeiterorientierung etc.).
- *Koordinationsaspekte:* Aspekte, die darauf abzielen, arbeitsteilige Prozesse effizient zu steuern (Planorientierung, Optimierungsstreben etc.).
- *Motivations- und Zufriedenheitsaspekte:* Aspekte, die darauf abzielen, die Befindlichkeit der Mitarbeiter zu beeinflussen (Mitarbeiterbeteiligung, Fairness etc.).
- *Innovationsaspekte:* Aspekte, die darauf abzielen, die Fähigkeiten mit dem Umgang von Neuerungen zu stärken (Anpassungsfähigkeit, Innovation etc.).
- *Kundenzufriedenheitsaspekte:* Aspekte, die darauf abzielen, den Auftritt des Unternehmens/der Mitarbeiter nach außen hin zu stärken (Mitarbeiterverhalten, Marktorientierung etc.).

Baetge et al. (2007, 207) zufolge sind diese sechs Aspekte Bestandteil einer jeden Unternehmenskultur, unabhängig von der Größe oder Art eines Unternehmens. Zu berücksichtigen ist natürlich, dass dieser Unternehmenskultur-Kern nur einen Teil der unternehmensindividuellen Unternehmenskultur darstellt. Allerdings erlauben die nachfolgend angeführten Wirkungszusammenhänge die Hypothese aufzustellen, dass eine hohe Ausprägung der Dimensionen des Unternehmenskultur-Kerns einen positiven Einfluss auf den Unternehmenserfolg hat. So ist beispielsweise die Identifikation der Mitarbeiter mit ihrem Unternehmen für jedes Unternehmen – unabhängig von Art und Größe – wünschenswert. Die Integration neuer Mitarbeiter sowie eine koordinierte Aufgabenverteilung ermöglichen reibungslosere Leistungsprozesse. Motivierte und zufriedene Mitarbeiter steigern die Outputmenge bzw. -qualität und sorgen somit für wirtschaftlichen Erfolg. Innovationen sichern die langfristige Existenz jedes Unternehmens, und Kundenzufriedenheit bewirkt Kundenbindung und stellt somit letztlich eine Voraussetzung für künftige Einnahmen dar. (ebd., 210f.)

Wie die Untersuchung von Baetge et al. (2007, 192f) zeigt, wurde der Zusammenhang von Unternehmenskultur und Unternehmenserfolg in den vergangenen Jahren vor allem in den USA beforscht. Eine der wenigen Untersuchungen aus dem deutschen Sprachraum, die nicht in die studienübergreifende Analyse von Baetge et al. (2007) eingeschlossen wurde, wird nun vorgestellt: Die Studie „Unternehmenskultur, Arbeitsqualität und Mitarbeiterengagement in den Unternehmen in Deutschland" wurde im Rahmen eines Forschungsprojekts des Bundesministeriums für Arbeit und Soziales durchgeführt. Hauser et al. (2007) unternahmen auf der Grundlage einer disproportional nach Größe und Branche geschichteten Zufallsstichprobe in 314 deutschen Unternehmen jeweils eine umfassende Mitarbeiter- und Managementbefragung. Die Studie zeigt auf umfassender Datenbasis, dass eine mitarbeiterorientierte Unternehmenskultur bzw. die Arbeitsqualität und das damit eng verbundene Engagement der Mitarbeiter ein wesentliches Potenzial für den Erfolg und die Wettbewerbsfähigkeit deutscher Unternehmen aller Größen und Branchen darstellt. Sie zeigt aber auch, dass dieses Potenzial, obwohl das grundsätzliche Bewusstsein für die Bedeutung von Arbeitsqualität und Engagement in den meisten Unternehmen stark ausgeprägt ist, bislang nicht adäquat genutzt wird – eine Situation, die die Autoren angesichts des steigenden Innovations-, Wettbewerbs- und Kostendrucks als kritisch betrachten. Gemäß den Studienergebnissen gehen von bestimmten Ausprägungen der Unternehmenskultur bedeutsame Effekte auf den Unternehmenserfolg aus. Die in diesem Zusammenhang untersuchten Kulturdimensionen waren: Mitarbeiter-, Kunden-, Qualitäts- und Leistungsorientierung, die Stärke der Unternehmenskultur und Anpassungsfähigkeit. Aus Mitarbeitersicht sind die untersuchten deutschen Unternehmen hinsichtlich ihrer kulturellen Orientierung am deutlichsten durch die Merkmale Kunden- und Leistungsorientierung geprägt. Am kritischsten beurteilen die Mitarbeiter die von ihnen erlebte Fürsorge des Unternehmens sowie insbesondere ihre Partizipationsmöglichkeiten in jeglicher Hinsicht. Im Hinblick auf den finanziellen Unternehmenserfolg zeigt die Studie, dass verschiedene Aspekte der Unternehmenskultur gemeinsam bis zu 31 Prozent des Erfolgs erklären können und somit einen bedeutenden Einfluss haben. Hinsichtlich Krankenstand und Fluktuation zeigt sie ebenfalls – wenn auch geringe (fünf Prozent) – Zusammenhänge mit Aspekten der Unternehmenskultur. Besonderen Einfluss auf niedrige Krankenstands- und Fluktuationsraten haben der Untersuchung zufolge Kulturaspekte wie fairer Umgang der Mitarbeiter miteinander und ehrliches und ethisches Verhalten der Führungskräfte.

Die Wirkungen von Unternehmenskulturen lassen sich an sogenannten starken Kulturen aufzeigen. Starke Kulturen vermitteln, im Gegensatz zu schwachen, prägnante Orientierungsmuster und werden von vielen Organisationsmitgliedern geteilt, deren Überzeugungen und Verhaltensmuster nicht nur oberflächlich erworben, sondern tief verankert sind. Die Stärke der Kultur einer Organisation spiegelt die Stärke und Klarheit ihres Gründers, die Menge und Intensität der Erfahrungen der Organisationsmitglieder und den Unternehmenserfolg (Schein 2006, 174). Starke Kulturen galten früher als ideal, da sie als Schlüsselfaktor für unternehmerische Spitzenleistungen angesehen wurden. Heute weiß man, dass sie keineswegs nur positive, sondern auch zum Teil ausgeprägte negative Wirkungen haben können (Steinmann & Schreyögg 2005, 638). Die wichtigsten positiven Wirkungsweisen starker Kulturen sind aus Unternehmenssicht (ebd., 638ff.):

- *Handlungsorientierung durch Komplexitätsreduktion:* Starke Unternehmenskulturen vermitteln dem einzelnen Organisationsmitglied ein klares, verständliches und überschaubares Weltbild. Durch Komplexitätsreduktion erbringen sie eine weitreichende Orientierungsleistung und schaffen eine klare Basis für das tägliche Handeln. Diese Handlungsorientierungsfunktion ist vor allem in solchen Situationen bedeutsam, in denen formale Regelungen zu kurz greifen würden oder gar nicht greifen können.
- *Effiziente Kommunikation:* Durch die einheitlichen Orientierungs-

muster der Organisationsmitglieder in Organisationen mit starken Unternehmenskulturen gestalten sich Abstimmungsprozesse wesentlich einfacher und direkter als dies typischerweise bei formaler Kommunikation der Fall ist.

• *Rasche Entscheidungsfindung:* In starken Kulturen lassen sich auch relativ einfach tragfähige Kompromisse in Entscheidungs- und Problemlösungsprozessen finden, da die Organisationsmitglieder eine einheitliche Sprache sprechen, ein konsistentes Präferenzsystem haben und die zentralen Werte der Organisation akzeptieren.

• *Motivation und Teamgeist:* Die Organisationsmitglieder sind aufgrund der orientierungsstiftenden Kraft der kulturellen Muster und der gemeinsamen Verpflichtung auf die Vision des Unternehmens zumeist intrinsisch motiviert und zeigen das auch nach außen.

Starke Unternehmenskulturen haben jedoch auch negative Effekte auf Organisationen (ebd., 640ff.):

• *Tendenz zur Abschließung:* Starke Kulturen mit festen Traditionen und Ritualen laufen Gefahr, zu „geschlossenen Systemen" zu werden. Kritik, Warnsignale etc., die widersprüchlich zur bestehenden Kultur sind, drohen verdrängt oder überhört zu werden.

• *Innovationsbarrieren:* Starke Unternehmenskulturen sind schwachen solange überlegen, solange Ideen umgesetzt werden sollen, die mit der bisherigen Geschäftspolitik im Einklang stehen. Sobald jedoch ein grundsätzlicher Wandel herbeigeführt werden soll – etwa eine strategische Neuorientierung der Organisation –, werden stabile und stark verfestigte Kultursysteme zum Problem. Denn die Sicherheit, die starke Kulturen bieten, gerät in Gefahr, Angst und Abwehr sind die Folgen.

• *Fixierung auf traditionelle Erfolgsmuster:* Starke Kulturen schaffen eine enge emotionale Bindung an gewachsene Vorgangsweisen und Denkmuster. Neue Ideen stoßen somit auf eine argumentativ nur schwer zugängliche Bindung an herkömmliche Prozeduren und Vorstellungen.

- *Kollektive Vermeidungshaltung:* Die Umsetzung neuer Ideen setzt Offenheit, Kritikfähigkeit und Unbefangenheit voraus. Aufgrund ihrer emotionalen Bindungen verfügen starke Unternehmenskulturen jedoch nicht über diese Voraussetzungen. Vielmehr laufen sie Gefahr, sich dem Prozess der Selbstreflexion in einer Art kollektiver Vermeidungshaltung zu versagen und kritische Argumentation auf subtile Weise für illegitim zu erklären.

- *Mangel an Flexibilität:* Die negativen Effekte starker Unternehmenskulturen bewirken in Summe Starrheit und mangelnde Anpassungsfähigkeit. Starke Kulturen werden aus diesem Grund auch als „unsichtbare Barrieren" für organisationalen Wandel – wie etwa betriebliche Gesundheitsförderung – bezeichnet.

3. Unternehmenskultur, Stresstheorien und Mitarbeitergesundheit

Die im vorigen Kapitel 2 dargestellten positiven und negativen Wirkungen starker Kulturen verdeutlichen, dass starke Kulturen neuen Organisationsanforderungen – wie etwa betrieblicher Gesundheitsförderung – gegenüber, aufgrund ihrer negativen Wirkungen (Tendenz zur Abschließung, Innovationsbarrieren, Fixierung auf traditionelle Erfolgsmuster, kollektive Vermeidungshaltung und insbesondere Mangel an Flexibilität), wenig aufgeschlossen und sogar tendenziell hinderlich sind. Neue Organisationsanforderungen erfordern nämlich die gewohnte Unternehmenspraxis aufzugeben, wodurch die Sicherheit, die starke Kulturen bieten, in Gefahr gerät. Angst und Abwehr sind die Folgen. „Häufig wird bei solchen Veränderungsprozessen die potenzielle Bremswirkung der unsichtbaren Kraft ‚Unternehmenskultur' nicht erkannt" (Schreyögg 1996, 33). Jedoch können die positiven Wirkungen starker Kulturen (Handlungsorientierung, effiziente Kommunikation, rasche Entscheidungsfindung, Motivation und Teamgeist) als tendenziell gesundheits-

Abbildung 2: Zusammenhang zwischen Unternehmenskultur und Mitarbeitergesundheit

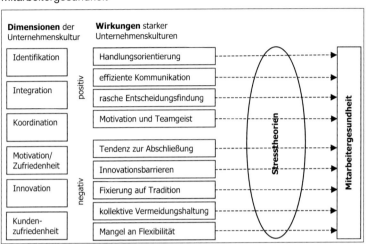

Quelle: eigene Darstellung (2008) in Anlehnung an Baetge et al. (2007, 213) sowie Steinmann & Schreyögg (2005, 638ff.)

förderlich bezeichnet werden. Starke Kulturen scheinen demnach zwar Veränderungen gegenüber eher wenig aufgeschlossen zu sein, allerdings scheinen sie aufgrund ihrer positiven Wirkungen für die Gesundheit der Mitarbeiter per se förderlich zu sein.

Hohe Anforderungen an das eigenständige Denken, Planen und Entscheiden, verbunden mit Möglichkeiten der Kommunikation und Kooperation, großen Tätigkeitsspielräumen und vollständigen Aufgaben, werden in der Arbeitspsychologie als wesentliche Merkmale gesundheitsgerechter Arbeitsgestaltung betrachtet (Ulich & Wülser 2005, 85). Abbildung 2 zeigt, dass verschiedene Dimensionen der Unternehmenskultur Effekte auf die Wirkungen der Unternehmenskultur haben und dass diese wiederum Einfluss auf die Gesundheit der Organisationsmitglieder haben – sowohl positiven als auch negativen. Der Zusammenhang zwischen den Dimensionen und

Wirkungen der Unternehmenskultur und der Gesundheit der Mitarbeiter kann mit Hilfe von Stresstheorien erklärt werden. Stresstheorien sind nämlich in der Lage, die Art dieses Zusammenhangs zu beschreiben. Wirken starke Kulturen beispielsweise positiv auf die Gesundheit der Organisationsmitglieder, weil sie wesentliche Merkmale gesundheitsgerechter Arbeitsgestaltung aufweisen, hohe Entscheidungsspielräume ermöglichen und geringe psychische Belastungen verursachen?

Stresstheorien basieren auf den Paradigmen des biomedizinischen und des biopsychosozialen Krankheitsmodells. Die Grundmodelle der Stresstheorie entstammen dreier unterschiedlicher fachlicher Traditionen: der Biologie, der Psychologie und der Soziologie (Faltermaier 2005, 75). Der wohl berühmteste Ansatz einer psychologischen Stresstheorie ist der transaktionale Ansatz von Richard S. Lazarus. Dieser allgemeine Ansatz soll zum besseren Verständnis der nachfolgend dargestellten arbeitsbezogenen Stresstheorien an dieser Stelle kurz umrissen werden: Transaktionale Ansätze stellen die Wechselbeziehung (Transaktion) zwischen Mensch und Situation in den Mittelpunkt ihrer Betrachtungen. Für Lazarus ist die subjektive Bewertung einer Situation entscheidend für die Auslösung einer Stressreaktion. Folglich spielen individuelle Bewertungs- und Rückkopplungsprozesse eine zentrale Rolle. Zunächst wird die Situation dahingehend bewertet, ob und mit welcher Wahrscheinlichkeit aus dieser Situation Belastungen resultieren, wie und wie stark sie vermutlich wirksam sind und wie ihr zeitlicher Verlauf einzuschätzen ist (primary appraisal). Danach werden die verfügbaren Ressourcen dahingehend eingeschätzt, ob sie ausreichen, der Belastung zu begegnen (secondary appraisal). Abschließend bewertet die Person die Situation je nach ihrer individuellen Einschätzung neu (reappraisal). Diese drei Formen der kognitiven Bewertung sind Voraussetzung für die konkreten Versuche einer Person, die belastende Situation zu bewältigen (Coping) (ebd., 77ff.). Den spezifischen Zusammenhang zwischen Arbeitsbelastungen und Gesundheit untersuchen die beiden im Folgenden vorgestellten Stresstheorien: das Demand/

Abbildung 3: Demand/Control-Modell nach Karasek

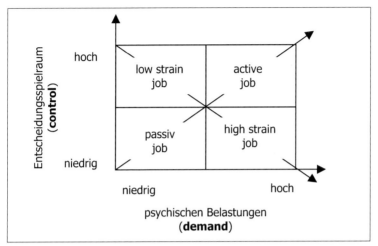

Quelle: Ulich & Wülser (2005, 87)

Control-Modell von Karasek, das international große Beachtung gefunden hat und das theoretisch sehr gut fundierte Modell beruflicher Gratifikationskrisen von Siegrist:

Das *Demand/Control-Modell* wurde von Robert A. Karasek in den 1970er-Jahren entwickelt. Karasek nimmt an, dass ein hoher Entscheidungsspielraum (control), etwa in Bezug auf Entscheidungsverantwortung und Qualifikation, gesundheitsförderlich wirkt und dass psychische Belastungen (demands), etwa Zeitdruck, Arbeitsmenge oder widersprüchliche Anforderungen, gesundheitsschädigend wirken und Fehlbeanspruchungen mit sich bringen. Die zentralen Annahmen des Modells sind in Abbildung 3 dargestellt und besagen, dass (1) der Entscheidungsspielraum generell hoch sein sollte, dass (2) Belastungen nur bei geringem Entscheidungsspielraum schädlich sind und dass (3) Belastungen bei hohem Entscheidungsspielraum sogar noch erhöht werden könnten, um „aktivierende" Tätigkeiten, wie lernen oder Motivation, zu fördern (Ulich & Wülser 2005, 86f.).

Die Richtung von links oben nach rechts unten beschreibt in diesem Modell ein zunehmendes Risiko für Fehlbeanspruchungen und Krankheiten, etwa Burnout oder kardiovaskuläre Erkrankungen. Demzufolge sind high strain jobs mit niedrigem Entscheidungsspielraum und hohen psychischen Belastungen besonders gesundheitsschädlich. Die „high strain"-Hypothese wurde in verschiedenen Untersuchungen bestätigt. Die Richtung von links unten nach rechts oben beschreibt ein zunehmendes aktivierendes Potenzial der Tätigkeiten. Demzufolge sind active jobs mit hohem Entscheidungsspielraum und hohen psychischen Belastungen besonders aktivierend. Karasek zufolge fördern sie insbesondere aktives Freizeitverhalten. Die Lern- und Entwicklungshypothese erhält im Gegensatz zur „high strain"-Hypothese jedoch nur wenig Unterstützung (ebd., 87f.).

Das *Modell beruflicher Gratifikationskrisen* wurde von Johannes Siegrist in den 1990er-Jahren entwickelt. Siegrist bezieht neben den unmittelbaren Arbeitstätigkeiten die organisationalen Rahmenbedingungen in sein Modell ein und nimmt an, dass ein Ungleichgewicht zwischen beruflicher Verausgabung und als Gegenwert dafür erhaltener Belohnung zu Stressreaktionen führt. Er unterscheidet situative (extrinsische) und personale (intrinsische) Verausgabungsquellen. Die sogenannten Gratifikationen – also sozial vermittelte Belohnungen – ergeben sich aus Geld, Wertschätzung und beruflicher Statuskontrolle (Aufstiegschancen, Arbeitsplatzsicherheit und ausbildungsadäquate Beschäftigung) (ebd., 95ff.). Eine Kombination starker, lang anhaltender Verausgabung mit im Vergleich dazu bescheidenen Belohnungen löst nach diesem Modell Stress aus, wie Abbildung 4 zeigt.

Gratifikationskrisen resultieren demnach aus fehlender Anerkennung bei hoher Anstrengungsbereitschaft. Ulich und Wülser (2005, 285) listen eine Vielzahl von empirischen Forschungsergebnissen auf, die belegen, dass Gratifikationskrisen für kardiovaskuläre Risiken einschließlich koronarer Herzkrankheit prädiktiv sind bzw. im Zusammenhang mit Risiken für psychiatrische Störungen, Depressionen, Alkoholabhängigkeit und muskuloskelettalen Beschwerden.

Abbildung 4: Modell beruflicher Gratifikationskrisen nach Siegrist

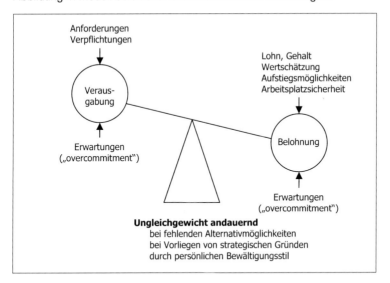

Quelle: Ulich & Wülser (2005, 97)

Aus den bisher durchgeführten Untersuchungen zum Modell beruflicher Gratifikationskrisen lässt sich ableiten, dass das Verhalten der Führungskräfte eines Unternehmens für die Gesundheit der Mitarbeiter von erheblicher Bedeutung zu sein scheint (ebd., 286). Da deren Verhalten maßgeblich von der vorherrschenden Kultur einer Organisation geprägt wird, lassen sich auch hier deutliche Zusammenhänge zeigen. Die verschiedenen Zusammenhänge zwischen der Unternehmenskultur und der Gesundheit der Organisationsmitglieder sind Gegenstand einer Übersichtsarbeit von Ahrens und Goldgruber (2008). An dieser Stelle wird exemplarisch eine amerikanische Forschungsarbeit von Michael Peterson und John F. Wilson (2002) vorgestellt, die die Rolle der Unternehmenskultur im Zusammenhang mit Stress am Arbeitsplatz mithilfe des Culture-Work-Health Model erklärt.

Peterson & Wilson (2002, 16ff.) gehen davon aus, dass die Unternehmenskultur eine bedeutsame Komponente von arbeitsbedingtem Stress darstellt und ihre Analyse wirksame Stressinterventionen ermöglicht. Im Gegensatz zu vielen anderen Autoren, die individuelle Stressfaktoren untersuchen, vertreten Petson & Wilson einen mehrstufigen Ansatz, der neben den individuellen auch kulturelle Faktoren, die arbeitsbedingten Stress bewirken, einschließt. So geben die Autoren beispielsweise zu bedenken, dass der Kontext, in dem Organisationsmitglieder tätig sind, viele gesundheitliche Beeinträchtigungen, wie etwa Burnout, bedingt. Die Modellannahmen werden im Folgenden kurz umrissen (Abbildung 5):

(1) Organizational Culture: Dem Culture-Work-Health Modell zufolge beeinflusst die Kultur – in Anlehnung an Schein – die Wahrnehmung der Organisationsmitglieder, indem sie Annahmen über die Natur des Menschen (verantwortungsbewusst, motiviert und leistungsfähig vs. faul und Arbeit meidend), menschliche Beziehungen (hierarchisches Denken, top-down Entscheidungen vs. Gruppenarbeit, Partizipation) sowie über Raum und Zeit (offene vs. geschlossene Bürotüren, Überstunden als hohe Einsatzbereitschaft vs. Ineffizienz) festlegt. Sie beeinflusst beispielsweise auch, welche Situationen von den Organisationsmitgliedern als stressend erlebt werden und welche nicht. (2) Management Systems, Structures and Behaviors: Unterschiedliche kulturelle Annahmen erfordern unterschiedliche Organisationsstrukturen und Verhaltensweisen der Organisationsmitglieder. Diese manifestieren sich im Managementsystem einer Organisation und damit im vorherrschenden Führungsstil, der etwa Mitarbeiterpartizipation fördert oder hemmt. (3) Organizational Health and Employee Health: Die Unternehmenskultur hat über das Managementsystem tiefgreifenden Einfluss auf die Gesundheit – nicht nur auf jene der Mitarbeiter, sondern auch auf jene der gesamten Organisation. Peterson & Wilson (2002, 22) nehmen an, dass die Mitarbeitergesundheit Auswirkungen auf die Gesundheit der Organisation hat und dass umgekehrt der Gesundheitszustand der Organisation auf ihre Mitglieder ausstrahlt. Die Unternehmenskultur

Abbildung 5: Culture-Work-Health Model

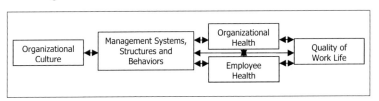

Quelle: Peterson & Wilson (2002, 17)

beeinflusst schlussendlich beide. (4) Letztlich beeinflussen sich auch die Unternehmenskultur, das Managementsystem und die Qualität des Arbeitslebens. Anhaltender Stress einzelner Organisationsmitglieder geht mit niedrigerer Arbeitsmoral und -zufriedenheit einher. Das wiederum wirkt der Gesundheit der gesamten Organisation entgegen und manifestiert sich in erhöhten Fehlzeiten, vermehrter Fluktuation und Krankenständen.

Als Ergebnis kann mithilfe dieses Modells – anstelle von individuellen Stressmanagementstrategien, die den Menschen helfen, mit geringer Autonomie und Kontrolle fertig zu werden – eine neue Unternehmensstrategie etabliert werden, die Kooperation und Entscheidungsfindung fördert, weil sie die Produktivität erhöht, Fehlzeiten und Fluktuation senkt und geistiges Kapital („intellectual capital") wahrt. Auf diese Weise können durch die Wahrnehmungen und Einstellungen der Organisationsmitglieder Probleme im Zusammenhang mit der Gesundheit der Organisation und ihrer Mitglieder identifiziert werden. Diese sind dazu geeignet, einen Wandel im Verhalten und den Organisationsstrukturen zu bewirken, festgefahrene Annahmen abzulösen und somit die Unternehmenskultur zu verändern (ebd., 16 ff).

Wie die eben vorgestellte Arbeit von Peterson & Wilson (2002), aber auch andere, wie jene von Badura & Hehlmann 2003 und der Expertenkommission 2004, zeigen, wird in letzter Zeit immer häufiger darauf hingewiesen, dass der Umgang mit der Gesundheit von Organisationen und ihren Mitgliedern letztlich eine Frage der Unter-

Abbildung 6: Merkmale „gesunder" und „ungesunder" Organisationen

Merkmale	gesunde Organisationen	ungesunde Organisationen
Ausmaß sozialer Ungleichheit (Bildung, Status Einkommen)	moderat	hoch
Vorrat an gemeinsamen Überzeugungen, Werten, Regeln ("Kultur")	groß	gering
Identifikation der Mitglieder mit übergeordneten Zielen und Regeln ihres sozialen Systems ("Wir-Gefühl", "Commitment")	stark ausgeprägt	gering ausgeprägt
Vertrauen in die Führung	hoch	gering
Ausmaß persönlicher Beteiligung an systemischer Willensbildung, Entscheidungsfindung ("Partizipation")	hoch	gering
Gegenseitiges Vertrauen, Zusammenhalt unter Mitgliedern	hoch	gering
Umfang sozialer Kontakte jenseits primärer Beziehungen	hoch	gering
Stabilität, Funktionsfähigkeit primärer Beziehungen (Familie, Arbeitsgruppe etc.)	hoch	gering
Soziale Kompetenz	stark ausgeprägt und verbreitet	gering ausgeprägt und verbreitet
Sinnstiftende Betätigung (Arbeit, Freizeit etc.)	stark verbreitet	weniger stark verbreitet

Quelle: Badura & Hehlmann (2003, 54)

nehmenskultur sei. In Abbildung 6 sind die von Badura und Hehlmann (2003, 54) identifizierten und zusammenfassend gegenüber-
gestellten Merkmale „gesunder" und „ungesunder" Organisationen
aufgelistet.

Ulich & Wülser (2005, 282) führen an, dass sich die Zusammenhänge in Abbildung 6 teilweise durch empirische Studien bestätigen
lassen: Insbesondere können deutliche Zusammenhänge zwischen
den Partizipationsmöglichkeiten der Organisationsmitglieder und
Krankenständen bzw. Fehlzeiten nachgewiesen werden. Zu einem
ähnlichen Schluss kommt die in Kapitel 2 dargestellte Studie von
Hauser et al. (2007), wonach Kulturaspekte wie fairer Umgang der
Mitarbeiter miteinander und ehrliches und ethisches Verhalten der
Führungskräfte besonderen Einfluss auf niedrige Krankenstands- und
Fluktuationsraten haben.

4. Integration der Unternehmenskultur in ein neues Gesundheitsförderungsverständnis

Soll die Gesundheit der Organisationsmitglieder mittel- und langfristig positiv beeinflusst werden, müssen Gesundheitsförderungsinterventionen über das Angebot verhaltensorientierter Maßnahmen hinausgehen und in der Organisation selbst verankert werden. Es ist somit notwendig, die Unternehmenskultur in ein neues Gesundheitsförderungsverständnis zu integrieren (Busch 1996, 15). An dieser Stelle kommt die Frage auf, was unter Gesundheitsförderung in Organisationen denn eigentlich verstanden wird? Westermayer und Stein (2006, 123) vertreten eine – der Ansicht der Autorin nach – praktikable Auffassung. Sie unterscheiden drei Ansätze der Gesundheitsförderung in Organisationen: Gesundheitsförderung im Betrieb, Betriebliche Gesundheitsförderung und Salutogenic Management. (1) Gesundheitsförderung im Betrieb als Instrument zur Stabilisierung und Optimierung von salutogenen, also gesundheitsförderlichen, Organisationsbedingungen setzt am individuellen Verhalten der Organisationsmitglieder an. Sie führt zu dem von Kühn (1993, zit. nach Ulich & Wülser 2005, 48) beschriebenen Phänomen des „Healthismus", der dem Individuum die alleinige Schuld für eine etwaige Krankheit zuschreibt und die soziale Bedingtheit von Gesundheit und Krankheit ausblendet. (2) Betriebliche Gesundheitsförderung setzt als Instrument der Strukturreflexion durch Organisationsentwicklung und Datenfeedback hingegen einen Lernprozess in Gang, in dem die strukturstabilisierenden Regeln des Unternehmens kritisch überprüft werden. (3) Salutogenic Management als Instrument zur Strukturveränderung dient dem Aufbau einer gesundheitsförderlichen Organisation, in welcher Antonovskys Salutogenese-Ansatz als permanentes Führungs- und Managementziel etabliert wird. Bezüglich der nachhaltigen Förderung der Gesundheit aller Organisationsmitglieder empfehlen die Autoren, zunächst im Rahmen von betrieblicher Gesundheitsförderung herauszufinden, welche Regeln der Organisation und insbesondere der Kultur als pathogen und welche als salutogen einzuordnen sind. Danach plädieren sie für die Etablierung eines Salutogenic Managements zur Strukturveränderung. Und erst nachdem dies geschehen ist, führen sie an, dass strukturoptimierende bzw. -stabilisierende Angebote zur Verhaltensänderung im Rahmen der Strategie Gesundheitsförderung im Betrieb sinnvoll sein können.

Für die Gesundheitsförderung bedeutet die Integration der Unternehmenskultur zweierlei: Badura et al. (2001, 15) geben an, dass sie zum einen nicht „top-down" verordnet werden darf. Vielmehr muss sie vorgelebt werden. Sämtliche Interventionen müssen, etwa im Rahmen von Gesundheitszirkeln, „bottom-up" erarbeitet werden. Hierbei schafft eine vertrauensvolle Unternehmenskultur die Voraussetzung für nachhaltige Gesundheitsförderung. Zum anderen zeigen sie auf, dass Gesundheitsförderung umgekehrt auch dazu eingesetzt werden kann, von einer Kultur des Misstrauens zu einer Kultur des Vertrauens, der Offenheit und Kooperation zu gelangen. Gesundheitsförderung eignet sich hierbei als vertrauensbildende Maßnahme. Zu bedenken gilt jedoch, dass sämtliche Interventionen – so auch jene der Gesundheitsförderung – Systemeingriffe darstellen und demgemäß, bewusst oder unbewusst, immer einen Wandel der vorherrschenden Unternehmenskultur bewirken. Diese Tatsache wirft die Frage auf, ob denn Kulturwandel nicht auch geplant und aktiv herbeigeführt werden kann? Zu dieser Frage teilen sich die Expertenmeinungen. Drei wesentliche Standpunkte werden nun dargestellt (Schreyögg 1996, 33f.): (1) „Kulturingenieure" vertreten eine instrumentalistische Sichtweise und meinen, Kulturen ähnlich wie andere Führungsinstrumente gezielt einsetzen und planmäßig verändern zu können. (2) Demgegenüber betrachten „Kulturalisten" oder „Puristen" die Unternehmenskultur als organisch gewachsene Lebenswelt, die sich jeglichem gezieltem Herstellungsprozess entzieht. Unternehmenskulturen „managen" zu wollen ist ihrer Meinung nach nicht nur naiv, sondern auch gefährlich, da diese Möglichkeit zur gezielten Manipulation missbraucht werden könnte. (3) Eine dritte Gruppe von Experten, zu denen u. a. Schein und Schreyögg zählen, akzeptiert die Idee eines geplanten Wandels. Unter dem Stichwort „Kurskorrektur" werden zunächst verkrustete Muster durch den Verweis auf deren problematische Wirkungen deutlich gemacht. Darauf folgend wird für neue Werte plädiert. Da Unternehmenskulturen ihrem Charakter nach komplex sind, ist es nicht möglich, eine vollständig neue Kultur zu konstruieren und Schritt für Schritt zu implementieren. Diese mechanistische Vorstellung verkennt den Charakter kultureller Beziehungen. Gesundheitsförderung kann jedoch – betrachtet als organisationale Innovation – Anstöße für eine solche „Kurskorrektur" im Rahmen eines „geplanten Wandels" geben (Busch 1996, 16).

Wenn man der Auffassung von Westermayer und Stein (2006, 123) folgt, dann ist das Ziel sämtlicher gesundheitsförderlicher Interventionen in Organisationen die Etablierung eines sogenannten Salutogenic Managements, welches langfristige und nachhaltige Gesundheitsförderung und den Aufbau einer salutogenen Organisation ermöglicht. Andere Autoren vertreten dieselbe Sichtweise, verwenden jedoch andere Begriffe. Badura und seine Kollegen sprechen von der Schaffung „Gesunder Organisationen" (siehe Abbildung 6 auf Seite 208), der Medizinsoziologe Aaron Antonovsky spricht von der Etablierung einer „kohärenten Unternehmenskultur". Abschließend soll nun Antonovskys Ansatz vorgestellt werden, der die Integration der Unternehmenskultur in ein neues Gesundheitsförderungsverständnis fordert: Für Antonovsky (1997, 36) ist Gesundheit durch ein grundlegendes Gefühl (Kohärenzgefühl, Sence of Coherence) des Vertrauens in die Verstehbarkeit, Handhabbarkeit und Sinnhaftigkeit der Anforderungen, denen sich ein Mensch gegenübergestellt sieht, gekennzeichnet. Betrachtet man Organisationen vor diesem Hintergrund, dann ist die Etablierung von salutogenen, also gesundheitsförderlichen, Organisationsbedingungen die logische Konsequenz. Salutogene Organisationsbedingungen zu schaffen bedeutet in der Sprache Antonovskys – wie bereits erwähnt –, eine „kohärente Unternehmenskultur" zu etablieren. Voraussetzung dafür ist ein verändertes Anforderungsprofil für Führungskräfte, mit dem Ziel, bei den Mitarbeitern „ein Gefühl des Vertrauens in pragmatischer, kognitiver und emotionaler Hinsicht zu fördern" (Westermayer & Stein 1996, 68). Eine potenziell salutogene Organisation gründet auf drei wesentlichen Bedingungen: dem Management von Informationen (Verstehbarkeit), dem Management von Techniken und technischen Mitteln (Handhabbarkeit) und dem Management von Zielen und Werten (Sinnhaftigkeit) – der Kultur. Darüber hinaus basiert sie auf zwei wesentlichen Prozessen: der Möglichkeit zu lernen und dem Führungsstil. Die Schüsselqualifikation zur Entwicklung salutogener Organisationsbedingungen liegt demnach im Bereich einer Führung, die Prozesse des Informationstransfers, der Technikanwendung und der Kulturentwicklung so steuert, dass Mitarbeiter in diesen Prozessen lernen und sich entwickeln können. Führung wird, so betrachtet, zu einem Abstimmungsprozess zwischen den normativen Organisationszielen und den individuellen Zielen der Organisationsmitglieder. Sie stellt das Bindeglied zwischen den notwendigen Bedingungen einer kohärenten Unternehmenskultur und den hinreichenden individuellen Bedingungen des Erlebens von Kohärenz dar. (ebd., 121). Das Kohärenzgefühl scheint Westermayer & Stein (2006, 122) zufolge in der Lage zu sein, die ökonomischen mit den ethischhumanen Anforderungen, die an eine Organisation gerichtet sind, zu integrieren und schlussendlich die oft oberflächlich verwendete Phrase „Gesunde Mitarbeiter in gesunden Organisationen" wahr werden zu lassen.

5. Diskussion

Der Beitrag verdeutlicht, dass die vorherrschende Kultur – die sich insbesondere in Form von Annahmen der Führungskräfte über die menschliche Natur (verantwortungsbewusst, motiviert und leistungsfähig vs. faul und Arbeit meidend), menschliche Beziehungen (hierarchisches Denken, top-down Entscheidungen vs. Gruppenarbeit, Partizipation) sowie über Raum und Zeit (offene vs. geschlossene

Bürotüren, Überstunden als hohe Einsatzbereitschaft vs. Ineffizienz) zeigt – maßgeblichen Einfluss auf die Gesundheit der Organisationsmitglieder hat. Darüber hinaus veranschaulicht der Beitrag aber auch, dass die Unternehmenskultur nicht nur Einfluss auf die Gesundheit der Organisationsmitglieder, sondern auch auf jene der gesamten Organisation hat. Insbesondere die Wahrnehmungen, Einstellungen und Verhaltensweisen der Führungskräfte – die sich im vorherrschenden Managementstil manifestieren – entscheiden darüber, ob eine Organisation im Sinne von Badura & Hehlmann (2003, 54) „gesund" oder „ungesund" ist. Gesunde Organisationsmitglieder und gesunde Organisationen bedingen sich gegenseitig. So ist es ebenso unwahrscheinlich, dass in einer „gesunden" Organisation ein ausschließlich ungesundes bzw. krankes Mitarbeiterkollektiv tätig ist, wie umgekehrt, dass in einer „ungesunden" Organisation lauter „gesunde" Mitarbeiter arbeiten. Die Unternehmenskultur beeinflusst schlussendlich sowohl die Gesundheit der Organisation als auch jene ihrer Mitglieder. Aus diesem Zusammenhang lassen sich Implikationen für den Unternehmenserfolg ableiten. Dieser scheint den Untersuchungen von Baetge et al. (2007) und Hauser et al. (2007) zufolge umso höher zu sein, je „gesünder" die Organisation bzw. je stärker deren Kultur ist.

Ein Problem der betrieblichen Gesundheitsförderung, das in diesem Zusammenhang relevant wird, ist, dass der Begriff „Betriebliche Gesundheitsförderung" nicht eindeutig definiert ist. Jeder kann darunter verstehen, was er möchte. Wie der Beitrag zeigt, kann auch die Unternehmenskultur unter diesem Begriff thematisiert werden. Möglicherweise ist der Zugang über Unternehmenskultur und Führung sinnvoller und vor allem zielführender als jener über das Verhalten. Verschiedene Autoren (vgl. Rosenbrock 1993, Westermayer & Stein 2006) geben zu bedenken, dass weit mehr als 90 Prozent aller Aktivitäten der Gesundheitsförderung verhaltensorientiert sind, was ihre geringe Erfolgsquote erklärt: Verhaltensorientierte Maßnahmen – die nur strukturoptimierend bzw. -stabilisierend wirksam werden können (siehe Kapitel 4) – optimieren und stabilisieren insbesondere auch pathogene Strukturen. Das bedeutet, dass mehr als 90 Prozent aller gesundheitsförderlichen Aktivitäten in Organisationen gesundheitsschädigend wirken, wenn deren Strukturen gesundheitsschädigend beschaffen sind. Verhaltensorientierte Gesundheitsförderungsinterventionen sind Westermayer & Stein (2006, 123) zufolge also nicht nur sinnlos sondern wahrscheinlich sogar schädlich. Zu berücksichtigen gilt also, dass die Unternehmenskultur maßgeblichen Einfluss darauf hat, ob gesundheitsbezogene Interventionen salutogen oder pathogen wirken, ob etwa eine Erweiterung des Handlungs- und Entscheidungsspielraums gesundheitsförderlich wirkt oder zusätzlich belastet, ob Stressmanagementangebote angenommen oder als Zumutung empfunden werden oder ob ergonomische Veränderungen positiv oder negativ auf die Gesundheit der Organisationsmitglieder wirken.

In diesem Zusammenhang ist verständlich, dass mit der Integration der Unternehmenskultur in ein neues Gesundheitsförderungsverständnis die Durchführung und Evaluation gesundheitsförderlicher Interventionen immer schwieriger – weil komplexer – wird. Gesundheitsförderung wird ja mittlerweile als komplexe soziale Intervention (vgl. McQueen 2001, Lenhardt 2005, Kolip 2006, Ahrens et al. 2008) umschrieben und geht somit über relativ standardisierbare Verhaltensänderungskonzepte weit hinaus. Dies verdeutlicht auch, dass langfristige und nachhaltige Gesundheitsförderung in Organisationen wohl mehr sein muss als ein „schnelles Projekt zur Gewissensberuhigung". Das wiederum legitimiert den dreistufigen Zugang der Implementierung von Gesundheitsförderung in Organisationen von Westermayer und Stein (2006) (siehe Kapitel 4). Eine Frage, die offen bleibt, ist jedoch jene, wann denn eigentlich salutogene Organisationsbedingungen geschaffen sind bzw. wann eine „kohärente Unternehmenskultur" etabliert ist? Wenn man die in Baduras theoretischem Konstrukt „gesunder Organisationen" (siehe Abbildung 6 auf Seite 17) aufgelisteten Merkmale auf reale Organisationen anwenden würde, wäre wohl kaum eine Organisation als gesund einzustufen. Auch bleibt in diesem Zusammenhang offen, wie Gesundheit von Organisationen definiert wird. Schon für die Gesundheit von Individuen ist keine einheitliche Definition verfügbar, umso weniger wird in naher Zukunft wohl eine für die Gesundheit von sozialen Systemen, wie etwa Organisationen, bereitgestellt werden (können).

6. Literatur

Ahrens, D. & Goldgruber, J. (2008). Der Einfluss der Unternehmenskultur auf die Gesundheit der Organisationsmitglieder. Prävention und Gesundheitsförderung (zur Publikation eingereicht)

Ahrens, D., Goldgruber, J., & Erfkamp, H. (2008). Evidenzbasierung in Gesundheitsförderung und Prävention. *Soziale Sicherheit* (2) 83.

Antonovsky, A. (1997). Salutogenese. Zur Entmystifizierung der Gesundheit. Tübingen: dgvt-Verlag.

Badura, B., Hehlmann, T. (2003). Betriebliche Gesundheitspolitik. Der Weg zur gesunden Organisation. Berlin (u.a.): Springer.

Badura, B., Münch, E., & Ritter, W. (2001). Partnerschaftliche Unternehmenskultur und betriebliche Gesundheitspolitik: Fehlzeiten durch Motivationsverlust? (4., aktualis. Aufl). Gütersloh: Verl. Bertelsmann Stiftung.

Baetge, J., Schewe, G., Schulz, R., Solmecke, H. (2007). Unternehmenskultur und Unternehmenserfolg: Stand der empirischen Forschung und Konsequenzen für die Entwicklung eines Messkonzeptes. In: Journal für Betriebswirtschaft, Jg. 57, 183–219.

Busch, R. (1996). Einführung des Herausgebers. In R. Busch, & E. Göbel (Hg.), Forschung und Weiterbildung für die betriebliche Praxis: Vol. 12. Unternehmenskultur und betriebliche Gesundheitsförderung. Erweiterte Dokumentation eines Workshops an der Freien Universität Berlin am 30. 5. 1995. Berlin: FU Berlin. 13–21.

Busch, R., & Göbel, E. (Hg.). Unternehmenskultur und betriebliche Gesundheitsförderung: Erweiterte Dokumentation eines Workshops an der Freien Universität Berlin am 30. 5. 1995. Forschung und Weiterbildung für die betriebliche Praxis, 12. Berlin 1996: FU Berlin.

Expertenkommission der Bertelsmann Stiftung und der Hans-Böckler-Stiftung. (2004). Zukunftsfähige betriebliche Gesundheitspolitik. Gütersloh: Verl. Bertelsmann Stiftung.

Faltermaier, T. (2005): Gesundheitspychologie. Stuttgart: Kohlhammer.

Gröben, F. (2003): Betriebliche Gesundheitspolitik – Ihr Spiegel in Betriebs- und Dienstvereinbarungen. Anhang zur Expertise für die Expertenkommission „Betriebliche Gesundheitspolitik" der Bertelsmann Stiftung und der Hans-Böckler-Stiftung. Gütersloh: Verl. Bertelsmann Stiftung.

Hauser, F., Schubert, A., Aicher, M. (2007): Unternehmenskultur, Arbeitsqualität und Mitarbeiterengagement in den Unternehmen in Deutschland. Ein Forschungsprojekt des Bundesministeriums für Arbeit und Soziales. Unter Mitarbeit von L. Fischer, K. Wegera und C. Erne et al. Herausgegeben von Bundesministerium für Arbeit und Soziales.

Hopfenbeck, W. (2002). Allgemeine Betriebswirtschafts- und Managementlehre: Das Unternehmen im Spannungsfeld zwischen ökonomischen, sozialen und ökologischen Interessen (14. Aufl). München: Redline Wirtschaft bei Verl. Moderne Industrie.

Kolip, P. (2006). Evaluation, Evidenzbasierung und Qualitätsentwicklung. Prävention und Gesundheitsförderung. 1 (4): 234–239.

Lang, R., Winkler, I., & Weik, E. (2005). Organisationskultur, Organisationaler Symbolismus und Organisationaler Diskurs. Moderne Organisationstheorien, 207–258.

Lenhardt, U. (2005). Gesundheitsförderung – Rahmenbedingungen und Entwicklungsstand. Sozialwissenschaften und Berufspraxis. 28 (1): 5–17.

McQueen, D. (2001). Strengthening the evidence base for health promotion. Health Promotion International. 16 (3): 261–268.

Morgan, G., & Wacker, I. Olivia. (2006). Bilder der Organisation (4. Aufl). Stuttgart: Klett-Cotta.

Pelikan, J., Demmer, H. & Hurrelmann K. (Hg.) (1993). Gesundheitsförderung durch Organisationsentwicklung. Rezepte, Strategien und Projekte für Betriebe, Krankenhäuser und Schulen. Weinheim, München: Juventa.

Peterson, M., Wilson, J. F., (2002): The Culture-Work-Health model and work stress. In: American Journal of Health Behavior, Jg. 26 (1) 16–24.

Rosenbrock, R. (1993). Betriebliche Gesundheitspolitik und Organisationsentwicklung. In: J. Pelikan, H. Demmer & K. Hurrelmann (Hg.), Gesundheitsförderung durch Organisationsentwicklung. Rezepte, Strategien und Projekte für Betriebe, Krankenhäuser und Schulen. Weinheim, München: Juventa. 123-140.

Schein, E. H. (2006). Organisationskultur: The Ed Schein Corporate culture survival guide (2., korrigierte Aufl.). EHP-Organisation. Bergisch Gladbach: EHP.

Schreyögg, G. (1996). Unternehmenskultur. In: R. Busch & E. Göbel (Hg.). Forschung und Weiterbildung für die betriebliche Praxis: Vol. 12. Unternehmenskultur und betriebliche Gesundheitsförderung. Erweiterte Dokumentation eines Workshops an der Freien Universität Berlin am 30. 5. 1995. Berlin: FU Berlin. 23–35.

Smircich, L. (1983). Concepts of Culture and Organizational Analysis. Administrative Science Quarterly, 28 (3), 339–358.

Steinmann, H., Schreyögg, G., Koch, J., & Steinmann-Schreyögg (2005). Management: Grundlagen der Unternehmensführung; Konzepte, Funktionen, Fallstudien (6., vollst. überarb. Aufl.). Gabler-Lehrbuch. Wiesbaden: Gabler.

Ulich, E. (2001). Arbeitspsychologie (5., vollständig überarbeitete und erweiterte Aufl.). Stuttgart: Schäffer-Poeschel.

Ulich, E., & Wülser, M. (2005). Gesundheitsmanagement in Unternehmen: Arbeitspsychologische Perspektiven (2., aktualisierte Aufl.). Wiesbaden: Gabler.

Vahs, D. (2005). Organisation. Einführung in die Organisationstheorie und -praxis. Stuttgart: Schäffer-Poeschel.

Walter-Busch, E. (1996). Organisationstheorien von Weber bis

Weick. Wirtschaftswissenschaftliche Studienbücher, 1. Berlin: Fakultas.

Weik, E., & Lang, R. (2005). Handlungsorientierte Ansätze (2., überarb. Aufl.). Gabler-Lehrbuch, 1. Wiesbaden: Gabler.

Westermayer, G., & Stein, B. (1996). Salutogenic Management. In: R. Busch, & E. Göbel (Hg.), Forschung und Weiterbildung für die betriebliche Praxis: Vol. 12. Unternehmenskultur und betriebliche Gesundheitsförderung. Erweiterte Dokumentation eines Workshops an der Freien Universität Berlin am 30.5.1995. Berlin: FU Berlin. 50–74.

Westermayer, G., Stein, B. A., & Sonntag, M. (2006). Produktivitätsfaktor betriebliche Gesundheit. Organisation und Medizin. Göttingen: Hogrefe.

Beate Atzler · Franz Gastager

Das Betriebliche Gesundheitsmanagementprojekt der ÖBB-Infrastruktur Betrieb AG

1. Betriebliches Gesundheitsmanagementprojekt Gesamt

Die ÖBB-Infrastruktur Betrieb AG startete im Frühjahr 2006 ein Betriebliches Gesundheitsmanagementprojekt, das mit Unterstützung des Instituts für Gesundheitsförderung und Prävention (IGP) und der Versicherungsanstalt für Eisenbahnen und Bergbau (VAEB) durchgeführt wird. Dadurch setzte die ÖBB-Infrastruktur Betrieb AG (INFRA.betrieb) ein deutliches Zeichen in Richtung MitarbeiterInnenorientierung, denn diese sind schließlich das „größte Kapital eines Unternehmens".

Ziele dieses Projekts sind sowohl

1. der Aufbau eines integrierten Gesundheitsmanagementsystems als auch
2. der Aufbau notwendiger PR- und Marketingaktivitäten, um alle MitarbeiterInnen zu erreichen.

Gewidmet hat sich die ÖBB-Infrastruktur Betrieb AG dem Thema Gesundheit bereits im Jahr 2005. Hier wurde allerdings ein pathogener Zugang gewählt, der ein umfassendes Fehlzeitenmanagement und einzelne verhaltenspräventive Maßnahmen zur Krankheitsprävention beinhaltete.

Das Projekt wurde von Beginn an in die laufenden Strukturen und das Topmanagement integriert.

Abbildung 1: Organisationsstruktur INFRA.vital

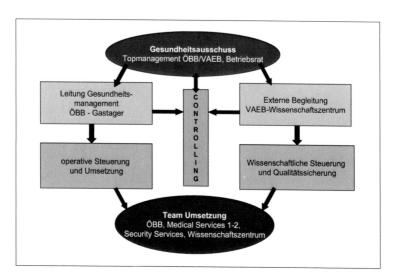

Abbildung 1 zeigt die Strukturen vom Topmanagement bis hin zum Kernteam, das für die Umsetzung von Maßnahmen verantwortlich ist. Der Gesundheitsausschuss, der letztlich für strategische Entscheidungen zuständig ist, setzt sich sowohl aus dem Topmanagement der ÖBB-Infrastruktur Betrieb AG als auch aus dem Topmanagement der VAEB zusammen. Der Generaldirektor und der Obmann der VAEB sind insofern in wichtige Entscheidungen mit einzubinden, da die VAEB als Partner der ÖBB-Infrastruktur Betrieb AG die jeweiligen Angebote zur Verfügung stellt.

Aus diesen genannten Strukturen ergeben sich folgende sieben Arbeitspakete für das Betriebliche Gesundheitsmanagementprojekt bei der ÖBB-Infrastruktur Betrieb AG:

3. *Medical Services 1:* Dieser Bereich umfasst alle Themen des klassischen ArbeitnehmerInnenschutzes (Schnittstelle).
4. *Medical Services 2:* Das ist der Bereich der klassischen betriebli-

chen Gesundheitsförderung, die Maßnahmen werden im Folgenden ausführlicher behandelt.

5. *Zertifizierung:* Im Zuge der Nachhaltigkeit des Projekts ist angedacht, auch Zertifizierungen zu erlangen, wie etwa das österreichische Gütesiegel für betriebliche Gesundheitsförderung (das im Rahmen des Symposiums bereits verliehen wurde) und die Zertifizierung zum AUVA-Sicherheits- und Gesundheitsmanagementsystem.

6. *Kommunikation:* Kommunikation stellt aufgrund der breit gestreuten Strukturen eine Herausforderung für die ÖBB-Infrastruktur Betrieb AG dar. Die wichtigste Frage, die in diesem Bereich gestellt werden muss, lautet: Wie erreiche ich die MitarbeiterInnen? Die permanente Kommunikation und Information der Gesundheitsförderungsmaßnahmen wird sowohl durch technische Kanäle als auch informelle Kommunikationswege sichergestellt.

7. *Fehlzeitenmanagement:* Aufgrund erhöhter Fehlzeiten in der ÖBB-Infrastruktur Betrieb AG umfasst das Gesamtprojekt des betrieblichen Gesundheitsmanagements auch ein Arbeitspaket zum Thema Fehlzeitenmanagement, das die Fehlzeiten der MitarbeiterInnen kontrollieren soll. (Dieses wurde mit 30. 6. 2007 abgeschlossen.)

8. *Steuerung des integrierten Gesundheitsmanagementsystems:* Dieser Teil wird durchgeführt, wie in Abbildung 1 dargestellt. Das Topmanagement trifft die strategischen Entscheidungen, die vom Umsetzungsteam operationalisiert werden.

9. *Qualitätssicherung und Vernetzung:* Im Sinne der Nachhaltigkeit und der Wirksamkeit des integrierten Gesundheitsmanagementsystems spielen Qualitätssicherung und Vernetzung eine wesentliche Rolle. Vor allem im Sinne der Qualitätssicherung ist geplant, ein Kennzahlensystem (abgesehen von Krankenständen) für betriebliche Gesundheitsförderung zu entwickeln, um Evaluationen und Benchmarks zu erleichtern bzw. überhaupt erst zu ermöglichen.

2. Teilprojekt Betriebliche Gesundheitsförderung (Medical Services 2)

Durch die Unterzeichnung der BGF-Charta zu Projektbeginn hat sich die ÖBB-Infrastruktur Betrieb AG dazu verpflichtet, den internationalen Qualitätskriterien der Luxemburger Deklaration für betriebliche Gesundheitsförderung zu entsprechen. Die Unterzeichnung der BGF-Charta ist auch die Voraussetzung für die Verleihung des österreichischen Gütesiegels für betriebliche Gesundheitsförderung, das die ÖBB-Infrastruktur Betrieb AG am 8. November 2007 beim Symposium von Bundesministerin Dr.[in] Andrea Kdolsky erhalten hat.

Das österreichische Gütesiegel für betriebliche Gesundheitsförderung ist eine Auszeichnung an jene Unternehmen, die die Qualitätsstandards für betriebliche Gesundheitsförderung erfüllen. Die Bewerbung wird durch einen Fachbeirat begutachtet und vom österreichischen Netzwerk für betriebliche Gesundheitsförderung für drei Jahre verliehen. Danach muss es erneut beantragt werden. Dies soll die Gesundheitsorientierung im Unternehmen nachhaltig sichern.

Der Projektverlauf (Diagnose – Interventionsplanung – Intervention – Evaluation) wird von der VAEB bzw. dem IGP ständig begleitet. Der große Vorteil dieser dauerhaften Kooperation liegt einerseits im fortlaufenden Monitoring und andererseits in der ständigen Qualitätssicherung.

Aufgebaut ist INFRA.vital wie andere Programme der betrieblichen Gesundheitsförderung. Der Gesundheitsausschuss ist für alle Grundsatzentscheidungen des Projekts verantwortlich und ist somit oberstes Entscheidungsgremium. Der Gesundheitsausschuss vergibt auch Aufgaben an die Projektleitung. Zur Planung und Durchführung des Projekts ist das Projektteam (Kernteam) beauftragt. Es dient als Bindeglied zwischen dem Gesundheitsausschuss und den Gesundheitszirkeln. Die Gesundheitszirkel sind jenes innerbetriebliche Instrument, das Belastungen und Ressourcen erheben soll, aber auch Lösungsvorschläge und Maßnahmen zur Verbesserung erarbeitet, die dem Gesundheitsausschuss vorgelegt werden.

2.1 Organisationsdiagnose in der ÖBB-Infrastruktur Betrieb AG

Die ÖBB-Infrastruktur Betrieb AG beschäftigt derzeit rund 12.000 MitarbeiterInnen (Stand 1. 10. 2007) österreichweit an 461 Standorten. Abbildung 2 zeigt das Organigramm sowie den MitarbeiterInnenstand der ÖBB-Infrastruktur Betrieb AG.

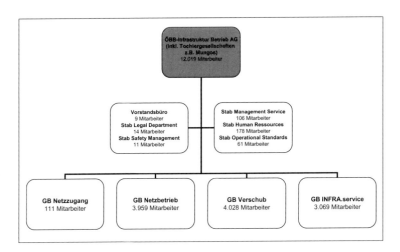

Abbildung 2: Organigramm und MitarbeiterInnenstand der ÖBB-Infrastruktur Betrieb AG

Eine erste Organisationsdiagnose ergab, dass die ÖBB-Infrastruktur Betrieb AG mit 12.000 MitarbeiterInnen und einer bundesweiten Streuung die größte Teilorganisation des ÖBB-Konzerns ist. Die Change Management Prozesse, denen diese MitarbeiterInnen ausgesetzt sind, und auch Änderungen im Pensions- und Dienstrecht sind ebenfalls kennzeichnend für das Unternehmen. Weitere Ergebnisse der Organisationsdiagnose ergaben einen hohen Altersschnitt (etwa 50 Prozent der MitarbeiterInnen sind zwischen 40 und 50 Jahre alt) im Unternehmen, einen niedrigen Frauenanteil (inkl. der Tochtergesellschaften knapp 5 Prozent) und die Bereiche, in denen die MitarbeiterInnen tätig sind, sind sehr unterschiedlich.

2.2 Krankenstandsanalyse

Die Krankenstandsanalyse des IGP für die ÖBB-Infrastruktur Betrieb AG ergab ein positives Ergebnis im Vergleich zum ÖBB-Konzern, da die Quote um 3 Prozent geringer ist (vgl. Abbildung 3). Im externen Benchmark hat die ÖBB-Infrastruktur Betrieb AG allerdings erhebliches Verbesserungspotenzial. Zu den VAEB-Versicherten + 8 Prozent, zur Deutschen Bahn + 31 Prozent, zu den Schweizer Bundesbahnen + 39 Prozent und zu den österreichweiten Daten + 58 Prozent. Strukturelle Unterschiede sind jedoch beim Vergleich der Daten zu berücksichtigen.

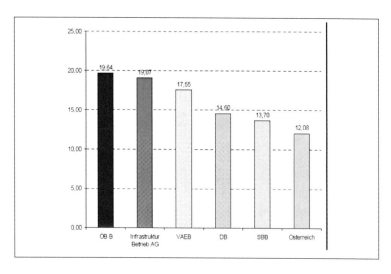

Abbildung 3: Krankenstandstage je MitarbeiterIn (externer Benchmark, VAEB 2005)

Wenn man die Kennzahl der Krankenstandstage je Krankheitsfall misst, kann man Aussagen über den Schweregrad einer Krankheit treffen. Abbildung 4 zeigt, dass die MitarbeiterInnen der ÖBB-Infrastruktur Betrieb AG im Bereich der Rückenerkrankungen die längste Dauer an Krankenstandstagen aufweisen, gefolgt von anderen Affektionen im zervikalen Bereich (Diagnose 723 nach ICD-9) mit 18,63 Tagen und allgemeinen Symptomen (Diagnose 780 nach ICD-9) mit 12,93 Tagen. Daraus ergibt sich, dass der häufigste Erkrankungsgrund muskuloskelettale Erkrankungen sind.

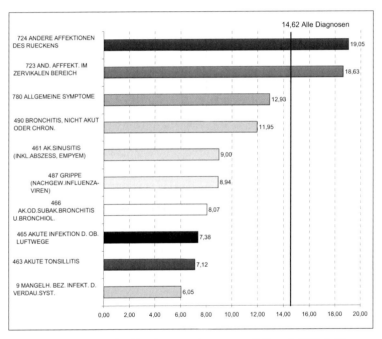

Abbildung 4: Anzahl der Krankenstandstage pro Fall nach ICD-9-Diagnosen im Jahr 2005

2.3 MitarbeiterInnenbefragung und Ergebnisse

Die MitarbeiterInnenbefragung in der ÖBB-Infrastruktur Betrieb AG erfolgte im Frühjahr 2006 anonym, und der Rücklauf betrug 13,8 Prozent (insgesamt 2.527 Fragebögen von 18.273 retour). Eingesetzt wurde bei dieser Erhebung der vom IGP entwickelte FEGOL-Fragebogen (Fragebogen zur Erfassung des Gesundheitsverhaltens, des Organisationsklimas und der Lebenszufriedenheit).

Der FEGOL setzt sich aus Teilen der folgenden standardisierten Instrumente zusammen:

• Fragebogen zur Erfassung des Gesundheitsverhaltens (FEG) (Daumenlang, Müskens & Harder, 2004)
• Fragebogen zur Erfassung des Organisationsklimas (FEO) (Fahrenberg, Myrtek, Schumacher & Brähler, 2000)
• Fragebogen zur Lebenszufriedenheit (FLZ) (Dlugosch & Krieger, 1995)

Einige Ergebnisse, die besonders positiv bzw. negativ waren, werden im Folgenden vorgestellt.

Bis auf die Skala der Organisation (optimaler Wert in der Mitte) bedeutet der Wert 1 „sehr gut" und 6 „sehr schlecht".

Am besten wurden, wie in Abbildung 5 ersichtlich, die Kollegialität und die Arbeit bewertet. Daraus kann man schließen, dass MitarbeiterInnen der ÖBB-Infrastruktur Betrieb AG im Vergleich zu anderen Unternehmen die Kollegialität auffallend positiv bewerten. Über 80 Prozent der Befragten sind auch mit dem Betriebsklima (eher) zufrieden. Auch die Arbeit bewerten die MitarbeiterInnen im Vergleich zu anderen Unternehmen überwiegend positiv.

Am schlechtesten wurden allerdings die Einstellung zum Unternehmen und das Entgelt der MitarbeiterInnen der ÖBB-Infrastruktur Betrieb AG bewertet.

Bei der Frage zur Zufriedenheit mit Gesundheit und Arbeit wurde eine hohe Zufriedenheit mit dem Betriebsklima und der beruflichen

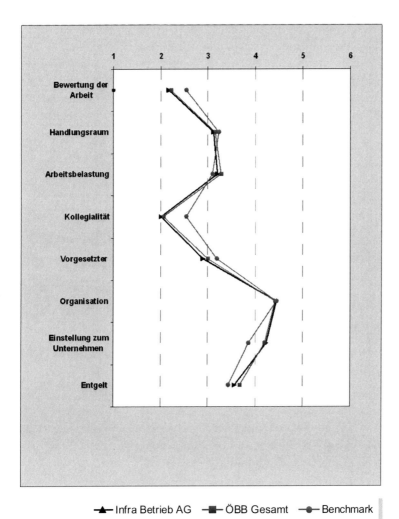

Abbildung 5: Mittelwerte der erhobenen Skalen im Bereich der Organisation

Position angegeben. 57 Prozent der Befragten sind mit den Aufstiegsmöglichkeiten sehr bis eher unzufrieden (Abbildung 6). Die MitarbeiterInnen der ÖBB-Infrastruktur Betrieb AG sind insgesamt weniger zufrieden als die externe Vergleichsgruppe, allerdings sind Führungskräfte signifikant zufriedener mit ihrer Arbeit als Nicht-Führungskräfte.

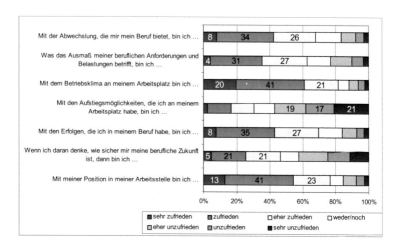

Abbildung 6: Zufriedenheit mit Arbeit und Gesundheit

Beim Gesundheitsverhalten der MitarbeiterInnen wurde festgestellt, dass Glieder-, Schulter-, Kreuz- und Nackenschmerzen bei 46 Prozent häufig/eher häufig auftreten.

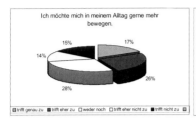

Abbildung 7: Gesundheitsverhalten – Änderung Bewegung

Abbildung 7 zeigt, inwieweit die MitarbeiterInnen der ÖBB-Infrastruktur Betrieb AG ihr Bewegungsverhalten ändern möchten. 44 Prozent der MitarbeiterInnen möchten sich im Alltag gerne mehr bewegen, 52 Prozent der Befragten würden gerne regelmäßiger Sport ausüben.

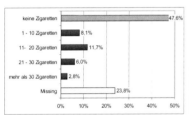
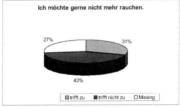

Abbildung 8: Gesundheitsverhalten – Rauchverhalten

Abbildung 8 zeigt in der linken Grafik das Rauchverhalten der MitarbeiterInnen der ÖBB-Infrastruktur Betrieb AG. 48 Prozent der Befragten sind NichtraucherInnen, 29 Prozent geben an, RaucherInnen zu sein und 24 Prozent machten keine Angaben zu dieser Frage. 31 Prozent der Befragten möchten gerne mit dem Rauchen aufhören.

2.1 Qualitative Interviews – Ergebnisse

Zusätzlich zur quantitativen Befragung der MitarbeiterInnen der ÖBB-Infrastruktur Betrieb AG wurden durch das IGP der VAEB mit insgesamt 163 Schlüsselpersonen (Führungskräfte) qualitative Interviews geführt.

Die Highlights dieser Ergebnisse waren in positiver Hinsicht:

- Strukturierte und vielfältige Kommunikationswege
- Kollegialer Führungsstil
- Teamorientierung und Partizipation

Die Highlights in negativer Hinsicht waren:

- Strukturelle Unbeständigkeit
- Verunsicherung durch Medienberichte und Negativimage
- Schlechte Erreichbarkeit der MitarbeiterInnen vor Ort

2.1 Metaziele

Aufgrund der genannten Ergebnisse wurden für INFRA.vital folgende Metaziele festgelegt:

- Stärkung gesundheitsfördernder Potenziale auf Ebene der Organisation
- Stärkung gesundheitsfördernder Potenziale auf Führungskräfteebene
- Befähigung der MitarbeiterInnen zu gesundheitsförderlichem Handeln

Darunter wurden sowohl Teilziele als auch Maßnahmenpakete geschnürt, auf die im Folgenden eingegangen wird.

3. BGF-Projektstart – INFRA.vital

Der offizielle Projektstart erfolgte im Frühjahr 2006 mit einer umfassenden MitarbeiterInnenbefragung sowie einer Krankenstandsanalyse. Darüber hinaus wurden mit 16 MitarbeiterInnen der ÖBB-Infrastruktur Betrieb AG qualitative Interviews durchgeführt. Folgende Leitsätze wurden erarbeitet, damit sich die MitarbeiterInnen mit INFRA.vital identifizieren können:

- Wir fördern nachhaltig unsere Gesundheit für mehr Wohlbefinden und Lebensqualität und sichern damit unsere Zukunft.
- Die Gesundheit ist Aufgabe und Verantwortung aller MitarbeiterInnen und Führungskräfte.
- Wir gestalten und verbessern aktiv ein gesundheitsförderndes Arbeitsumfeld.

Die Kick-off-Veranstaltung zum Projekt erfolgte am 28. November 2006 in Salzburg. Rund 250 MitarbeiterInnen der ÖBB-Infrastruktur Betrieb AG aus allen österreichischen Standorten nahmen daran teil. Im Rahmen dieses Kick-offs konnten die MitarbeiterInnen auch unterschiedlichste Gesundheitsstationen zu den Themen Ernährung, Bewegung, Stress, Rauchen, Zahngesundheit und Blutdruck ausprobieren.

4. Gesundheitszirkel

Die Implementierung der Gesundheitszirkel startete im September 2006 mit der Ausbildung der Gesundheitszirkel-ModeratorInnen. Alle ausgebildeten Gesundheitszirkel-ModeratorInnen stammen aus dem Geschäftsbereich Netzbetrieb und werden in gemischten Gesundheitszirkeln eingesetzt. Gemischter Gesundheitszirkel bedeutet in diesem Fall, dass sowohl MitarbeiterInnen (sogenannte Gesundheitszirkel-AnsprechpartnerIn) aus allen Geschäftsbereichen, Abteilungen und Stäben teilnehmen als auch Sicherheitsfachkräfte,

Betriebsräte und Versehrtenvertrauenspersonen. Optional können auch, wenn von den TeilnehmerInnen erwünscht, die Arbeitsmedizin und Führungskräfte am Gesundheitszirkel teilnehmen. Die Sicherheitsfachkräfte sind deshalb in den Gesundheitszirkeln vertreten, um Themen, die ArbeitnehmerInnenschutz betreffen, von vornherein abzugrenzen bzw. einzufangen. Betriebsräte und Behindertenvertrauenspersonen sind bei allen Entscheidungen einzubinden und dienen als wichtige Multiplikatoren.

Im Zuge dessen wurden folgende neun Standorte für Gesundheitszirkel festgelegt: Innsbruck, Salzburg, Linz, St. Pölten, zwei Mal Wien (Elisabethstraße und Nordbahnstraße), Wiener Neustadt, Bruck an der Mur und Villach. Zusätzlich können, nach Bedarf, auch Gesundheitszirkel an Standorten geschäftsbereichspezifisch durchgeführt werden. Dadurch soll die Partizipation durch gleichgeartete Bedürfnisse der MitarbeiterInnen erhöht werden.

Die in den Gesundheitszirkeln erarbeiteten Vorschläge und Maßnahmen werden an die Projektverantwortlichen weitergeleitet und durch die Linienorganisation umgesetzt. Die Umsetzung wird zwar vom Gesundheitszirkel begleitet, dieser besitzt jedoch keine Umsetzungsfunktion. Alle Informationen und Vorschläge aus den Gesundheitszirkeln dienen u. a. als Grundlage für die Maßnahmenumsetzung, die vom Gesundheitsausschuss beschlossen wird.

4.1 Virtuelle Gesundheitszirkel

Um eine höhere Erreichbarkeit und Partizipation bei den MitarbeiterInnen zu erzielen, wurde der Virtuelle Gesundheitszirkel im Intranet der ÖBB-Infrastruktur Betrieb AG installiert. Im Rahmen des Virtuellen Gesundheitszirkels haben MitarbeiterInnen die Möglichkeit, einen gesundheitsspezifischen Beitrag zum Gesundheitszirkel in ihrer Region einzubringen. Dabei sollen die Probleme, aber auch die Ressourcen und positiven Effekte zum Thema erläutert werden. Die Ursachen dafür sollten nach Möglichkeit analysiert und dazu Verbesserungsvorschläge gemacht werden.

Mein Beitrag zum "Virtuellen Gesundheitszirkel"
Bitte geben Sie die Region und die Organisationseinheit bekannt.

Nutzen Sie die Möglichkeit, uns Ihr Feedback zu geben!

Wenn Sie wollen wird Ihr Beitrag auch anonym weitergegeben
werden.

Vorname:

Familienname:

E-Mail:

Organisationseinheit: IS

Region: West

Meine Beitrag:

Mein Lösungsvorschlag:

Senden   Zurücksetzen

Bitte nach Möglichkeit keine Umlaute verwenden!

Abbildung 9: Eingabemaske des Virtuellen Gesundheitszirkels

Gestalten auch Sie aktiv mit!

sicher.gesund.leben

Sie haben eine Idee, wie Sie Ihre Gesundheit und Ihr Wohlbefinden am Arbeitsplatz weiter verbessern können?

Einfach diese Karte ausfüllen und an den/die Teilnehmer/in des Gesundheitszirkels Ihres Geschäftsbereichs (Stabes, Abteilung) in Ihrer Region senden (Kontaktdaten siehe Rückseite). Sie/Er wird Ihre Idee im Gesundheitszirkel einbringen. In diesem Arbeitskreis wird sie dokumentiert und wenn möglich gleich umgesetzt. Sind umfassendere Maßnahmen notwendig, wird Ihre Idee an die Unternehmensleitung der INFRA.betrieb weitergegeben.

Idee oder Problem:

Lösung (Was soll von wem getan werden?):

Wollen Sie von Ihrem Ansprechpartner Feedback zu Ihrer Idee?

Dann bitte ausfüllen:

Vorname Name

Region

Geschäftsbereich, Stab oder Abteilung

Dienststelle

Basa- oder Mobilnummer

Haben Sie noch weitere Fragen?

Wenden Sie sich bitte an Ihre Führungskraft, http://intranet.infra.oebb.at oder infa.vital@oebb.at

Abbildung 10: Ideenkarte

Unter Angabe des Namens, des Geschäftsbereichs und der Region wird der jeweilige Beitrag an den entsprechenden Gesundheitszirkel-Ansprechpartner weitergeleitet. Eine Antwort zum Beitrag sollte innerhalb einer Woche erfolgen, um das Interesse und die Kooperation der MitarbeiterInnen zu fördern. Sollte eine MitarbeiterIn anonym bleiben wollen, ist dies auch möglich. Dann wird der Beitrag in der nächsten Kernteamsitzung abgehandelt. Feedback ist dadurch aber nicht möglich.

Abbildung 9 veranschaulicht die Eingabemaske des Virtuellen Gesundheitszirkels, wie sie im Intranet der ÖBB-Infrastruktur Betrieb AG zu finden ist.

4.2 Ideenkarte

Die Ideenkarte (vgl. Abb. 10) ist nach dem gleichen Prinzip wie der Virtuelle Gesundheitszirkel aufgebaut, nur werden die Beiträge der MitarbeiterInnen auf ein Blatt Papier – die Ideenkarte – geschrieben und entweder per Dienstpost oder persönlich an den zuständigen Gesundheitszirkel-Ansprechpartner bzw. die Führungskraft geleitet. Dadurch sollen auch jene MitarbeiterInnen einbezogen werden, die keinen Internetzugang zur Verfügung haben. Auch bei dieser Form der aktiven MitarbeiterInnenbeteiligung besteht wieder die Möglichkeit, anonym zu bleiben.

5. Kommunikation

Kommunikation im Bereich der betrieblichen Gesundheitsförderung ist ein wesentlicher Bestandteil des gesamten Projekts. Vor allem bei der ÖBB-Infrastruktur Betrieb AG mit österreichweiten Standorten, an denen zirka die Hälfte der MitarbeiterInnen keinen fixen Inter- bzw. Intranetzugang hat, spielt die Kommunikation bzw. die Erreichbarkeit der MitarbeiterInnen eine wesentliche Rolle.

Zu diesem Zweck werden die MitarbeiterInnen sowohl über die Intranetseite als auch über die interne Mitarbeiterzeitung, den INFRA.report, der den MitarbeiterInnen per Post nach Hause geschickt wird, regelmäßig über die Aktivitäten von INFRA.vital informiert.

5.1 Gesundheitsfahrplan

Eine besondere Kommunikations- und Informationsmaßnahme war die Aussendung des Gesundheitsfahrplans (vgl. Abbildung 11) an alle MitarbeiterInnen der ÖBB-Infrastruktur Betrieb AG.

Abbildung 11:
Gesundheitsfahrplan

Infrastruktur Betrieb

Im Gesundheitsfahrplan sind sowohl ein Impfpass als auch Informationen zu INFRA.vital vorhanden. Zusätzlich wird die MitarbeiterIn angehalten, persönliche Informationen und Daten in den Gesundheitsfahrplan einzutragen, um eine Übersicht über ihre gesundheitlichen Aktivitäten zu haben. Es sollen also Daten wie laufende Gesundenuntersuchungen bzw. P32-Untersuchungen[1] eingetragen werden. Die MitarbeiterIn kann sich somit eigenständig und ohne größeren Aufwand um die nächsten Termine kümmern. Auch eine Ideenkarte wurde jedem Gesundheitsfahrplan beigelegt.

Zusätzlich zu diesem Gesundheitsfahrplan wurde den MitarbeiterInnen die Teilnahme an einem Gewinnspiel ermöglicht, das sehr gut angenommen wurde (mehr als 1.000 Einsendungen in den ersten beiden Wochen). Für 2008 sind Beilagen zu quartalsmäßigen Schwerpunkten (bspw. Trinken) angedacht, die den MitarbeiterInnen wiederum nach Hause geschickt werden.

5.2 Gesundheitstag

Ein weiterer Gesundheitstag, ähnlich der Kick-off-Veranstaltung im November 2006, fand am 31. Mai 2007 in Wien-Kagran beim Bundessportzentrum statt. Mit ca. 100 TeilnehmerInnen war diese Veranstaltung wieder gut besucht. Diese Veranstaltung wurde zeitgleich mit dem Versehrtensporttag durchgeführt. Damit hatten die Versehrtensportler die Möglichkeit, an der Gesundheitsstraße teilzunehmen. Im Rahmen einer Gesundheitsstraße konnten die MitarbeiterInnen wieder Informationen zu den verschiedenen Themen zu Gesundheit erhalten und diese auch praktisch anwenden (z.B. MFT-Koordinationstraining).

---

1 Bei der P32-Untersuchung handelt es sich um eine gesetzlich definierte Untersuchung, denen sich MitarbeiterInnen im ausführenden Betriebsdienst der Eisenbahn in einem bestimmten Zeitintervall unterziehen müssen.

5.3 Human Resources-Tage

Im Rahmen der sogenannten Human-Resources-Tage, die in ganz Österreich innerhalb einer Woche stattfinden, werden die Führungskräfte ebenfalls über INFRA.vital informiert und auf neue Veranstaltungen aufmerksam gemacht.

6. Gesundheitsfördergespräch

Bei den Gesundheitsfördergesprächen handelt es sich um ein Gespräch durch die Führungskraft mit der MitarbeiterIn aufgrund eines längeren Krankenstandes (mehr als 15 Tage bzw. öfters als 4-mal im Jahr).

Die Initialisierung des Gesundheitsfördergesprächs erfolgt automatisch über SAP, wenn die MitarbeiterIn nach diesen Kriterien im Krankenstand war.

Danach liegt es im Ermessen der Führungskraft, eine Einladung zum Gespräch (Wiederkehrgespräch) an die jeweilige MitarbeiterIn auszusenden (ebenfalls automatisch über SAP) oder dies zu unterlassen, was dann der Fall ist, wenn die Führungskraft bspw. weiß, warum die MitarbeiterIn im Krankenstand war.

Wird ein Gesundheitsfördergespräch durchgeführt, gibt es ein Handbuch zur Gesprächsführung, nach welchem die Führungskraft vorgeht. Dabei sollen die Ursachen für die Krankheit geklärt werden, und im Zuge dessen soll auch auf die verschiedenen Möglichkeiten der Prävention im Rahmen von INFRA.vital hingewiesen werden. Die Schwerpunkte liegen bei den Themen Arbeitsplatz und Unterstützung bei gesundheitlichen Problemen. Im Anlassfall ist an dieser Stelle außerdem Platz für Kritik.

7. BGF-Programme

In den BGF-Programmen sind all jene verhaltens- und verhältnis-orientierten Maßnahmen verpackt, die im Rahmen von INFRA.vital für die MitarbeiterInnen angeboten werden und so ihre Gesundheit stärken sollen.

7.1 Kursangebote

Die Kurse werden in folgenden fünf Bereichen angeboten:

1. Bewegung
2. Ernährung
3. Nichtrauchen
4. Führungskräfteschulungen
5. Schichtarbeit und Gesundheit

Zum Thema *Bewegung* werden Nordic-Walking-Kurse durchgeführt, die entweder (schichtarbeitergerecht) an einem Tag bzw. in acht Einheiten wöchentlich in der Freizeit stattfinden. Die Auswahl der Standorte kann je nach Bedarf in ganz Österreich erfolgen. Zusätzlich dazu wurden bereits sieben Nordic-Walking-Instruktoren während der Arbeitszeit ausgebildet, mit dem Ziel, eigenständig Nordic-Walking-Kurse mit MitarbeiterInnen durchzuführen (Partizipation und Empowerment).

Um berufsspezifische Bewegungsabläufe gesundheitsförderlicher zu gestalten, wurden im Jahr 2007 zwei Piloten im Geschäftsbereich Verschub mit dem Titel „Gestalten und Bewegen" durchgeführt. Ziel dieser Veranstaltung ist, den MitarbeiterInnen Körperbewusstsein zu vermitteln. Die MitarbeiterInnen sollen außerdem möglichst lange fit bleiben, aber durch das Seminar soll auch die Fähigkeit, schnell wieder ins Gleichgewicht zu kommen, gefördert werden. Im Zuge dieser zweitägigen Pilot-Veranstaltung wurden die MitarbeiterInnen in einem theoretischen Input über Muskulatur, Kraft, Stress und vorbeugende Maßnahmen informiert. Am zweiten Tag wurden direkt vor Ort die typischen Verschub-Bewegungsabläufe analysiert und zusammen mit den Verschub-MitarbeiterInnen gesundheitsfördernd gestaltet. Die MitarbeiterInnen waren auch angehalten, das Erlernte an die KollegInnen weiterzugeben und somit als MultiplikatorInnen zu fungieren. Das Feedback war durchwegs positiv, und aufgrund dessen werden 2008 zehn Seminare zu diesem Thema für die MitarbeiterInnen des Verschubs durchgeführt.

Zum Thema *Ernährung* wird ein spezielles Seminar von der VAEB angeboten, das sieben Einheiten mit je 2 bzw. 2,5 Stunden umfasst und ein Mal wöchentlich nach der Arbeitszeit stattfindet. Die Inhalte werden spezifisch für die TeilnehmerInnen aufbereitet, wobei sie aus den Schwerpunkten Gesunde Ernährung a) in der Freizeit, b) am Arbeitsplatz, c) im Turnusdienst und d) bei Schwerarbeit auswählen können. Die Kurse werden je nach Bedarf österreichweit durchgeführt.

Zur *Raucherentwöhnung* gibt es ein ambulantes Angebot, das wiederum bei Bedarf österreichweit in Kleingruppen angeboten wird und sechs Wochen dauert. Die Sitzungen dauern in etwa zwei Stunden und werden – wie die anderen Kurse – in der Freizeit durchgeführt. In der ersten Sitzung werden Informationen an die TeilnehmerInnen weitergegeben und eine Anamnese (inkl. Fagerström-Test und CO-Messung) durchgeführt. Im Laufe der nächsten Wochen werden das Rauchverhalten der TeilnehmerInnen analysiert, Nichtraucherstrategien entwickelt, der Umgang mit Krisensituationen behandelt und eine Rückfallprophylaxe erstellt. In der Abschlusssitzung wird ein generelles Gesundheitskonzept erstellt und ein persönliches Abschlussgespräch geführt.

Für die *Führungskräfte* wurden 2007 acht Seminare zum Thema „Gesundes Führen" für Führungskräfte der Ebenen zwei bis vier[2]

---

2 Aufgrund der komplexen Strukturen der ÖBB-Infrastruktur Betrieb AG werden Führungskräfte in verschiedene Ebenen, je nach Position, eingeteilt. Führungskräfte Ebene 1 ist jene, die direkt den Vorständen unterstellt sind.

durchgeführt. Im Zuge dieses zweitägigen Seminars wird den Führungskräften der Begriff der BGF näher gebracht und die Bedeutung von „gesundem Führen" für die MitarbeiterInnen und die Führungskraft selbst erläutert. Die Symptome ungesunder Führung sollen erkannt werden. Das Führen von MitarbeiterInnen in Change-Management-Prozessen (wie sie bei der ÖBB häufig auftreten) stellt hierbei einen Schwerpunkt des Seminars dar. Zusätzlich sollte durch das Seminar ein Networking unter Führungskräften als Unterstützung in inhaltlicher und sozialer Hinsicht erfolgen.

Da ca. 2/3 der MitarbeiterInnen der ÖBB-Infrastruktur Betrieb AG im *Schichtdienst* tätig sind, wurden 2007 für 49 FahrdienstleiterInnen Herzfrequenzvariabilitätsmessungen durch die Firma Heartbalance durchgeführt. Diese Messungen sollen Aufschluss über die Schlafqualität, den Tagesablauf und den Gesundheitszustand der MitarbeiterInnen geben. Die Ergebnisse dieser Messungen sind noch ausständig. Spezielle Maßnahmen für SchichtarbeiterInnen sind aufgrund dieser Messungen für 2008 geplant.

7.2 Angebote durch die Kooperation mit der VAEB

Zusätzlich zu diesen Kursangeboten stehen der ÖBB-Infrastruktur Betrieb AG auch die Angebote der VAEB zur Verfügung. Im Besonderen sind hier die Gesundheitsförder- bzw. Präventionswochen am Josefhof in Graz zu den folgenden Themen, zu erwähnen:

• Herz-Kreislauf-Training für Anfänger
• Stressmanagement
• Gesunder Rücken
• Gesunde Ernährung
• Nichtrauchen in 7 Tagen

Dieses Angebot wird von den MitarbeiterInnen gerne genutzt, sodass beinahe alle Termine (550 MitarbeiterInnen) im Jahr 2007 ausgebucht waren.

Ein weiteres Angebot seitens der VAEB sind Seminare zu den Themen Ernährung, Bewegung, Stressmanagement und Nichtrauchen durch Gesundheitsbetreuungszentren an sechs Standorten in Österreich. In diesen werden auch individuelle Gesundheitsberatungsgespräche angeboten. Sämtliche Angebote können von allen VAEB-Versicherten ohne Zuzahlung genutzt werden.

7.1 Laufveranstaltungen

Um die MitarbeiterInnen der ÖBB-Infrastruktur Betrieb AG zur Bewegung zu motivieren, wird ihnen die Teilnahme an verschiedenen Laufveranstaltungen ermöglicht bzw. das Startgeld bezahlt.

Im Jahr 2007 waren ca. 200 LäuferInnen und Nordic WalkerInnen (!!!) der ÖBB-Infrastruktur Betrieb AG bei folgenden Veranstaltungen vertreten:

- Vienna Business Run
- Wachau-Marathon
- Graz-Marathon
- Linz Staffelmarathon
- Wien Staffelmarathon

Zusätzlich zu diesen Laufveranstaltungen werden regelmäßige Lauf-Treffs nach der Arbeit veranstaltet,und für jene, die gezielt mit dem Lauftraining beginnen wollten, wurde im Mai 2006 ein Schwellentest mit Laktatmessung durchgeführt, um deren aktuelle Ausdauerleistungsfähigkeit zu überprüfen.

8. Ausblick

Eine umfassende Evaluation des BGF-Projekts INFRA.vital ist zwar noch ausständig, eine positivere Einstellung hinsichtlich der Gesundheit ist jedoch subjektiv erkennbar. Insgesamt wurden im Jahr 2007 ca. 10 Prozent der MitarbeiterInnen der ÖBB-Infrastruktur Betrieb AG mit den genannten Maßnahmenpaketen erreicht – somit wurde auch ein Teilziel für 2007 erreicht. Im Jahr 2008 soll mit diesem Erfolg weitergearbeitet werden, und auch jene MitarbeiterInnen sollen aktiviert werden, die bis dato noch wenig oder gar nichts mit den Maßnahmen von INFRA.vital zu tun hatten.

Die Arbeitsschwerpunkte werden im Bereich der Gesundheitszirkelarbeit, der SchichtarbeiterInnen und der Nutzung bereits bestehender innerbetrieblicher Strukturen liegen, um ein integriertes Gesundheitsmanagement implementieren zu können.

Die ÖBB-Infrastruktur Betrieb AG fördert nachhaltig Gesundheit für mehr Wohlbefinden und Lebensqualität zur Sicherung unserer gemeinsamen Zukunft. Damit dies auch erfolgreich geschieht, ist das Engagement jedes Einzelnen notwendig (Gesundheitsbericht 2007).

Saskia Ehmann

Gemeinsam gesund zum Erfolg – Zielgerichtetes Gesundheitsmanagement bei der Deutschen Bahn

Einleitung

Die Deutsche Bahn betreibt seit 1997 aktiv Gesundheitsförderung und verfügt daher über zahlreiche Strukturen und Angebote, die eine erfolgreiche Gesundheitsförderung ermöglichen. Für eine einheitliche Ausrichtung der Gesundheitsförderung über alle Unternehmensbereiche hinweg sowie für die optimale Steuerung, Vernetzung und Förderung der Angebote und Maßnahmen ist die Abteilung „Gesundheits- und Sozialpolitik" auf der Ebene der Konzernleitung verantwortlich.

Die Abteilung „Gesundheits- und Sozialpolitik" versteht ihre Rolle in der Gesundheitsförderung in erster Linie als Koordinator, Initiator und Ansprechpartner bei strategischen sowie inhaltlichen Fragen. Diese Positionierung basiert auf dem Gedanken, dass Gesundheitsförderung gemeinsame Aufgabe von Personalmanagement, Führungskräften, Mitarbeitern und den betrieblichen Experten für die Gesundheitsförderung ist.

In den vergangenen Jahren geht die Konzernleitung dabei verstärkt auf Personalmanagement und Führungskräfte zu, um gemeinsam mit diesen Gesundheitsmaßnahmen zu steuern und umzusetzen. Denn nur wenn Führungskräfte auf allen Ebenen einer Organisation an der Aufwertung betrieblicher Gesundheitspolitik mitarbeiten, wird dies ein Mehr an tatsächlich erzielter Gesundheit und Wettbewerbsfähigkeit zur Folge haben.

1. Maßnahmen der Betrieblichen Gesundheitsförderung

Die Konzernleitung stellt den Führungskräften, dem Personalmanagement wie auch den interessierten Mitarbeitern eine Reihe von

Programmen, Projekten und Informationen zur Verfügung. Hauptpartner der Bahn im Rahmen der Gesundheitsförderung sind die dbgs GesundheitsService GmbH, die BAHN-BKK und der Verband Deutscher Eisenbahner-Sportvereine (VDES). Die dbgs GesundheitsService ist ehemalig ein Unternehmen der Bahn und deckt den betriebsärztlichen und psychologischen Dienst sowie die Betriebliche Sozialberatung für das Unternehmen ab.

Die Maßnahmen lassen sich in vier Kategorien zusammenfassen:

- Konzernweite Maßnahmen und Prozesse
- Entwicklung und Förderung eines systematischen betrieblichen Gesundheitsmanagements in ausgewählten Betrieben
- Personenbezogene Maßnahmen für Mitarbeiter mit Risikofaktoren
- Maßnahmen im Rahmen des demografischen Wandels

1.1 Konzernweite Maßnahmen und Prozesse

Die Bahn steuert und monitort die konzernweiten Richtlinienkompetenzen hinsichtlich der Prozesse Gesundheitsförderung, Arbeits- und Verkehrsmedizin, Erste Hilfe, Integrationspolitik behinderter Menschen etc. Ferner platziert die Bahn über verschiedene Gremien die Grundsätze der Gesundheitsförderung im Management wie bspw. durch das Führungsleitbild. Durch die Verankerung des Themas Gesundheit im Führungsleitbild und in den Konzernrichtlinien ist die konzernweite Verbindlichkeit der Maßnahmen gewährleistet. Zu den wichtigsten konzernweiten Maßnahmen zur Gesundheitsförderung zählen Gesundheitsgespräche und Betriebliches Wiedereingliederungsmanagement, Suchtprävention und die Betreuung bei traumatischen Ereignissen.

Gesundheitsgespräche und Betriebliches Eingliederungsmanagement (BEM)

Mitarbeiter und Unternehmen haben ein gemeinsames Interesse am

Erhalt der Gesundheit. Während bei den „allgemeinen" und „privaten" Krankheitsgründen die Führungskraft vorwiegend unterstützend zur Seite stehen kann, bieten die „arbeitsbedingten" Ursachen (Führungsstil, Arbeitsinhalte und Arbeitsbedingungen) vielfältige Möglichkeiten, an den Ursachen aktiv anzusetzen.

Ein gutes Betriebsklima kann mitunter mehr bewirken als jede Medizin. Insgesamt kann eine erfolgversprechende Begrenzung der krankheitsbedingten Fehlzeiten durch Gesundheitsgespräche in den unterschiedlichen Ausprägungen erzielt werden. Voraussetzung hierfür ist jedoch, dass der Mitarbeiter sich in den Gesprächen einem „Partner" gegenübersieht, der ihn und die Beschwerden ernst nimmt.

In den ein- bis zweijährigen Personalentwicklungsgesprächen, die alle Mitarbeiter mit ihren Vorgesetzten führen, ist ab 2008 das Thema arbeitsbedingte Belastungen und Gesundheit verankert.

Um den Austausch von Mitarbeitern und Führungskräften besonders beim Auftreten von Krankheitsfällen zu fördern, wurden bei der Bahn drei Arten von Gesundheitsgesprächen als Bestandteil des Betrieblichen Gesundheitsmanagements eingeführt. Diese umfassen a) Begrüßungsgespräche – am ersten Arbeitstag nach der Erkrankung, b) Präventionsgespräche – nach sechs Wochen Erkrankung sowie c) Fehlzeitengespräche – nach wiederholt auffälligen Fehlzeiten, die im Präventionsgespräch nicht geklärt werden konnten. Im Folgenden sollen das Präventionsgespräch und das Betriebliche Eingliederungsmanagement näher erklärt werden.

Nach einer Erkrankungsdauer von sechs Wochen (am Stück oder unterbrochen) wird mit jedem Bahn-Mitarbeiter ein Präventionsgespräch geführt. Ziel des Präventionsgespräches ist, mögliche Ursachen, die im Arbeitskontext liegen, oder auch mögliche Folgen der Erkrankung für den Arbeitsplatz abzuschätzen und ggf. zu verbessern. Im Gespräch wird zum einen erörtert, ob Unterstützungsmaßnahmen zum Betrieblichen Eingliederungsmanagement erfolgen müssen, um den Mitarbeiter in den Arbeitsablauf zu reintegrieren. Zum anderen wird geprüft, inwiefern die Tauglichkeit und somit der Einsatz im Betriebsdienst gefährdet ist. Wird im Gespräch festgestellt, dass die Erkrankung Folgen für die Tauglichkeit bzw. den Einsatz auf dem bisherigen Arbeitsplatz hat, wird dem Mitarbeiter das Angebot eines betrieblichen Eingliederungsmanagements unterbreitet. Stimmt der Mitarbeiter diesem Angebot zu, wird ein Integrationsteam zusammengerufen (das Team besteht aus Führungskraft, Personaler, Betriebsrat, Betriebsarzt und ggf. Integrationsberater). In diesem Integrationsteam wird diskutiert, wie eine Wiedereingliederung für den Mitarbeiter durchgeführt werden kann. Zeichnet sich im Gespräch ab, dass eine Wiedereingliederung auf dem bisherigen Arbeitsplatz nicht möglich ist, wird der Betrieb aufgefordert, einen anderen Arbeitsplatz innerhalb des Betriebes zu finden. Wenn in diesem bisherigen Betrieb ein Einsatz nicht möglich ist, erfolgt eine Vermittlung über den internen Stellenmarkt, begleitet durch die Integrationsberater. Das Angebot des betrieblichen Eingliederungsmanagements wurde für jenen Mitarbeiterkreis erweitert, bei dem in der regelmäßigen Tauglichkeitsuntersuchung eine bedingte oder dauerhafte Untauglichkeit festgestellt wird.

Suchtprävention

Bei der Deutschen Bahn AG gilt der Grundsatz der 0,0 Promille Alkohol am Arbeitsplatz. Auf die Einhaltung dieses Gebots wird streng geachtet, da für die Bahn die Sicherheit der Kunden ebenso wie die der Mitarbeiter an erster Stelle steht. Entsprechend ist das Thema der Suchtprävention bei der Bahn in einer eigenen Konzernbetriebsvereinbarung geregelt. Schon bei der Einstellung erfolgt ein Test auf Alkoholabhängigkeit und Drogengebrauch.

Fällt ein Mitarbeiter mit Suchtmittelmissbrauch auf, so tritt ein Vier-Stufen-Plan in Kraft. In der ersten Stufe findet ein Gespräch mit der Führungskraft statt. Wird in diesem Gespräch überzeugend vermittelt, dass es sich um ein einmaliges Vergehen handelt, erhält der Mitarbeiter mit dem Hinweis auf die geltenden Regelungen eine Abmahnung bzw. wird er für diesen Tag aus dem Betriebsdienst herausgenommen. Zeichnet sich jedoch ab, dass der Mitarbeiter ein Problem im Umgang mit Alkohol hat, wird er vom Personalmanagement aufgefordert, ein Gespräch mit der Sozialberatung zu führen. In dieser dritten Stufe wird geprüft, ob es sich um ein stationär zu behandelndes Alkoholproblem handelt oder ob eine ambulante Begleitung ausreichend ist. Willigt der Mitarbeiter in eine Behandlung ein, erhält er die Zusage, nach erfolgreichem Abschluss der Therapie wieder im Betriebsdienst eingesetzt zu werden. Wobei jedoch eine Übernahme der alten Tätigkeit erst nach einem einjährigen Einsatz in einem anderen Bereich der Bahn möglich ist. Momentan wird ein Pilotprojekt durchgeführt, um zu prüfen, inwiefern ein früherer Einsatz im Betriebsdienst nach erfolgreichem Alkoholentzug und unter enger therapeutischer Begleitung und Alkoholkontrolle möglich ist.

Zur Prävention und frühzeitigen Erkennung von Suchtmittelproblemen werden Führungskräfte und Personaler in der Suchtprävention geschult. Darüber hinaus hat jeder Betrieb die Möglichkeit, einen Bahn-Suchtkrankenhelfer zu benennen. In diesem Fall werden Kollegen als Suchtkrankenhelfer geschult, um ihren Kollegen ein unterschwelliges Beratungsangebot bieten zu können, wenn diese sich scheuen, direkt den Vorgesetzten beim Thema Suchtprävention einzuschalten.

Betreuung bei traumatischen Ereignissen

Triebfahrzeugführer, aber auch andere Berufsgruppen der Bahn, erhalten im Falle eines traumatischen Ereignisses ein Beratungsangebot durch die Psychologen von dbgs GesundheitsService.

Nach einem Schadensfall wird der Triebfahrzeugführer abgelöst und erhält eine psychologische Erste Hilfe direkt am Einsatzort. Er erhält darüber hinaus das Angebot, dbgs GesundheitsService für ein beratendes Gespräch aufzusuchen. Ist zu erkennen, dass der Mitarbeiter den Schock schwer verarbeitet und auch Tage nach dem Ereignis über Probleme klagt, wird ihm eine begleitende Beratung durch den Psychologischen Dienst von dbgs GesundheitsService angeboten. Die Psychologen klären ab, ob eine weiterführende therapeutische Behandlung notwendig ist, und vermitteln ggf. extern. In schweren Fällen ist auch ein stationärer Aufenthalt in der Vital-Klinik der BAHN-BKK möglich, die neben dbgs GesundheitsService auf Traumabetreuung spezialisiert ist.

1.2 Entwicklung und Förderung eines systematischen betrieblichen Gesundheitsmanagements in ausgewählten Betrieben

Betrieben mit erhöhtem Krankenstand bietet die Bahn Projekte und Instrumente zur Analyse, Planung und Evaluation an. Ziel solcher Maßnahmen sind die Verbesserung des Gesundheitsstandes sowie die Steigerung eines ganzheitlichen Gesundheitsbewusstseins in einzelnen Geschäftsfeldern. Der Betrieb wird dabei unterstützt, Strukturen aufzubauen die ein systematisches Gesundheitsmanagement ermöglichen. Als ein erster Schritt wird in der Regel ein Steuerungskreis gegründet, in dem die Personalleitung, der Betriebsrat, eine betriebliche Führungskraft, ein Betriebsarzt sowie eine Fachkraft für Arbeitssicherheit und ggf. ein Vertreter der Krankenkasse vertreten sind. Unter der Leitung dieses Steuerkreises werden eine umfangreiche Analyse des bestehenden Gesundheitsmanagements und der vorliegenden Gesundheitsbeschwerden durchgeführt sowie Handlungsschwerpunkte bzw. Ziele definiert, die dann in entsprechenden Maßnahmen umgesetzt werden.

Projekt Gesund & Aktiv

Das Projekt Gesund & Aktiv ist eine Initiative der DB AG, des VDES sowie der BAHN-BKK. Ziel dieser Initiative war, Betriebe mit erhöhtem Krankenstand in einem Zeitraum von einem bis eineinhalb Jahren zu unterstützen, um ein nachhaltiges Gesundheitsmanagement aufzubauen. Das Projektteam bestand aus Mitarbeitern des VDES, der BAHN-BKK sowie Beratern der internen Organisationsentwicklung. An dem Projekt nahmen u.a. sieben Werke der DB Fahrzeuginstandhaltung teil. Nach einer ausführlichen Analyse in Form von Führungskräfteinterviews und einer Gesundheitsbefragung der Mitarbeiter wurden drei Handlungsschwerpunkte abgeleitet:

1. *Senkung von Beschwerden des Muskel-Skelett-Apparates:* Es wurde eine Arbeitsgruppe aus Meistern, Betriebsrat, Fachkraft für Arbeitssicherheit und Betriebsarzt gebildet. Zunächst wurden die Tätigkeiten der ausgewählten Meistereien auf ihre Belastung hin untersucht. Darauf aufbauend wurden Arbeitsplatzprogramme entwickelt, die die Mitarbeiter unterstützten, belastende Tätigkeiten anders zu organisieren bzw. ein gesundes Bewegungsverhalten zu entwickeln. Darüber hinaus wurden Verbesserungspotenziale in Ergonomie und Arbeitsorganisation im Team mit den Meistern besprochen und Maßnahmen angestoßen. Parallel konnten die Mitarbeiter an Kursangeboten teilnehmen, in denen sie zum Teil individuell zugeschnittene Übungen erhielten. In einem Werk wurde sogar ein internes Fitness-Studio eingerichtet.

2. *Verbesserung von Kommunikation und Führung:* Die Verbesserungspotenziale von Kommunikation und Führung wurden in Workshops mit Meistern und Gruppenführern identifiziert und über ein Coaching der Führungskräfte optimiert. In diesen Workshops wurden unter anderem das eigene Rollenverhalten beim Thema Führung und Gesundheitsförderung erarbeitet und entsprechende Handlungsvorschläge abgeleitet.

3. *Unterstützung eines gesunden Lebensstils:* Dass ein gesunder Lebensstil schon mit einfachen Verhaltensänderungen zu erreichen ist, wurde über verschiedene Maßnahmen – Gesundheitstage, verbessertes Kantinenessen, Gesundheitskursangebote – vermittelt. Auch nach Ablauf des Projekts setzen alle sieben Werke der DB Fahrzeuginstandhaltung ihre Bemühungen zum Gesundheitsmanagement fort, und es konnte in den aktiven Werken auch eine Reduktion des Krankenstandes verzeichnet werden.

1.1 Personenbezogene Maßnahmen für Mitarbeiter mit Risikofaktoren

Ein weiterer Ansatz, der bei der Bahn zunehmend entwickelt wird, zielt darauf ab, Mitarbeiter mit Risikofaktoren in der Veränderung ihres Lebensstils zu unterstützen. Neben der Sensibilisierung für das Thema Gesundheit wird insbesondere auf die Stärkung der Eigenverantwortung geachtet.

„Fit im Job" bei Station & Service

„Fit im Job" ist ein unternehmensübergreifendes Programm der DB Station & Service AG in Kooperation mit der BAHN-BKK und dbgs GesundheitsService. Ziel dieses Programms ist, Mitarbeiter zu einem gesunden Lebensstil zu motivieren und Ansatzpunkte zur betrieblichen Gesundheitsförderung zu identifizieren. Im Rahmen des Projekts wurden die internen Servicewerkstätten genutzt, um Servicemitarbeiter zu den Themen Bewegung, Ernährung, Umgang mit Stress und Raucherentwöhnung sowie Vorsorge zu sensibilisieren. Aus den Servicewerkstätten wurden sozusagen Gesundheitswerkstätten. In diesen Werkstätten wurden interaktive Informationsstände aufgebaut, an denen die Mitarbeiter ein individuelles Beratungsgespräch mit einem Gesundheitsberater der Krankenkasse in Anspruch nehmen und individuelle Gesundheitsziele vereinbaren konnten. Je nach Bedarf erhielten die Mitarbeiter Gutscheine für einen Gesundheitscheck beim betriebsärztlichen Dienst oder das Angebot, an Gesundheitsförderungsmaßnahmen teilzunehmen. Im Laufe des Projekts zeigte sich, dass der Erfolg der Maßnahme sehr stark von der Unterstützung durch den Betriebsrat und die Führungskraft abhängt. Entsprechend wurden auch Angebote zur Sensibilisierung der Führung in das Programm integriert. Das Programm „Fit im Job" wurde unternehmensweit mit großem Erfolg durchgeführt und erhielt im Jahr 2007 den Bahn-Award in der Kategorie Engagement und Mitarbeiterorientierung.

Forschungsprojekt „Fit und Gesund mit der Freien Universität Berlin"

In einem kleineren Projekt in Berlin wird derzeit in Zusammenarbeit mit der Freien Universität Berlin geprüft, wie Mitarbeiter im Anschluss an die betriebsärztliche Untersuchung motiviert werden können, mehr für ihren gesunden Lebensstil zu tun. Die Mitarbeiter erhalten das Angebot, eine computergestützte Gesundheitsberatung zu den Themen Bewegung und Ernährung in Anspruch zu nehmen, und werden, bei Interesse, ein halbes Jahr lang durch die Universität begleitet und regelmäßig kontaktiert. Bei der Beratung differenziert das PC-Programm nach verschiedenen Motivationsstufen, d.h. es wird zwischen Mitarbeitern unterschieden, a) die noch keine Veranlassung sehen, mehr für ihre Gesundheit zu tun, b) die bereits Vorsätze haben, jedoch noch an der Umsetzung scheitern, und c) die bereits aktiv sind. Bisher haben an der Beratung ca. 800 Mitarbeiter teilgenommen. Schon zum jetzigen Zeitpunkt ist abzusehen, dass bei Mitarbeitern die noch nicht motiviert sind, durch die Begleitung erste Erfolge zu verzeichnen sind – viele sind motivierter und entwickeln Vorsätze für ihre Gesundheit. Bei den bereits motivierten Mitarbeitern ist eine verbesserte Kontinuität in der Umsetzung des Gesundheitsverhaltens zu verzeichnen.

1.2 Maßnahmen im Rahmen des demografischen Wandels

Die demografischen Entwicklungen stellen auch die Deutsche Bahn AG vor Herausforderungen. Der Altersdurchschnitt der Bahn wird sich bis ins Jahr 2015 von heute 44 auf voraussichtlich 50 Jahre erhöhen. Der Erhalt der Beschäftigungsfähigkeit im demografischen Wandel ist deshalb eines der zentralen Themen der Personalstrategie. Um dem demografischen Wandel auf vielfältiger Ebene zu begegnen, wurde bei der DB AG eine Reihe von Initiativen angestoßen – wie die HR Initiative „Chancen im demografischen Wandel" oder auch die Initiative „DB Erfahrung". Gesundheit ist hier gleichwertiger Baustein neben Nachwuchssicherung und Qualifizierung. Im Rahmen der Initiative „Chancen im demografischen Wandel" wird das Gesundheitsmanagement zielgerichtet weiterentwickelt, um auf Bedarf durch den demografischen Wandel zu reagieren. Ein Baustein der Initiative ist, die Themen „Gesundheit" sowie „Umgang mit älteren Arbeitnehmern" noch besser in die Führungskräfteentwicklung zu verankern. Darüber hinaus werden neue Ernährungs- und Bewegungsangebote in Kooperation mit DB Gastronomie, dbgs GesundheitsService, BAHN-BKK sowie VDES entwickelt und so gestaltet, dass Mitarbeiter in konkrete, multimodale Programme zum gesunden Lebensstil eingebunden werden. Als ein weiteres Element der Initiative wird ein Demografiemonitor für die Unternehmen der Bahn entwickelt, der den Bedarf an gezielten betrieblichen Maßnahmen im Bereich Nachwuchssicherung, Qualifizierung sowie Krankenstand/Gesundheit auf einen Blick zeigt. In der HR-Initiative „DB Erfahrung" werden Qualifizierungsangebote, Arbeitszeitmodelle und Arbeitsbedingungen an Mitarbeiter über 50 Jahre angepasst.

2. Gesundheitskommunikation

Über die regelmäßigen Maßnahmen hinaus wird eine konzernweite Kommunikation der Gesundheitsförderung angestrebt. Zum einen werden Personalmanagement und Mitarbeiter über interne Medien stets aktuell über laufende Projekte und Aktionen informiert. Zum anderen wird über jährliche Kampagnen versucht, für das Thema Gesundheit zu werben.

Kampagne „Die Bahn bewegt mit Spaß"

In Kooperation mit dem Bundesministerium für Gesundheit wurde 2007 die Kampagne „Die Bahn bewegt mit Spaß" ins Leben gerufen. Kernbotschaft dieser Kampagne ist, jeden Tag 3.000 Schritte extra zu laufen, dies entspricht ca. einer halben Stunde mehr Bewegung pro Tag.

Im Rahmen dieser Kooperation wurde die Gelegenheit genutzt, die Bahner auf die vielfältigen Möglichkeiten aufmerksam zu machen, die das Unternehmen ihnen bereits jetzt zur Verfügung stellt.

Zum Beispiel:

Sportangebote in den Eisenbahner Sportvereinen (ESV)

In den bundesweit rund 360 Eisenbahner-Sportvereinen werden über 50 Breiten- und Freizeitsportarten angeboten. Von Aerobic und Yoga über Basketball bis hin zum Crosslauf. Die Kosten sind je nach Sportart und Verein unterschiedlich. Für alle Bahner, die mobil und viel unterwegs sind, bietet sich die ESV-Plus Punkt Card an: ein Bonusheft, mit dem man unterschiedliche Angebote der Eisenbahner-Sportvereine flexibel nutzen kann.

Kooperationen mit Fitness-Studios

Die Bahn organisiert mit dem Verband Deutscher Eisenbahner-Sportvereine (VDES) Fitness-Studio-Kooperationen. Aktuell bieten folgende Fitness-Studios vergünstigte Konditionen für Bahner: Fitnesscompany, Elixia, Kieser-Training und Interfit – ein Verbund von Fitness-Studios.

Beteiligung an Sportveranstaltungen und Mitarbeiterturnieren

Für ihre Mitarbeiter organisiert die Bahn jedes Jahr mit dem VDES die Teilnahme an zahlreichen öffentlichen Sportveranstaltungen. Der VDES übernimmt hierbei häufig die Startgebühr.

Gesundheitswochen in den Vital-Kliniken

Als Kooperationspartner der Vital-Kliniken, der BAHN-BKK und der Stiftung Bahn-Sozialwerk (BSW) bietet die Bahn ihren Mitarbeitern 3- bis 14-tägige Programme zur Erhaltung und Verbesserung ihrer Gesundheit in den BSW-Ferieneinrichtungen und den Vital-Kliniken an. Darüber hinaus bietet die Bahn ihren Mitarbeitern zum Bewegungsanreiz die bahneigenen Mieträder (City-Bike etc.) zu besonderen Konditionen an.

Die Kampagne wurde offiziell durch ein Prominenten-Fußballspiel mit Hertha BSC und Führungskräften der Bahn eröffnet. Im Anschluss an dieses Spiel folgte ein internes Mitarbeiterfußballtur-

nier mit 48 Mannschaften und ca. 500 Spielern. Über kostenlose
Medienpakete mit Schrittzählern, Bewegungsbroschüren und Flyern
zu Sportangeboten bei der Bahn wurde auf die Bedeutung des Themas Bewegung aufmerksam gemacht. Im Rahmen dieser Kampagne
wurde zudem ein Wettbewerb für die fünf attraktivsten Bewegungsaktionen durchgeführt. Bei mehr als 50 Bewegungsaktionen sam-
melten die Bahner über 20.000.000 Schritte.

Die große Resonanz auf die Kampagne zeigt, dass gerade das
Thema Bewegung besonders dazu geeignet ist, einen ersten Schritt
in Richtung Gesundheit zu tun.

Aktion Rauchfrei

Mit dem Rauchverbot in Zügen und Bahnhöfen und dem zunehmenden Rauchverbot in Gebäuden und Gastronomie in Deutschland sind viele Mitarbeiter motiviert, das Rauchen aufzugeben oder
zumindest den Zigarettenkonsum zu reduzieren.

Im Jahr 2008 unterstützt die Deutsche Bahn zum vierten Mal
die Aktion „Rauchfrei" des Deutschen Krebsforschungszentrums
(DKFZ) und der Bundeszentrale für gesundheitliche Aufklärung
(BZgA). Im Rahmen dieser Aktion wird ein Wettbewerb ausgelobt,
bei dem es darum geht, ab dem 1. Mai für vier Wochen das Rauchen aufzugeben. In diesen vier Wochen verbreitet die BZgA eine
Vielzahl von Materialien mit Tipps und Informationen zur Raucherentwöhnung. Innerhalb der Bahn wird die Aktion für Kunden und
Mitarbeiter kommuniziert. Darüber hinaus werden die Betriebe aufgefordert, lokal auf Angebote zur Raucherentwöhnung aufmerksam
zu machen oder Entwöhnungskurse vor Ort zu organisieren.

3. Fazit

Trotz der verzeichneten Erfolge in einzelnen Projekten und Maßnahmen bleibt das Ziel der betrieblichen Gesundheitsförderung für
die Deutsche Bahn, die Nachhaltigkeit und Durchgängigkeit ge-

sundheitsfördernder Strukturen und Angebote sicherzustellen. Der Dialog mit Führungskräften und Mitarbeitern, aber auch die Einbindung qualifizierter Fachleute und die sinnvolle Nutzung zeitlicher Ressourcen sind essenziell, um von temporären Aktionen zu einem nachhaltigen Gesundheitsmanagement zu gelangen. Der Austausch mit anderen Unternehmen – gerade hinsichtlich des demografischen Wandels – ist dabei ein wertvoller Beitrag.

AutorInnenverzeichnis

Dieter Ahrens; Prof. (FH) Dr. MPH; Jg. 1966; Hochschullehrer im Kernkompetenzbereich Gesundheit der Fachhochschulstudiengänge Burgenland; Studium der Betriebswirtschaft in Einrichtungen des Gesundheitswesens (FH Osnabrück) und Public Health (Universität Bielefeld); Besondere Forschungsgebiete: Integration von Gesundheitsökonomie und Gesundheitsförderung/Prävention, Technologiebewertung im Gesundheitswesen, Public Health; Aktuelle Publikationen: Ahrens, D. (2007). Integriertes gesundheitsorientiertes Krankenhausmanagement. Lage: Jacobs. Ahrens, D., Goldgruber, J., & Erfkamp, H. (2008). Evidenzbasierung in Gesundheitsförderung und Prävention. Soziale Sicherheit (2), 85–93. Ahrens, D. (2007). Ökonomisierung und Gesundheitsförderung. In: Schmidt, B. & Kolip, P. (Hg.). Gesundheitsförderung im aktivierenden Sozialstaat. Weinheim: Juventa. 45-55; Fachhochschulstudiengänge Burgenland Ges.m.b.H., Steinamangerstraße 21, A-7423 Pinkafeld, Telefon: +43 (0) 3357 45370 – 1126; E-Mail: dieter.ahrens@fh-burgenland.at

Beate Atzler; Mag.[a] MPH; Jg. 1968; Stellvertretende Geschäftsführerin des Institutes für Gesundheitsförderung und Prävention GmbH; Studium: Sport, Psychologie, Philosophie, Pädagogik (LA) und Public Health an der Universität Graz; Besondere Forschungsschwerpunkte: Betriebliche Gesundheitsförderung/Betriebliches Gesundheitsmanagement, Tabakprävention und Raucherentwöhnung; Aktuelle Publikationen: Atzler, B.(2007). Kritische Aspekte in der Praxis der Betrieblichen Gesundheitsförderung. In: Gesundheitsförderung stärken. Kritische Aspekte und Lösungsansätze. Forschungsinstitut des Wiener Roten Kreuzes (Hg.); Institut für Gesundheitsförderung und Prävention GmbH, Haideggerweg 40, A-8044 Graz, Telefon: +43 (0) 316 39 11 01 – 709; E-Mail: beate.atzler@vaeb.at

Bernhard Badura; Prof. Dr.; Jg. 1943; Leiter der Arbeitsgruppe 1 Sozialepidemiologie und Gesundheitssystemgestaltung der Fakultät für Gesundheitswissenschaften an der Universität Bielefeld; Studium der Soziologie, Philosophie, Politikwissenschaften in Tübingen, Freiburg, Konstanz, Harvard/Mass, Professor der Fakultät für Gesundheitswissenschaften der Universität Bielefeld; Aktuelle Publikationen: Badura, B., Schellschmidt, H., & Vetter, C. (Hg.). (2005). Fehlzeiten-Report 2004. Gesundheitsmanagement in Krankenhäusern und Pflegeeinrichtungen. Zahlen, Daten, Analysen aus allen Branchen der Wirtschaft. Berlin, Heidelberg: Springer. Badura, B., & Iseringhausen, O. (Hg.) (2005). Wege aus der Krise der Versorgungsorganisation. Beiträge aus der Versorgungsforschung. Bern: Hans Huber. Kirch, W., & Badura, B. (Hg.) (2006). Prävention. Ausgewählte Manuskripte des Nationalen Präventionskongress. Berlin, Heidelberg: Springer. Badura, B., Schellschmidt, H., & Vetter, C. (Hg.) (2006). Fehlzeiten-Report 2005. Arbeitsplatzunsicherheit und Gesundheit. Zahlen, Daten, Analysen aus allen Branchen der Wirtschaft. Berlin, Heidelberg: Springer. Badura, B., Schellschmidt, H., & Vetter, C. (Hg.) (2007). Fehlzeiten-Report 2006. Chronische Krankheiten. Zahlen, Daten, Analysen aus allen Branchen der Wirtschaft. Berlin, Heidelberg: Springer. Badura, B., Schröder, H. (Hg.) (2007). Fehlzeiten-Report 2007. Arbeit, Geschlecht und Gesundheit. Berlin, Heidelberg: Springer; Universität Bielefeld, Fakultät für Gesundheitswissenschaften, Postfach 10 01 31, D-33501 Bielefeld, Telefon: +49 (0) 521 106 – 4263; E-Mail: bernhard.badura@uni-bielefeld.de

Saskia Ehmann; Dipl.-Psych.; Jg. 1973; Teamleiterin Gesundheits- und Sozialpolitik im Vorstandsressort Personenverkehr der Deutschen Bahn AG; Studium der Psychologie sowie der Angewandten Gesundheitswissenschaften; DB Vertrieb GmbH, P.DAH (G), Stephensonstraße 1, D-60326 Frankfurt am Main, Telefon: +49 (0) 16 09 74 22 125; E-Mail: saskia.ehmann@bahn.de

Franz Gastager, Jg. 1952; Leiter Gesundheitsmanagement der ÖBB Infrastruktur Betrieb AG; Aktuelle Publikationen: Verschiedene Fachbeiträge in nationalen und internationalen Zeitschriften zum Thema Arbeitnehmerschutz, Internationale Referate zum Thema Arbeitnehmerschutz, jahrelange Tätigkeit in der nationalen und internationalen europäischen Normgestaltung (CEN, ON-Norm); ÖBB Infrastruktur Betrieb AG, Elisabethstraße 9, A-1010 Wien, Telefon: +43 (0) 1 93000 – 33850, E-Mail: franz.gastager@oebb.at

Heinrich Geißler, Dr.; Jg. 1952; Berater mit den beiden Schwerpunkten Gesundheitsfördernde Führung und Generationen-Management; Studium der Germanistik, Psychologie, Pädagogik und Philosophie; Besondere Forschungsgebiete: Anerkennung als Ressource, Gesunde Dialoge, Alter(n) & Gesundheit; Aktuelle Publikationen: Geißler, H., Bökenheide, T., Geißler-Gruber, B., & Schlünkes, H. (2007). „Faktor Anerkennung". Betriebliche Erfahrungen mit wertschätzenden Dialogen. Das Praxisbuch. Frankfurt am Main: Campus. Geißler, H. (2007). Als älterer Berater im Beratungsfeld „Alter, Arbeit & Gesundheit": Verstreute und gesammelte Erfahrungen von Heinrich Geißler – Ein Gastkommentar. In: Böhm, R. & Buchinger B.: Mythen von Arbeit und Altern. Wien: Echomedia. S. 174–189. Arbeit und Zukunft e. V. (Hg.) (2006). Dialoge verändern. Partizipative Arbeitsgestaltung – Voraussetzungen, Methoden und Erfahrungen für eine zukunftsfähige Arbeitsforschung. Köln: Kölner Wissenschaftsverlag. Beratung & Forschung - Geissler, Schendlingerstraße 39/6, A-6900 Bregenz; Telefon: +43 (0) 699 1013 6625; E-Mail office@bf-geissler.com

Judith Goldgruber; Mag.ª (FH); Jg. 1983; Wissenschaftliche Mitarbeiterin im Kernkompetenzbereich Gesundheit der Fachhochschulstudiengänge Burgenland; Diplomstudium Gesundheitsmanagement und Gesundheitsförderung (Fachhochschulstudiengänge Burgenland) und Doktoratsstudium Gesundheitswissenschaften (UMIT Hall in Tirol, laufend); Besondere Forschungsgebiete: Organisationstheorien, Unternehmenskultur und betriebliche Gesundheitsförderung; Aktu-

elle Publikationen: Goldgruber, J., Ahrens, D., & Erfkamp, H. (2008).
Gesundheitsförderung und Prävention im Ländervergleich. Soziale
Sicherheit (zur Publikation angenommen). Goldgruber, J., Ahrens, D.,
& Erfkamp, H. (2008). Etablierung eines Expertenbeirats für Gesundheitsförderung und Prävention in der Österreichischen Sozialversi-
cherung. In: Kastner J. (Hg.). Tagungsband 2. Forschungsforum der
österreichischen Fachhochschulen. Aachen: Shaker (zur Publikation
angenommen). Fachhochschulstudiengänge Burgenland Ges.m.b.H.,
Steinamangerstraße 21, A-7423 Pinkafeld, Telefon: +43 (0) 3357 45370
– 1330; E-Mail: judith.goldgruber@fh-burgenland.at

Verena Lehmann; Mag.ª rer. nat., Diplom-Psychologin; Jg. 1968;
Arbeitspsychologin, Klinische Psychologin, Gesundheitspsychologin
im Josefhof der Versicherungsanstalt für Eisenbahnen und Bergbau;
Studium der Psychologie (Universität Bielefeld). Gesundheitseinrich-
tung Josefhof der Versicherungsanstalt für Eisenbahnen und Bergbau, Haideggerweg 1, A-8044 Graz, Telefon: +43 (0) 699 11 193 154;
E-Mail: verena.lehmann@vaeb.at

Eberhard Ulich; Prof. Dr. phil habil., Dr. rer. nat. h.c.; 1929; Von 1972
bis 1997 Ordinarius für Arbeits- und Organisationspsychologie, ETH
Zürich, Direktor des Instituts für Arbeitspsychologie, von 1991 bis
1998 zusätzlich Leiter des Zentrums für Integrierte Produktions-
systeme der ETH. Seit Oktober 1997 Seniorpartner des Instituts für
Arbeitsforschung und Organisationsberatung. Seit 2000 wissenschaft-
licher Leiter des Europäischen Unternehmensnetzwerkes „Enterprise
for Health". Seit 2003 Präsident der Stiftung Arbeitsforschung. Seit
1995 Honorarprofessor der Universität Potsdam, seit 1997 Bera-
tender Professor der Tongji Universität Shanghai; Studium der Psychologie mit Diplom 1954 und Promotion 1955 an der Universität
München; Besondere Forschungstätigkeiten: Forschung in den Bereichen Analyse von Arbeits- und Organisationsstrukturen, Entwicklung und Einführung von Maßnahmen persönlichkeits- und gesundheitsförderlicher Arbeitsgestaltung, Analyse und Optimierung von

Schichtarbeitssystemen, alternsgerechte Arbeitsgestaltung, Gesundheitsmanagement, Life Domain Balance; Etwa 500 Publikationen. Hauptwerke: Ulich, E. Arbeitspsychologie (6. Auflage 2005), Zürich: vdf Hochschulverlag/Stuttgart: Schäffer-Poeschel. Ulich, E. & Wülser, M.: Gesundheitsmanagement in Unternehmen. Arbeitspsychologische Perspektiven (2.Auflage 2005). Wiesbaden: Gabler. Institut für Arbeitsforschung und Organisationsberatung GmbH, Obere Zäune 14, CH-8001 Zürich, Telefon: +41 (0) 44 254 30 60, E-Mail: eberhard.ulich@iafob.ch

Michaela Tengg, BA; Jg. 1964, Radiologietechnologin an der Univ.-Klinik Graz (in Karenz); Ausbildung zur Radiologietechnologin (Univ. Klinik Graz), Bachelorstudium Gesundheitsmanagement und Gesundheitsförderung (Fachhochschulstudiengänge Burgenland), Masterstudium Management im Gesundheitswesen (Fachhochschulstudiengänge Burgenland, laufend). Fachhochschulstudiengänge Burgenland Ges.m.b.H., Steinamangerstraße 21, A-7423 Pinkafeld, Telefon: +43 (0) 3357 4537 – 0, E-Mail: tengg.mig07.stud@fh-pinkafeld.at

Helga Thaler, Mag.ª; Jg. 1977; Wissenschaftliche Mitarbeiterin im Kernkompetenzbereich Gesundheit der Fachhochschulstudiengänge Burgenland; Studium der Sportwissenschaften (Universitäten Graz und Wien); Besondere Forschungsgebiete: Betriebliche Gesundheitsförderung, körperliche Aktivität und Gesundheitsförderung; Aktuelle Publikationen: Thaler, H. (2005). Nordic Walking in der Betrieblichen Gesundheitsförderung. In: Kongressband zum 3. internationalen Nordic Walking Kongress, Bad Tatzmannsdorf. Gollner, E., Schnitzer, J., Singraber, S., & Thaler, H. (2005). FHplus Forschungsaktivitäten – Thermographie, Testroom II: Mensch – Gesundheit – Gebäudetechnik. In: HLK. Fachhochschulstudiengänge Burgenland Ges.m.b.H., Steinamangerstraße 21, A-7423 Pinkafeld, Telefon: +43 (0) 3357 45370 – 1134, E-Mail: helga.thaler@fh-burgenland.at